W0063367

Marliese & Vera Hanßen

Aleph

Aufbruch in die Neue Welt

Smaragd Verlag

Bitte fordern Sie unser kostenloses Verlagsverzeichnis an:

Smaragd Verlag e.K.
Brückenstraße 25
D-56269 Dierdorf
Tel.: 02689-92259-10
Fax: 02689-92259-20
E-Mail: info@smaragd-verlag.de
www.smaragd-verlag.de

Oder besuchen Sie uns im Internet unter der obigen Adresse und melden Sie sich für unseren Newsletter an.

© Smaragd Verlag, 56269 Dierdorf
Erste Auflage: Oktober 2018
© Cover: alexkich - Fotolia
Umschlaggestaltung: preData
Satz: preData
Printed
ISBN 978-3-95531-175-9

Urheberrechtlich geschützt.
Kopien für private und gewerbliche Zwecke, auch auszugsweise, nur mit Genehmigung von Smaragd Verlag.
Der Smaragd Verlag gibt keine Gewährleistung oder Garantie hinsichtlich der Angaben in diesem Dokument.

Inhalt

Gottes Botschaft

Es ist Gottes Wille:
Nehmt euer göttliches Erbe an!
Bringt eure Göttlichkeit zum Ausdruck!
Akzeptiert, wer ihr seid!

Niemals hat ER euch im Stich gelassen! Niemals hat ER euch als fehlerhaft angesehen! Niemals wird ER euch nicht wertschätzen! Ihr erhaltet alle Hilfe, die ihr braucht.

Nehmt SEIN Geschenk an, das da heißt:
Ihr seid SEINE Liebe! Ihr seid göttlich!

Lebt SEIN Erbe! Seid gut zu euch. Liebt euch. Nehmt euch an, wie ihr seid, denn ER tut es doch auch. Fühlt SEINE bedingungslose Liebe. ER liebt euch, ihr geliebten Kinder SEINER Selbst. ER segnet euch.

Und so lässt ER erneut SEIN Licht, SEINE Liebe, aber auch das Wissen, das jeder Einzelne von euch braucht, um seinem göttlichen Seelenplan zu folgen, in euer Herz einfließen. ER selbst setzt es euch ein. ER manifestiert es.

Ihr könnt euch SEINEN göttlichen Geschenken nicht länger verweigern. Denn viel zu sehr liebt ER euch, um euch diese nicht zu gewähren.

Vorwort

Ihr geliebten Nachfahren Gottes, des Großen Vaters, unermesslich groß ist unsere Freude, diesen wundervollen, ja, wir möchten gar sagen, hoheitsvollen Kontakt zu euch nun auf diese Art und Weise knüpfen zu können.

Unsere Begeisterung ist nicht nur sehr groß, sondern auch überwältigend, weil wir euch mitteilen können, dass in diesem Augenblick, da ihr die ersten unserer Worte lest, ein gewaltiger Stein ins Rollen gebracht wird, der euch noch unzählige wundervolle, einzigartige Geschenke an eure Seite stellen wird. Denn in dem Moment, in dem ihr euch dazu entschlossen habt, euch an Gott, den Großen Vater, zu wenden, euer Herz zu öffnen – ebenso für die positiven Energien des Lichts und der Liebe –, dürfen wir vermehrt an und mit euch arbeiten, um euch neue Gottesimpulse zu setzen.

Wisst, ihr über alle Maßen geliebten Gotteskinder, wahrhaft ausgeprägt sind eure innere göttliche Kraft und die Fähigkeiten, die noch verstärkter zum Ausdruck gebracht werden möchten.

Das bedeutet für euch: Seid mutig, euren Entscheidungen, die ihr immer leichter werdet treffen können, dann auch zu folgen.

Jedes Mal, wenn euer Bauchgefühl zu euch spricht, eine bestimmte Handlung vorzunehmen oder ein gewisses Gespräch zu führen, handelt es sich dabei um den göttliche Impuls, der euch in diesen Augenblicken über eure Seele erreicht. Dann gilt es, furchtlos zu sein, den Entschluss umzusetzen oder die Kommunikation zu leben.

In diesen Situationen befindet sich Gott, der Große Vater, an eurer Seite, um euch zu unterstützen, zu leiten und zu führen. Nicht zu unterschätzen ist auch die großartige Hilfe, die ihr durch uns, die Geistige Welt, erhaltet, da wir jeden Tag gemeinsam mit euch eurer Wege ziehen.

Daher bittet uns noch öfter um Beistand und Unterstützung, die ihr in diesen Momenten meint, zu benötigen. Vieles dürfen wir euch dann vereinfachen. Ersucht um Kraft, um Stabilität, aber auch gerne um Positives wie Glücksgefühle, Lebensfreude und Leichtigkeit. Wir werden dann unser Möglichstes leisten, um euch behilflich zu sein und eure Wege zu erleichtern.

Wendet euch jedes Mal an Gott-Vater, Gott-Mutter, wenn euch etwas Wichtiges auf dem Herzen liegt. Ersucht IHN darum, anderen Seelen aus SEINER Liebe und Gnade heraus einen Liebesdienst zu erweisen. Denn wisst, ihr befindet euch in einer Zeit der Gnade, da euch unzählige Geschenke überreicht werden, ihr geliebten Lichtkinder.

Alles, was ihr auf eurem Herzen tragt, insbesondere die Wünsche für euch und andere, entsendet von nun an noch häufiger und inniger an Gott, den Großen Vater.

Und jedes Mal, wenn ihr bereit seid, diese wundervollen Bitten an IHN zu äußern, lasst die Vorstellung darüber los, was sich daraus entwickeln möge. Selbst wenn ihr der Meinung seid, eure Gebete hätten nicht zur Gänze Früchte getragen, kann und wird es in der Regel so sein, dass sich hieraus etwas Positives entwickelt, das ihr vielleicht nur nicht grundsätzlich zu erkennen vermögt.

Alleine eure Fürbitte, einer anderen Seele etwas Gutes zu eröffnen oder zu wünschen, vermag viel Erfreuliches und Aufbauendes in Bewegung zu setzen. Ihr vermögt diese in ihrem Herzen zu erreichen. Und ein Moment, der sich für jene scheinbar negativ anfühlt, kann durch euren erbrachten Einsatz hoffnungsvoller und zuversichtlicher erscheinen.

Darum lasst niemals mehr in euren göttlichen Bemühungen nach und handelt entsprechend, so, wie es euch möglich ist. Alles Weitere gebt ab an Gott, den Großen Vater. ER ist allseits an euer aller Seite.

Nehmt zur Kenntnis, eine großartige göttliche Lichtkugel im Sinne des Lichts und der Liebe befindet sich um euch und auch um verschiedene andere Menschen auf diesem Planeten, damit ihr sicher, geschützt und getragen seid vor all den intensiven Lichteinflussprozessen, die derzeit und auch künftig stattfinden.

Diese sind notwendig, um die lang ersehnte Ära der Neuen Zeit, das Goldene Zeitalter, leichter und schneller einläuten zu können. Durch diese werden zahlreiche Schwingungen der Menschen wie auch des Planeten angehoben und bedingen, dass oft Altlasten, Schwere, Karmisches, aber ebenso negative, ungute Energien und Schwingungen herausgelöst und transformiert werden dürfen. Während dieses Umwandlungsprozesses fühlt ihr das häufig aufgrund eurer enormen Feinfühligkeit. Aber das sollte euch nicht weiter tangieren.

Es geht nun vorrangig darum, zu lernen, damit umzugehen und sich keinesfalls von all dem Freudigen, was euch noch erwartet, abbringen oder abhalten zu lassen. Gerade dann, wenn die Lichtstürme wüten, sehr intensiv sind, gilt es zum einen, euch abzulenken, und sollte euch dieses nicht möglich sein, zum anderen, um SEINE Hilfe zu ersuchen oder dass ihr jemanden kontaktiert, um ihm mitzuteilen:

„Mir geht es nicht gut. Ich finde mich mit diesem Licht nicht zurecht. Bitte hilf mir und unterstütze mich."

Und wisst, euch wird dieser Beistand zuteilwerden.

Führt euch vor Augen, ihr geliebten Kinder SEINER selbst, ihr werdet immer leichter und gelassener mit all diesen Lichtstürmen zurechtkommen. Das bedeutet, ihr werdet diese zwar wahrnehmen, aber nicht in dem Sinne, dass ihr dann in die Emotion verfallt, sondern immer öfter ruhig, sorglos und entspannt bleiben könnt, um mit einer großen Kraft als Vorbild zu fungieren und aufzeigen zu können:

„Ich habe diesen göttlichen Weg bereits beschritten. Auch du wirst mir nachfolgen können. Und es wird nicht mehr allzu lange dauern, bis du so weit vorangeschritten bist wie ich, damit auch du die Emotionslosigkeit leben kannst und den Lichteinflussprozess als etwas Ruhiges wirst wahrnehmen können, ohne dich von den negativen Ereignissen beeinflussen zu lassen."

Hier tretet mit eurer Stärke für andere als Vorbild und Wegweiser, als unterstützende Hand für all die anderen Lichtarbeiter auf, die diesen Prozess noch meistern müssen.

Beschreitet noch freudvoller eure göttlichen Wege, denn Gott, der Große Vater, erkennt das Ziehen und Zerren unter euch Menschenkindern. Und es ist SEIN innigster Wunsch, dass dieser Bewusstseinssprung immer schneller und leichter eingeläutet werden darf. Wenn ihr bereit seid, euch für die Wege des Lichts und der Liebe zu entscheiden und diesen zu folgen, erhaltet ihr mannigfache göttliche Geschenke.

ER möchte euch Lichtarbeiter wissen lassen, dass euch allen nun ein Teil eurer Herausforderungen, Problematiken oder auch Schwierigkeiten aufgelöst und erlassen wird. Das macht euch begreiflich, ihr geliebten Kinder des Lichts und der Liebe. Ihr seid über alle Maßen geliebt und wertgeschätzt.

Verinnerlicht gerade dann, wenn ihr der Meinung seid, ihr hättet keinerlei Möglichkeiten mehr, Licht am Horizont zu sehen oder euch fehle die Kraft, um euch aus diesen Herausforderungen zu befreien, dass gerade das eine Prüfung Gottes, des Großen Vaters, ist, und zwar dahingehend, ob ihr bereit seid, nicht nur IHM zu vertrauen, sondern auch eurer eigenen inneren Gotteskindschaft. Dieses Wissen wird euch manches Mal dabei helfen, diese scheinbar recht schwierigen Prozesse leichter und gelassener zu meistern.

Überall dort, wo ihr vermeint, alleine und hilflos zu sein, wisst: Ihr seid es niemals! Vielleicht mag es sich für einen kurzen Moment so anfühlen, aber nur deswegen, weil die Hilfe und Unterstützung schon unterwegs und im Begriff sind, zu wirken und ihr dadurch erkennen könnt:

„So schwierig sich die Situation für mich angefühlt haben mag, ich weiß, ich habe sie dennoch zum Abschluss gebracht. Ich trage die Kraft und die Fähigkeiten in mir und an meiner Seite, um mich davon zu lösen. Im Anschluss kann ich mich darüber freuen, dass ich nicht vor dieser Herausforderung geflüchtet bin. Oh nein! Ich bin vielmehr mutig gewesen und habe meine Ängste und Unsicherheiten überwunden. Damit bin ich erneut ein Stück weit in meine Göttlichkeit gewachsen."

Begreift, ihr geliebten Herzenskinder, diese vollzogenen Schritte, die ihr schon oft bewältigt habt, werden von der Geistigen Welt wie auch von Gott, dem Großen Vater, gefeiert, denn es gibt zahlreiche Menschenkinder, die in solchen Situationen aufgeben, die jammern und aus ihrer Opferhaltung heraus kundtun:

„Das ist mir viel zu anstrengend. Mir gefällt das nicht. Das ist unangenehm. Es ist schwer. Ich werfe die Flinte ins Korn. Ich mag nicht mehr. Ich höre auf und wende mich lieber den leichten Wegen zu!" – den scheinbar leichten.

Aber wenn ihr an euren großartigen Zielen festhaltet und euch bemüht, weiterhin durch eure Herausforderungen zu schreiten, wird euch Gott-Vater, Gott-Mutter, für diesen Mut und euer Durchhaltevermögen belohnen.

Sobald ihr eine dieser Prüfungen gemeistert habt, wird ein Teil eurer weiteren Lasten von euch genommen. Haltet also an euren göttlichen Zielen unumstößlich fest! Gebt niemals auf! Wisst, ihr seid geliebt! Ihr seid behütet, geführt und geleitet von IHM, und SEIN inniger Wunsch ist es, dass es euch gut geht und euch alles leicht fällt. Daher bleibt euch und euren göttlichen Wegen treu, es wird sich wahrhaft für euch lohnen.

Nehmt diese wundervollen Worte Gottes, des Großen Vaters, tief in euch und in eurem Herzen auf, damit jeder von euch Lichtarbeitern wieder neue Hoffnung und neuen Mut schöpfen kann, und damit auch wir, die Geistige Welt, diesen wundervollen Augenblick nutzen können, um gemeinsam mit IHM und der Seele jedes Einzelnen von euch an und mit euch zu arbeiten.

Teil 1

Die Umbrüche

Sofern nun über das Goldene Zeitalter berichtet wird, ist es uns ein Anliegen, niemanden in die Angst zu führen. Stattdessen ist es uns wichtig und auch unsere göttliche Aufgabe, die Menschen aufzurütteln, ihnen aufzuzeigen, was vielleicht auf die Welt und die Menschen zukommen könnte – nicht um sie in die Angst zu führen, sondern vorzubereiten, damit ein etwaiger Schock über die Ereignisse nicht allzu groß sein wird. Und wir möchten daran erinnern, dass Gott, der Große Vater, jeden Einzelnen allseits unterstützt und alles und jeden begleitet und liebt. SEINE Aufgabe, SEIN Wunsch ist es, den großen Bewusstseinssprung herbeizuführen. Und dort, wo scheinbar große Umbrüche stattfinden, dient das dazu, den Frieden einzuläuten.

Scheidepunkt

Die Menschheit befindet sich derzeit an einer Art Scheidepunkt. Im Grunde genommen müssten wir sagen, es handelt sich um einen Scheidezeitraum. Das ist nichts, was von heute auf morgen oder von jetzt auf gleich funktionieren und sich ändern wird, sondern diese Wandlung geschieht über einen längeren Zeitraum hinweg, weil jedes Wort und jeder Gedanke Energie ist. Und je mehr sich diese Energie zum Positiven oder Negativen hin manifestiert, desto nachdrücklicher verändert sich euer gesamtes Planetenbewusstsein.

Dieser anstehende Bewusstseinssprung läuft wie folgt ab:

Jeder einzelne Mensch handelt in seinem Leben so, wie es ihm zuträglich ist. Je mehr ihr also selbst wachst, an euch verändert, in die Göttlichkeit hineintretet, desto stärker wendet ihr euch dem Bewusstseinssprung zu. Ihr durchlauft ihn. Es ist demzufolge kein festgelegter Zeitpunkt, an dem ihr aufwachen oder feststellen werdet:

„Ich fühle mich plötzlich vollkommen anders. Ich fühle mich frei und ungebunden",

sondern ihr steht dann vielmehr einfach im Christusbewusstsein. Das werdet ihr selbst noch nicht einmal bewusst erkennen.

Das Bewusstsein des Planeten wird zunehmend intensiver angehoben, sobald weitere Menschen diese Gratwanderung überschreiten, demnach kontinuierlich in das Christusbewusstsein hineinwachsen.

Das bedeutet außerdem, alle Menschenkinder, die sich diesem Bewusstseinssprung und der Göttlichkeit verschließen und auf ihrer aktuellen Bewusstseinsebene verbleiben, leben und manifestieren niedrige Energie. Folglich hängt der Dimensionssprung sehr stark davon ab, wie sich die einzelnen Menschenkinder entscheiden. Über eure zu treffende Wahl werdet ihr regelmäßig von Gott, dem Großen Vater, gefragt:

„Welchen Weg möchtest du beschreiten?"

Zahlreiche Möglichkeiten werdet ihr erhalten, um euch stets erneut diese Frage zu stellen, weil das Gottes Liebe ist, die ER euch mit auf den Weg geben möchte.

Jedes Menschenkind befindet sich auf dem Planeten Erde, der euch zum Üben, vor allem zum Lernen dient. Gerade in dieser Inkarnation, die ihr derzeit durchlauft, hat Gott, der Große Vater, euch die Wahl gegeben, sodass ihr alle, die ihr euch hier auf Erden befindet, entscheiden könnt:

„Welchen Weg bin ich bereit, zu gehen? Möchte ich den Weg des Lichts und der Liebe beschreiten oder nicht?"

Euch allen wird diese Frage in den nächsten Jahren und Jahrzehnten immer wieder gestellt. Das geschieht so lange, bis ihr eure Wahl trefft.

Und diejenigen, die erklären:

„Ja, für mich steht fest, mich den Wegen des Lichts und der Liebe zu öffnen",

werden geschult, weiterhin ausgebildet und ihr Leben hier auf Erden verbringen.

Diejenigen jedoch, die bequem und träge sind oder nicht so sehr auf das Wohl anderer Menschenkinder achten, vielleicht auch die Umwelt nicht wertschätzen, die beschließen:

„Nein, ich weigere mich, mich zu verändern. Ich möchte mich lieber weiterhin den alten Mustern und Strukturen widmen, die nicht so dem Göttlichen entsprechen,"

werden nach und nach in einer nächsten Inkarnation nicht mehr auf diesem Planeten inkarnieren, sondern auf andere Planeten umgesiedelt. Sie werden also ihren Lebensplan weiterhin erfüllen, so lange, bis sie in die Geistige Welt zurückkehren und künftig in folgenden Inkarnationen auf anderen Sternen- und Planetensystemen ihrem Wachstum folgen, also auch dort lernen können. Sie haben sich bereit erklärt, noch etwas länger zu lernen und zu wachsen und nicht schon jetzt den Bewusstseinssprung hier auf Erden mitzutragen.

Aber für eure Erde hat sich das Bewusstsein der gesamten Menschheit so weit emporgehoben, dass auch ihr eigenes so stark angewachsen ist, dass es nicht mehr möglich ist, eine allzu große Energiediskrepanz aufrechtzuerhalten.

Das bedeutet, gerade junge Seelen, die noch sehr weit von Gott, dem Großen Vater, abgekehrt sind, weil sie noch nicht so viele Inkarnationen hier verbracht haben, stimmen mit dem Bewusstsein des Planeten nicht länger überein. Würden sie künftig auf dieser Welt inkarnieren, könnte das zu einer Art energetischem Kurzschluss bei ihnen führen, sie würden quasi verrückt werden, und es würde bei ihnen zu Kurzschlussreaktionen führen, sodass sie das Gefühl hätten:

„Ich fühle mich niedergedrückt. Mir geht es gar nicht gut."

Das wäre nicht im Sinne des Lichts und der Liebe, im Sinne Gottes.

Wir könnten es wie folgt beschreiben: Demzufolge werden also die Seelen Stück für Stück auf dieser Welt aussortiert, damit nur noch die Seelenkinder auf diesem Planeten namens Erde geboren werden, die sozusagen dem Bewusstsein des Göttlichen, also von Mutter Natur, entsprechen und dem der überwiegenden Menschheit.

Der Dimensionssprung wird einige Jahrzehnte andauern, bis ihr dann tatsächlich diesen Sprung geschafft haben werdet. Doch wisst, so wird es sein. Er wird definitiv vollzogen.

Begreift, bei einigen Menschen wird dieser früher vollzogen, bei anderen später, sodass er sich deshalb über mehrere Jahrzehnte erstreckt.

Ihr könnt es euch wie eine Art Kettenreaktion vorstellen. Das heißt, anfangs werden nur einzelne Menschenkinder diesen göttlichen Lichtweg beschreiten und die Bewusstseinsanhebung durchlaufen. Und je mehr es erleben, desto häufiger werden sie über ihre Erfahrungen sprechen, vom Positiven berichten und andere dazu auffordern, diesen Weg ebenfalls zu beschreiten. Dann werden mehr und mehr Menschenkinder diesem Weg nachfolgen. Sie werden nicht nur andere davon in Kenntnis setzen, sondern es wird immer weitere, größere Kreise ziehen.

Das bedeutet, je nachdrücklicher die Menschen diese göttliche Bewusstseinsanhebung durchlaufen, desto signifikanter wird sich das auf den Planeten übertragen. Und wenn er diesen göttlichen Bewusstseinssprung durchlaufen hat, also sich im Grunde genommen alle auf der Erde inkarnierten Menschen dazu bereit erklärt haben:

„Auch ich bin bereit, jetzt die Wege des Lichts und der Liebe zu beschreiten",

wird Mutter Erde diesen Prozess zu hundert Prozent beendet haben. Das wird letztendlich für das gesamte Universum positive Konsequenzen nach sich ziehen.

Die Menschenkinder, die künftig auf der Erde inkarnieren, stehen zwar nicht alle zu hundert Prozent im Christusbewusstsein, sondern vielleicht nur zu einem geringeren Teil, aber sie alle werden den Lichtweg gehen.

Wir möchten euch ein Beispiel nennen:

Stellt euch vor, zehn Menschen wollen einen Marathon laufen. Sie alle starten zum gleichen Zeitpunkt. Aber der eine rennt etwas schneller und ist daher als Erster am Ziel. Damit ist die Göttlichkeit gemeint. Der andere läuft vielleicht gemächlicher, gemütlicher. Er wird mehr Zeit benötigen, um das Ziel zu erreichen. Das bedeutet, er wird mehrere Inkarnationen auf Erden verbringen. Aber euch allen ist die Möglichkeit eröffnet, dieses Ziel freiwillig und im eigenen Tempo zu erreichen. Der eine ist eben etwas schneller, der andere langsamer.

Künftig wird eine Art Auslese stattfinden, wer überhaupt noch auf diesem Planeten inkarnieren darf, was bereits heute der Fall ist, weil der Bewusstseinssprung vorrangiges Ziel ist.

Es können also nur diejenigen Seelen hier geboren werden, die bereits einen gewissen Bewusstseinsgrad erlangt haben. Würden Seelen mit einem niedrigeren Bewusstsein hier geboren werden, könnten sie dermaßen überfordert sein, dass ihnen die Schwingung auf der Erde nicht zuträglich wäre, was zu deren Tod führen könnte. Und das soll so nicht sein. Das wäre nicht im Sinne des Lichts und der Liebe.

Und den Seelen, die zum jetzigen Zeitpunkt nicht hierherkommen dürfen, wird die Möglichkeit gegeben, auf anderen Planeten- und Sternensystemen zu wachsen und zu lernen.

Wir möchten erneut wiederholen: Im Grunde genommen befindet ihr euch bereits in den Anfängen des Bewusstseinssprungs.

Dauer des
Bewusstseinsanhebungsprozesses

Jeder Mensch wird gefragt werden:

„Ich habe dir aufgezeigt, wo du nicht im Sinne des Lichts und der Liebe agierst und für dich noch etwas verbessern kannst. Nun liegt es an dir. Bist du bereit, die Marschrichtung zu verändern? Bist du bereit, den Weg des Lichts und der Liebe gemeinsam mit mir und vielen anderen zu beschreiten? Denn das wird ein wundervoller Weg sein: ein Weg der Liebe, der Freiheit und der Brüderlichkeit."

Das ist der Grund, weshalb zurzeit so vieles in Bewegung gerät, nämlich weil ihr euch in einem großartigen Bewusstseinsanhebungsprozess befindet, der noch die nächsten Jahrzehnte andauert.

Es wird zunehmend mehr Licht auf diesen Planeten gesandt, damit ihr alle noch leichter den Lichtweg erkennen könnt. Dieses Licht bedeutet, dass Altes, Karmisches, überholte Muster und Strukturen, die nicht mehr im Sinne des Göttlichen schwingen, aufgelöst und gelöscht werden. Das behagt nicht immer allen von euch, die sich hier auf diesem Planeten befinden. Viele wissen zudem nicht um diese Geschehnisse und dieses auf euch herniederströmende Licht, was dann dazu führt, dass ihr euch teilweise nicht mehr darüber im Klaren seid, wo ihr geht oder steht und wer ihr seid, und führt euch Menschenkinder damit oft in heftige Gefühlserregungen. Der Ursprung dieser Emotionen liegt teilweise darin, dass gerade ihr Lichtarbeiter häufig für die Menschen, die Tiere oder für das, was aus Mutter Natur an unguten Energien herausgelöst wird, transformiert.

Dieser große Bewusstseinsanhebungsprozess wird so weit fortgeführt werden, dass jeder gefragt sein wird:

„Bist du bereit, dem Weg des Lichts und der Liebe zu folgen oder nicht?"

Noch drücken sich viele vor einer Entscheidung. Das hat zur Folge, wenn sich das eine oder andere scheinbar Negative ereignet, wird der Mensch erst dann bereit sein, auf diese Frage zu antworten.

Die Umbrüche

Den Übergang in das Neue Zeitalter solltet ihr euch nicht so vorstellen, dass es plötzlich einen Schlag, einen Urknall geben wird und ihr des Morgens aufwachen werdet mit neuen, erfrischten Gedanken der Nächstenliebe, der Göttlichkeit. Es wird demnach nicht plötzlich alles über den Haufen geworfen, sondern erst einmal beginnt alles im Unbewussten.

Dieser Bewusstseinssprung wird sich nach und nach vollziehen. Das heißt, ihr schreitet bereits in diese Neue Zeit, und die ersten Züge der Umwandlung haben sich bereits ereignet. Ihr könnt es in euren Nachrichten verfolgen, wenn ihr hört: Hier ist ein politischer Umbruch, die Wirtschaft wackelt, neue Menschenkinder haben sich zu einer Gruppe zusammengeschlossen, um wieder etwas Zukunftsweisendes auf dem Planeten zu bewirken, seien es Demonstrationen der friedlichen Art, vielleicht fortschrittlichere politische Bewegungen oder anderes.

Wiederum könnt ihr erkennen: Terroranschläge bewegen die Welt. Auch das gehört zum Bewusstseinswandel. Gerade durch solche Ereignisse werden die Menschenkinder gefragt:

„Welchen Weg bin ich bereit, mitzugehen? Unterstütze ich diese Demonstrationen der Gewalt, des Hasses, des Neides? Oder stehe ich für den Frieden, für die Nächstenliebe ein?"

Aber kraft eurer Seele entscheidet ihr auf unterbewusster Ebene, was euch oft nicht bewusst sein wird, und beantwortet damit die Frage Gottes:

„Fällst du die Entscheidung, mit in die Neue Welt, in die Neue Zeit zu gehen oder nicht?"

Die von anderen Menschenkindern übermittelte Antwort darauf kann bei euch ebenso dazu führen, dass gerade ihr Lichtarbeiter plötzlich das Gefühl verspürt:

„Ich empfinde gerade eine unbändige Freude. Ich weiß gar nicht, wie mir geschieht, warum oder worüber ich mich so sehr freue."

Das sind dann die Impulse, die ihr erhaltet, weil sich wieder ein Lichtkind dazu entschieden hat:

„Ja, ich bin bereit, Gottes Wegen zu folgen."

Dieses Wissen wird euch in jenem Moment vermittelt. Ihr bekommt also mit: Da hat sich erneut eine Seele FÜR den Lichtweg entschieden. Ist das nicht wundervoll?

Das ist der eine Aspekt.

Und all das trägt mehr und mehr zum Bewusstseinswandel und -sprung bei.

Wie könnt ihr euch das vorstellen?

Der Bewusstseinswandel beginnt zuerst bei euch selbst. Seid also wahrhaftig. Lebt die Nächstenliebe. Vergesst aber euch selbst nicht dabei. Je mehr ihr das vollführt, desto eher werdet ihr nach und nach in eure eigene Göttlichkeit und den allumfassenden Frieden hineingestellt.

Bedenkt bitte, nicht jeder schreitet im gleichen Tempo voran. Das heißt, eine einzelne Seele kann diesen Bewusstseinswandel sehr schnell vollführen, wenn sie regelmäßig bereit ist, zu den eigenen Themen hinzublicken und sich mit ihrem Herzen zu überprüfen. Durch das Vorleben dieser neuen göttlichen Werte vermögt ihr wiederum, andere Menschenkinder positiv zu beeinflussen, indem ihr sie unbewusst fragt:

„Bist du auch bereit, gemeinsam mit mir an diesem göttlichen Ziel zu arbeiten? Was hält dich davon ab, gut zu dir selbst zu sein und noch mehr auf deine inneren Herzenswünsche und -bedürfnisse zu achten, wie auch dein Ego hinten anzustellen?"

Je zahlreicher, je intensiver ihr andere Menschenkinder damit erreicht, desto schneller werden sie darüber nachdenken und – so Gott will – ebenfalls diese Wege des Lichts und der Liebe beschreiten.

Stellt euch das wie eine Kaskade vor, die in Bewegung gesetzt wird: Je mehr Menschen demnach bereit sind, sich diesem neuen Bewusstsein anzuschließen, desto schneller wird die Neue Zeit bei euch integriert werden.

Nicht alle Seelen folgen derzeit diesem Weg – aus welchen Gründen auch immer. Es sind oft jene, die noch einmal versuchen, hier das alte Bewusstsein hervorzukitzeln, also beispielsweise das Macht- und Egogebaren. Das erkennt ihr derzeit auch im amerikanischen Bereich.

Es wird definitiv noch zu Gewaltausschreitungen kommen. Aber es wird zum Beispiel kein Dritter Weltkrieg ausbrechen, auch wenn es wohl noch zu vereinzelten Kriegsherden auf diesem Planeten kommen wird, die es dann zu löschen gilt.

Aber all das dient lediglich dem höheren Sinn und Zweck, dass die Menschen gefragt sein werden:

„Bin ich bereit, das zu unterstützen? Rege ich mich darüber auf? Verfalle ich in die Angst, in die Emotion? Oder entsende ich stattdessen ein Friedensgebet in die Herzen der Menschen, die daran beteiligt sind? Durchflute ich die Krisengebiete mit Licht, Liebe und Leichtigkeit, um damit als Lichtarbeiter zu fungieren?"

Führt euch daher unentwegt vor Augen: Mit jedem positiven Gedanken, den ihr hegt, mit jeden Gebet, das ihr vornehmt, fördert ihr den Bewusstseinssprung.

Viele Menschen versuchen, bei ihren altgewohnten Mustern zu verbleiben. Um das anhand der Politiker zu beschreiben, gibt es Folgendes zu berichten:

Auch sie sind Menschen, denen oft weniger das Wohl der Bevölkerung wichtig ist und am Herzen liegt, sondern häufig ihr eigener Machterhalt oder finanzieller Gewinn, das Ansehen, die Anerkennung, die sie sich wünschen.

Je mehr also hier schiefläuft, desto dringlicher werden sie gefragt sein:

„Verbleibe ich bei meinen alten Strukturen, beuge mich nicht dem Willen der Bevölkerung und bleibe bei dem, was ich mir wünsche, nämlich Macht und Anerkennung? Oder erkenne ich, dieser Weg, den ich eingeschlagen habe, dient nicht mehr dem Wohl aller? Ich habe mich zu verändern."

Das ist wiederum die Frage Gottes, des Großen Vaters, die auch diesen Menschen gestellt wird.

Je bockiger der Mensch ist und sich dieser Frage nicht stellen möchte, desto mehr wird sich diese Situation dann verschärfen. Das gilt sowohl im privaten Bereich bei Einzelpersonen sowie im Gruppenbereich, beispielsweise bei politischen Bewegungen, wie womöglich in Parteien oder Bündnissen, wie der UNO oder NATO. Ihr werdet feststellen, es wird sich mehr und mehr zuspitzen, bis die Situation so weit eskaliert, dass jeder Mensch, jede Partei Stellung beziehen muss. Aber dann wird es auch geklärt sein, allerdings noch eine gewisse Weile lang andauern, bis neues Fahrwasser gegründet, beispielsweise eine neue Richtung zum Wohl aller, gefunden wird.

Das sind wichtigste Lernthematiken, um ein neues Bewusstsein auf der Erde integrieren zu können.

Die Zeit der Wandlung

Ihr befindet euch in einem Wandlungsprozess. Damit meinen wir euch Menschenkinder, die ihr euch hier auf diesem Planeten befindet.

Ihr strömt unaufhörlich auf göttliche Energiepartikel zu, denn es ist ein Umschwung, der nicht nur auf der Erde stattfindet, sondern auch im Universum. Wir könnten sagen: Es ist wie das Erklimmen eines höher gestellten Bewusstseins, in das ihr nun unaufhörlich hineinschreitet. Alles befindet sich im Fluss und ist miteinander verbunden.

Wir können also nicht berichten, was zuerst erfolgt ist – der Umschwung auf der Erde oder der im Universum, der euch mitträgt oder gar höher trägt. Abgesehen davon ist es unwichtig. Doch es soll euch begreiflich machen: Ihr schreitet in das Goldene Zeitalter hinein, und dieser Weg kann nicht mehr unterbrochen oder gar aufgehalten werden.

Vielleicht mag der eine oder andere denken:

„Wie kann das sein? Ich bekomme doch mit, dass so vieles in der Welt nicht in Ordnung ist: Kriege, Neid, Missgunst, Debakel in der Politik, dem Finanzwesen, der Wirtschaft, Unterdrückung, Missbrauch, nicht zuletzt auch all die zahlreichen Naturkatastrophen und Todesopfer bei Mensch und Tier."

Es mag auf den ersten Blick nicht so erscheinen, als wäre das der Aufbruch in die Neue Welt. Doch genau das ist es.

Wir erklären euch die Zusammenhänge.

Eure Erde soll ein umweltbewusster, ein grüner Planet werden. Ihr werdet den Zusammenhalt, die Nächstenliebe leben. Ihr werdet eure Zukunftsvisionen einer Einigkeit erfahren. Die Gemeinschaft wird gelebt.

Wie findet ihr in diese Werte hinein?

Nur dann, wenn erst einmal aufgezeigt wird, wo ihr all dies noch nicht vornehmt, wo vor diesen geflüchtet wird, sie zur Erreichung des eigenen Wohlbefindens, des eigenen Vorteils gar weggedrückt werden. Deswegen ist es so sehr wichtig.

Das heißt, auch die Naturereignisse, politische Umstrukturierungen und derlei mehr, auch das, was euch in die Emotion führt, sollen euch ins Bewusstsein rufen:

„Was kann ich leisten, um das zu verändern? Was soll mir aufgezeigt werden? Erneut ist ein Terroranschlag verübt worden. Wir Menschen sollten lernen, aufeinander zuzugehen, die Gemeinschaft zu leben, uns den Ängsten zu stellen und nicht mehr nur an das eigene Wohlbefinden, den eigenen Vorteil zu denken.“

Es ist von höchster Bedeutung, dass ihr euch nicht von euren Ängsten und Emotionen beeinflussen oder gar unterdrücken lasst, sondern zur Tat schreitet. Sprecht ein Friedensgebet. Entsendet Licht und Liebe hinaus in den Kosmos, in die Herzen derer, die einen Menschen oder ihr Hab und Gut verloren haben. Das zeichnet euch als göttliche Lichtarbeiter aus. Ihr müsst euch weder hilflos noch ohnmächtig fühlen. IHR habt es in der Hand, dem entgegenzuwirken und das Gewicht der Göttlichkeit zu stärken.

Nun mögt ihr vielleicht ansetzen:

„Wie kann ich denn etwas verändern? Ich bin doch nicht in der Lage, einen Terroristen, der sich fest zum Ziel gesetzt hat, einen Anschlag zu verüben, daran zu hindern? Wie soll das möglich sein?“

Doch wir sagen: Es ist möglich!

Schreitet in der Gemeinschaft ein. Lasst in eurem Bemühen nicht nach. Wandelt voran als Idol und Vorbild. Lebt die neuen Werte des göttlichen Zeitalters. Tretet in die Meditation und in das Gebet. All das vermag zu helfen, die Energien, die nicht im Sinne des Lichts und der Liebe sind, abzumildern und sogar zu ersetzen, ihnen also Positives in Form von Licht und Energie entgegenzusetzen. Es vermag, das Gleichgewicht zum Frieden hin zu verändern, insbesondere zu stärken. Begreift, auch ein einzelnes Gebet trägt Früchte.

Stellt euch die Waagschale wie folgt vor: 50 Prozent der Energie stehen für einen Terroristen, die anderen 50 Prozent für die Gebete, die ihr Lichtarbeiter gehegt habt.

Was braucht es also, um das Gleichgewicht zum Kippen zu bringen und die Waage im Sinne des Lichts und der Liebe aus-schlagen zu lassen?

Wir sagen euch, es braucht nur einen einzigen Gedanken des Göttlichen. Unterschätzt also niemals mehr eure Bitten, euer Gebet und eure Fürsprache. Ihr mögt es zwar nicht immer erkennen, ob beziehungsweise wann es Früchte trägt. Doch wisst, genau so wird es sein.

Entzündet die Göttlichkeit, indem ihr bei euch beginnt. Das leitet ihr bereits dann in die Wege, wenn ihr nicht mehr in die Emotionen verfallt, euch weniger aufregt oder in Depressionen hineingeratet, wenn sich erneut eine scheinbare Katastrophe ereignet hat, sondern indem ihr in die Fürsprache, die Fürbitte eintretet und den Frieden, die Göttlichkeit, den Segen entsen-det. Damit übernehmt ihr eure göttliche Eigenverantwortung, fungiert als göttliches Vorbild und kurbelt den Bewusstseins-sprung mit an.

Auch das meinen wir, wenn wir sagen: Ihr befindet euch in einer Zeit der Wandlung.

Göttliche Lichtpartikel werden zunehmend auf diesen Pla-neten, aber auch in euer Herz integriert. Sie bewirken etwas in euch, erhöhen die Schwingungen eurer Zellstruktur, ohne dass ihr euch dessen oft bewusst seid. Manches Mal empfindet ihr das als eine große innere Unruhe.

Das ist die Begleiterscheinung solcher Prozesse, denn es wird etwas gerüttelt und geschüttelt in euch, das ihr noch nicht zuordnen könnt. Dann begebt euch in die Aktivität oder gar in die Natur, vielleicht auch in die Anbindung an Gott, den Großen Vater. Und wisst, auch wir, die Geistige Welt, begleiten euch, hüllen euch ein in den tiefen, allumfassenden Frieden, in SEINE innige, grenzenlose Liebe, wie auch in unseren Halt und die Geborgenheit.

Fühlt, wie wir das auch jetzt, in diesem Moment, da ihr diese Worte aufnehmt, für euch vornehmen, denn ihr seid gesegnet. Ihr alle, die ihr offenen Herzens seid, schreitet mit positivem Beispiel voran und erklärt:

„Ich bin ein gesegneter Lichtarbeiter Gottes, des Großen Vaters. Ich schreite mit in die Neue Zeit hinein, denn ich bin göttlich. Und dieses göttliche Erbe nehme ich an, weil ich weiß, wer ich bin – Gottes Kind.

Amen."

Werte, Strukturen, Systeme
verändern sich

Das heftige Rütteln überall auf dem Erdball führt dazu, dass sich nach und nach die Werte und Gedanken eurer Strukturen, Systeme verändern. Wenn das der Fall ist, wird ein großer Umbruch stattfinden, der sozusagen die Hoch-Zeit eures göttlichen Bewusstseinsanhebungsprozesses sein wird. Aber das wird noch ein paar Jahrzehnte andauern, vielleicht 20 bis 40 Jahre.

Ist diese Zeit vorüber, wird alles erneut in die Leichtigkeit geführt werden. Dann hat das Gröbste einen Endpunkt gefunden. Das bedeutet, damit ist noch nicht alles zu Ende. Wir meinen damit nicht, dass weitere Umbrüche erfolgen. Aber es soll aufzeigen, das Neue wird jetzt weiterentwickelt, geschliffen und intensiviert. Noch göttlichere Gedankenimpulse werden euch Menschenkinder erreichen, meisterhafte Formen der Kommunikation finden, eine visionäre Gesellschaftsstruktur aufbauen. All das werdet ihr noch mehr ausarbeiten, und das soll damit zum Ausdruck gebracht werden.

Dann wird die Ära anbrechen, in der das göttliche System, so möchten wir es einmal nennen, sozusagen manifestiert und alles wieder in die Ruhe, den Frieden und die Leichtigkeit geführt werden darf.

Begreift, ihr geliebten Lichtkinder Gottes, des Großen Vaters, dass ihr alle kraft eures göttlichen Seins in der Lage seid, die Umbrüche zu verändern. Sprecht ihr also ein Gebet für den Frieden, für die Wandlung, für die Nächstenliebe und derlei mehr, erschafft ihr genau diese Energien. Ihr manifestiert.

Lenkt ihr euch ab von dem Angstvollen, dem Emotionalen und befreit euch auch von alten Mustern, die nicht mehr im Sinne des Göttlichen schwingen, dann vermag auch das dazu beizutragen, die Umbrüche schneller vonstattengehen zu lassen.

Jede Handlung von euch, jedes Wort und jeder Gedanke wird dazu beitragen. Also nehmt euer göttliches Schöpfertum in die Hand, ihr geliebten Kinder des Lichts und der Liebe, und seid aktiv. Tretet in Aktion, so es nicht bereits geschehen ist. So könnt ihr positiv dazu beitragen, die Zeitgeschehnisse zu beschleunigen, die Umbrüche und schwerwiegenden Prozesse abzumildern oder gar zu verkürzen. Es liegt in eurer Hand. Also, legt los und glaubt an euch.

Religion

Wie verhilft die Religion dabei, die Neuordnung zu bewältigen? Wir sagen, das kann euch sehr viel helfen, denn Religion bedeutet doch:

„Ich erkenne eine höhere Machtstruktur an. In mir ist ein tiefer Glaube verankert, an dem ich mich festhalten, aus dem ich Kraft, Mut und Hoffnung schöpfen kann."

Es ist nicht wichtig, an wen oder was ihr glaubt. Aber haltet unerschütterlich daran fest, ihr seid geschützt. Glaubt daran, dass alles einem höheren Ziel dient, nämlich dem, in die Göttlichkeit zu finden, in die Liebe, den Frieden, das harmonische Miteinander.

Sobald euch demnach Unsicherheiten, Angst oder gar Panik überfallen oder ihr nicht wisst, welchen Sinn das Chaos in der Welt hat, ist euer Hilfswerkzeug die Religion. Denn sie bedeutet noch viel mehr, nämlich:

„Ich habe eine Gemeinschaft, zu der ich gehöre. Ich habe eine starke Familie an meiner Seite, die gemeinsam mit mir glaubt, die mich stärkt, wo ich strauchele, die mir Hoffnung und Zuversicht bieten kann, ein tröstendes Wort vielleicht, eine liebevolles Streicheln, um mir zu vermitteln, ich bin nicht allein."

Nutzt eure Religion, um diese Umbrüche für euch in die Leichtigkeit zu führen. Kehrt ein in die Gesellschaft. Wir möchten damit nicht ausdrücken: Geht sonntags in die Kirche.

Natürlich dürft ihr das tun, wenn es euch Freude bereitet. Aber wenn wir euch raten: Kehrt ein in die Gemeinschaft, dann bedeutet das, sucht euch Weggefährten, die gemeinsam mit euch bereit sind, eine solche zu gründen, die berichten:

„Ich weiß genau, wie du dich fühlst. Aber mit vereinten Kräften schaffen wir das. Wir haben schon so vieles durchgestanden.

Wir haben den Ersten und den Zweiten Weltkrieg überstanden. Wir meistern auch die Umbrüche, die gerade stattfinden."

Und noch etwas gibt euch Hoffnung: Der Unterschied zu den ersten beiden genannten Stationen ist, diese Umwälzungen werden euch in das Goldene Zeitalter führen. Daran führt kein Weg vorbei.

Bleibt also auch hier bitte nicht in der Angst verhaftet, sondern konzentriert euch stets auf das gemeinsame Ziel. Erschafft eine Religion, indem ihr verkündet:

„Ach komm, liebe Nachbarin, wir treten jetzt in die Lebensfreude ein. Ich weiß, du bist allein. Dein Mann ist gestorben. Du hast niemanden, der dich umsorgen könnte, denn deine Kinder wohnen sehr weit weg. Wir befassen uns nicht mit all dem Durcheinander in der Welt. Ich besuche dich, und gemeinsam leben wir die Lebensfreude. Lass uns einen Spieleabend machen oder spazieren gehen. Lass uns einen schönen Kinofilm betrachten. Wir leben eine 2-Personen-Religion. Ich glaube ganz fest daran, zusammen ist es leichter."

Das und noch vieles mehr kann euch die Religion bieten.

Sozialwesen

Ihr geliebten Gotteskinder, wir möchten uns erst einmal auf den deutschen Staat beschränken. Gerade während der Naturkatastrophen und der Umbrüche wird es der Fall sein, dass insbesondere die deutsche Regierung versuchen wird, massig soziale Unterstützung anzubieten. Das bedeutet, es werden Spendenaufrufe erfolgen, finanzielle Mittel fließen, die jedoch im Grunde genommen nicht vorhanden sind. Aber hier wird etwas mobilisiert: Menschenrechtsbewegungen formieren sich, die dann versuchen, für ein bestimmtes oder ein anderes Projekt etwas in Bewegung zu setzen.

Es wird sich nach und nach über den gesamten Kontinent und den gesamten Planeten hinweg ausbreiten, dass sich immer wieder bestimmte Gruppierungen vereinen, um in einer misslichen Lage oder einem notleidenden Gebiet zu helfen.

Es wird versucht, das Miteinander zu leben. Leider geschieht das manches Mal noch über den Weg des Mitleidens, aber oft ist es genauso erreichbar durch den Appell an die Höflichkeit oder die Menschlichkeit. Das wird beständig ansteigen und unaufhörlich und unaufhaltsam um sich greifen. Folglich werden die Menschen im Einzelnen vermehrt lernen, beispielsweise ihre unmittelbaren Nachbarn zu unterstützen:

„Ich kann etwas beitragen, indem ich einige meiner Kleidungsstücke an Hilfsbedürftige verschenke oder eine Mahlzeit zubereite und andere daran teilhaben lasse."

Solches Verhalten der Nächstenliebe wird künftig als Selbstverständlichkeit wahrgenommen und als fester Bestandteil in der Gesellschaft integriert, sodass sich nach gegebener Zeit auch die Politiker mehr zurücklehnen können, um sich intensiver dem Weltgeschehen zu öffnen.

Aber das wird einige Jahrzehnte geübt werden müssen, bis die Menschen erkannt haben:

„Es geht nicht nur darum, zu einem bestimmten Zeitpunkt füreinander einzustehen, bis diese Krise überstanden ist", sondern: *„Wir müssen lernen umzudenken, dass es ebenso von Wichtigkeit ist, miteinander zu leben, und zwar zu jeder Zeit."*

Wie berichtet, es wird einige Zeit benötigen, bis sie das verstanden und verinnerlicht haben.

Diese Entwicklung kann gleichfalls auf alle Unterstützungssysteme in Deutschland übertragen werden. Auch hier werden sich die Politiker anfangs diesem Thema noch verweigern und versuchen, die Verantwortung abzuschieben. Aber sie werden merken, gerade aufgrund der Masse, die sich dann für das ein oder andere einsetzt und demonstriert, haben sie keine andere Möglichkeit mehr, als dem Begehren der Bürger nachzugeben. Infolgedessen werden mehr Gelder beziehungsweise soziale Unterstützungsleistungen jedweder Art fließen.

Aus geistig-spiritueller Sicht wird es so sein, dass die Menschen tiefgründiger zu lernen haben, füreinander einzustehen.

Das bedeutet, dass insbesondere im Gesundheits-, im Sozialwesen, in Bereichen, in denen vielleicht auch finanzielle oder materielle Mittel an hilfsbedürftige Menschen verteilt werden, zunehmend mehr Mitarbeiter beschäftigt werden, die in ihrem Bewusstsein sehr hoch schwingend sind und sich für die Belange im Sinne des Lichts und der Liebe interessieren und einsetzen. Gerade Seelen, die ihr Herz auf dem rechten Fleck tragen, um es gemäß einer deutschen Redensart zu formulieren, werden demnach verstärkt im Gesundheits- oder Sozialwesen eingesetzt und Fuß fassen, was insbesondere für den Beginn der Umbrüche seine Gültigkeit entfaltet.

Momentan nimmt diese erstrebte Wandlung noch nicht überhand, weil sie für die Menschen eine Art Lernaufgabe darstellt. Aber in der Zukunft wird das wachsend der Fall sein. Künftig werden teilweise Wahlen eingeführt und abgehalten, sodass die Menschen, die in Bereichen des Sozialwesens arbeiten, direkt von der Bevölkerung gewählt werden. Das wird immer mehr Routine sein, damit dort noch stärker das Christusbewusstsein gelebt werden kann.

Die Folge wird sein, dass feste Grenzen und unflexible Regularien keine Gültigkeit mehr aufweisen und aufgeweicht werden, sodass nicht länger ausschließlich nach objektiven Kriterien entschieden wird, in welcher Höhe Hilfsbedürftige Unterstützung erhalten. Vielmehr wird jeder Einzelfall gesondert geprüft und entschieden.

Es wird keine starren Strukturen und Normen mehr geben, die es einzuhalten gilt, sondern der im Sozialwesen tätige Mensch entscheidet aus seinem Herzen heraus.

Auf euch wartet etwas Wundervolles, Einzigartiges! Es wird zunehmend zu einer Vermischung zwischen dem Sozialwesen und damit verbundenen Unternehmen einerseits, und Menschen, die damit nicht in Verbindung stehen, andererseits kommen, die sich unterstützend in das System einbringen.

Das bedeutet, Nachbarn oder Freunde, Bekannte, Verwandte, selbst Fremde werden dann beschließen:

„Ich unterstütze dich. Du benötigst Hilfe und Unterstützung. Ich bin für dich da, denn mir stehen die notwendigen Mittel zur Verfügung."

Darauf wird es in der Zukunft kontinuierlich zulaufen und immer mehr abzielen.

Führt euch stets vor Augen: Es wird für alles und jeden gesorgt sein. Auch für die Rentner. Niemand muss alleine sein.

Jugendarbeitslosigkeit

Auch wenn es nicht den äußeren Anschein erweckt, die arbeitslosen Jugendlichen oder jungen Erwachsenen, die keine Arbeitsstelle in Europa finden, haben starke Zukunftsängste.

Der Hintergrund, warum deren Anzahl weiterhin steigt, hängt mit dem globalen Entwicklungssystem zusammen, das jetzt immer häufiger zutage treten wird, nicht nur in den südlichen Ländern, sondern in der Zukunft ebenso vermehrt im osteuropäischen Raum.

Zum einen hängt das damit zusammen, dass sehr hohe Anforderungen an die Bewerber gestellt werden, zum anderen teilweise mit der sehr niedrigen Bezahlung und natürlich, dass entsprechende Arbeitsstellen fehlen. Gerade junge Leute sind bestrebt, sich eine Beschäftigung zu suchen, die natürlich ihren Bedürfnisse, ihren fachlichen Qualitäten angepasst ist, und daran mangelt es häufig. Oft sind die Staaten, die Politiker, nicht in der Lage, das zu verändern. Dieses Problem wird sich definitiv noch stärker formieren.

Hier geht es wieder darum, sich als Staatengemeinschaft zu überprüfen:

„Wie können wir aushelfen? Was können wir als gewählte Volksvertreter unternehmen, um diese Situation zu verbessern? Können wir vielleicht gewisse Steuersenkungen erreichen, sodass diese Firmen und Unternehmen in Gebieten beziehungsweise Ländern mit einer hohen Anzahl an Arbeitslosen mehr Arbeitsuchende einstellen, weil sie in der Lage sind, die Gehälter eher auszuzahlen oder generell die finanziellen Mittel zur Verfügung haben, um mehr Mitarbeiter einstellen zu können?"

Wieder einmal werden die Menschen gefragt und aufgefordert sein, sich zu hinterfragen:

„Worauf ist mein Wille ausgerichtet? Zielt er noch stärker darauf ab, möglichst hohe Gewinne zu maximieren? Und damit mir das gelingt, möchte ich noch weniger Mitarbeiter einstellen. Oder ist meine Ausrichtung, die zukünftige Generation zu unterstützen und dann natürlich auch innerhalb meines Unternehmens gewisse Umstrukturierungen vorzunehmen?"

Ein vorbildliches Beispiel dafür könnte lauten:

„Ich kann dir jetzt nicht das Gehalt für diese Arbeit zahlen, das andere dafür erhalten, aber ich möchte dir gerne eine Stelle anbieten. Und wenn du dich bewährst, dann beratschlagen wir, ob wir nicht, auf die Zukunft gesehen, etwas bewirken, vielleicht auch für dich etwas positiv verändern können."

Auch hier sollte wieder das Miteinander gelebt werden. Aber wundern sollte es euch nicht, dass die Zahl der Arbeitslosen enorm hoch ist, denn im Grunde genommen sind die Systeme in ganz Europa, ja, auf der gesamten Welt, derart ausgelegt, dass die Mitarbeiter ausgenutzt und übervorteilt werden. Wo wird denn wahrlich ein Arbeitsplatz angeboten, wo das nicht der Fall ist, der also wirklich auf das abgestellt ist, was ihr auch fachlich leisten könnt? Auch das ist eine Form des Missbrauchs, der damit aufgedeckt werden soll.

Klimawandel

Ihr geliebten Menschenkinder, die ihr im Namen Gottes, des Großen Vaters, arbeitet, wirkt und lebt, lest und vernehmt, was wir euch mitteilen möchten:

Ihr alle seid bereits in der Lage, für den Klimawandel etwas Positives in Bewegung zu setzen und ihn abzumildern. Denn er hat bereits begonnen und entfaltet seine Wirkung. Er hat bereits vieles in die Wege geleitet, Zahlreiches davon leider auch unumkehrbar – jedenfalls für den Moment. Doch ihr alle, die ihr göttlich und mit einer enormen Schöpfungskraft ausgestattet seid, könnt euch für den Klimawandel, für eine positive Restrukturierung und damit auch für die Heilung eures Planeten und Mutter Natur einsetzen. Denn begreift, wenn nichts geschieht, wird es zu noch umfangreicheren Konsequenzen führen, zum Beispiel: Noch mehr Wirbelstürme, Tornados, Hurrikans, Erdbeben, Flutwellen, Schlammlawinen, Vulkanausbrüche, Ansteigung des Meeresspiegels um bis zu acht Meter, sodass zahlreiche Städte überschwemmt würden. Wenn ihr nichts dagegen unternehmt, werden einige Tierarten aussterben, zum Beispiel die Polarbären, ein Teil der Robben, weil sie nicht mehr genügend Nahrung finden, wie das inzwischen schon bei den Elchen oder den Eisbären der Fall ist, und in dem gemäßigteren Klima nicht mehr überleben können. Auch der Fischbestand kann ausgemerzt werden, und es können Korallenriffe absterben, wie es euch in den vergangenen Jahren bereits über Sendungen wiederholt im Fernsehen berichtet wurde.

Eine Folge könnte sein, dass zeitweise der Fischfang reduziert und rationiert werden muss, um diese Tierpopulationen zu retten und den Artenerhalt zu sichern. So könnt ihr jetzt schon ansetzen, ihr alle, indem ihr darum bittet, dass die Meere gereinigt und gesäubert werden, dass ein Teil jenes Tierbestandes geschützt wird, sodass sie sich gemäß dem Lauf der Natur vermehren können und das natürliche Klima erhalten bleibt.

Die Gletscher werden in großer Anzahl schmelzen, das Eis also brechen und dafür Sorge tragen, dass der Meeresspiegel angehoben wird. Damit wird gleichzeitig eine Temperaturerhöhung des Meeres verbunden sein, und die Wetterveränderungen werden ihren Lauf nehmen. Klimaumschwünge werden eintreten, sodass die Jahreszeiten nicht mehr klar voneinander abzugrenzen sind, sie vermischen sich. Es kann einmal zu einem sehr warmen oder auch zu einem sehr kalten Winter führen. Gerade im deutschen oder europäischen Bereich werdet ihr große Umstrukturierungen wahrnehmen. Im Sommer wird es zu Kälteeinbrüchen kommen oder gar im Winter 20 Grad warm. All das ist verbunden mit eurem Klimawandel. Setzt euch also dafür ein.

Wie könnt ihr das vornehmen?

Die leichteste und gleichzeitig effektivste Methode ist, indem ihr aufbegehrt, mutig seid und erklärt:

„Ich setze mich für Mutter Erde ein. Ich teile meine Informationen, die ich über diese längerfristigen Wetterumschwünge erhalten habe. Ich tue kund, was ich darüber denke."

Verringert beispielsweise euren Kohlendioxidausstoß. Setzt euch dafür ein, die richtigen Politiker zu wählen, die aus eurer Sicht etwas für den Umweltschutz leisten: Der Ausstieg aus der Atompolitik, das Unterbinden des Baus weiterer Atommeiler, die naturgerechte Entsorgung von Atommüll und das Versprechen:

„Wir müssen etwas für Mutter Natur tun."

Eine zweite Möglichkeit wäre, dass ihr auch entscheidet:

„Wenn ich keine größere Strecke auf mich nehmen muss, dann nehme ich das Fahrrad anstatt das Auto."

Aber wir wissen, auch das ist euch nicht immer möglich, denn viele von euch haben weite Wegstrecken zu bewältigen, die zu ihren Arbeitsplätzen führen. Und so ist es nicht immer eine Alternative, das Fahrrad zu nehmen oder zu laufen.

Es werden neue Klimaschutzabkommen unter den Staaten, also staatenübergreifend, abgeschlossen. Doch es wird nicht immer eine Einigkeit darüber erzielt, in welchem Zeitrahmen die Fristen eingehalten werden sollen, sodass sich mancher Klimaschutz hinauszögern könnte. Es wird auch vereinzelte Staaten geben, die sich dagegen wehren oder Ausflüchte, Rechtfertigungen suchen, weshalb sie eine solche Frist entweder nicht einhalten, oder generell diese rechtlichen Abkommen nicht unterzeichnen können. Aber das soll euch nicht beunruhigen, denn auch hier könnt ihr jederzeit um Erkenntnis für diese Nationen und ihre Führer bitten, wie auch darum, dass Gott über all dies SEINE schützende Hand halten, die Natur segnen und für euch, die ihr Lichtarbeiter seid, eintreten möge. Auch das ist eine Option, mittels derer ihr etwas bewirken könnt.

Segnet die Menschen, die sich weigern, aufgrund ihres althergebrachten Glaubens, ihrer Sturheit und ihres Machtempfindens etwas Neues in die Wege zu leiten. Wendet dieses göttliche Werkzeug unentwegt an, denn darüber findet auch ihr in euren inneren Herzensfrieden.

Was könnt ihr darüber hinaus für den Naturschutz, euer Klima und euren Planeten vornehmen?

Ihr könnt beten. Bittet um Erkenntnis, gerade für die führenden Persönlichkeiten in eurem Weltgeschehen, die Politiker beispielsweise, die Wissenschaftler und derlei mehr, dass sie in die Erkenntnis finden mögen:

„Ja, der Klimawandel existiert. Wir als führende Generation müssen uns dafür einsetzen, das zu verändern. Es liegt in unserer

Verantwortung, JETZT einzuschreiten, jetzt zur Tat zu schreiten, nicht erst in 20, 30 oder gar 40 Jahren. JETZT muss etwas bewegt werden. Morgen könnte es bereits zu spät sein."

Bittet für all die Seelen, die etwas bewirken können, um Erkenntnis, sodass sie begreifen: Der Klimawandel hat sich bereits vollzogen, er ist in vollem Gange.

Ihr könnt ebenfalls darum ersuchen, dass Mutter Natur Kraft und Heilung zufließen möge. Auch das wird etwas erreichen.

Entrichtet euren Wunsch, dass eure Ozonschicht wieder geklärt, gereinigt, geläutert wird, dass sie wieder geschlossen werden möge und das CO_2, das sich in eurer unmittelbaren Umgebung befindet, umgewandelt wird.

Pflanzt ein Bäumchen in euren Garten oder derlei mehr. Kümmert euch darum, dass die Natur erhalten bleibt.

Achtet darauf, woher eure Lebensmittel stammen, ob aus der unmittelbaren Umgebung, oder ob sie erst aus einem anderen Teil der Welt angeschifft werden mussten. Auch damit könnt ihr etwas für den Klimawandel bewirken. Ihr mögt zwar sagen:

„Das ist doch nur ein ganz kleiner Tropfen auf dem heißen Stein",

aber wir versprechen euch: Ihr seid nicht allein! Es gibt nicht nur einen kleinen Tropfen, sondern wenn jeder auf seine Art und Weise diesen entsendet und damit diese Kunde weiterträgt, stößt er weitere an. Und damit erschafft ihr Großartiges.

Lasst in eurem Bemühen nicht nach, etwas für die Umwelt zu tun. Euch allen, wie auch euren Kindern und Kindeskindern, wird es zugutekommen. Ihr vermögt zwar nicht, den Klimawandel, so, wie er aktuell ist, gänzlich aufzuhalten, aber ihr könnt ihn abschwächen. Und das wird allen dienlich und förderlich sein.

Erntedefizite

Es kann durchaus sein, dass es durch die immensen Wetterumschwünge zu Erntedefiziten kommt, also weniger erwirtschaftet wird, als es in den Vorjahren üblich war. Doch ihr werdet Mittel und Wege finden, um das auszugleichen oder zum Beispiel die Reisproduktion wieder anzukurbeln. Alte Getreidesorten werden wieder bevorzugt angebaut, geerntet und wetterbeständiger sein. Sie mögen vielleicht pestizidanfälliger sein, aber ihr vermögt auch derart anzusetzen, indem ihr die Erde segnet, sie mit all eurer Liebe und eurem Licht durchflutet. Auch das kann dazu führen, dass die Energien, die Schwingungen angehoben werden und als natürliches Schutzmittel fungieren.

Der Wetterumschwung mag einiges zu den Erntedefiziten beitragen. Aber ihr werdet stets Mittel und Wege finden, um das auszugleichen und dem entgegenwirken zu können. Seht es als Umschwung an, um darüber nachzudenken:

„Wie können wir diese Misskredite verändern, um langfristig die Ernährung zu sichern?"

Zum Beispiel könnt ihr wieder zu altgewohnten Getreide-, Obst- und Gemüsesorten überwechseln. Beginnt damit, in eurem eigenen Garten anzupflanzen, was euch möglich ist. Findet eine Regelung mit euren Nachbarn, die ein Stück Natur mit Beeten ihr Eigen nennen, wenn ihr selbst keinen Garten habt. Vielleicht möchtet ihr sie bitten, euch einige Äpfel abzugeben. Und ihr mögt vielleicht dafür deren Kinder zeitweise hüten. Wäre das nicht eine geeignete, wundervolle Möglichkeit, um schon jetzt den Handel voranzutreiben und euren Nahrungsmittelanbau zu fördern? Das ist doch die gelebte Neue Zeit.

Was nutzt es euch, schon jetzt in Ängste zu verfallen, weil eine Ernte nicht so üppig ausgefallen ist? Habt ihr dadurch schon einmal nicht euren Hunger stillen können? Nein! Also segnet die Welt. Segnet die Erde. Tretet in die Gebete ein. Bittet um Erkenntnis für die Menschen. Denn wenn sie lernen:

„Ich muss achtsamer mit der Natur umgehen",

werden sich auch die Naturkatastrophen reduzieren lassen, und eure Ernte wird wieder gesichert sein.

Es ist nicht für euch vorgesehen, an Hunger oder Leid zu sterben, also verfallt nicht in die Furcht, sondern haltet euch daran fest:

„Ich schreite unumstößlich in die Neue Zeit. Gott, der Große Vater, wird für mich sorgen. Mir wird es an nichts mangeln."

Es gibt zahlreiche Lichtarbeiter unter euch Menschenkindern, die auf diese Zeiten vorbereitet sind und stets helfend und unterstützend ihren Beistand anbieten werden, die also vielleicht andere kennen, die Obstbäume in ihrem Garten haben, aber alleine diese Menge an Obst nicht verzehren können, und weitervermitteln, und sagen:

„Ich kenne jemanden, der baut Obst und Gemüse an. Suche ihn doch einmal auf. Er wird dir sicherlich etwas abgeben."

Es wird also der Austausch stattfinden, nicht nur untereinander, zum Beispiel zwischen Nachbarn, sondern auch übergreifend. Das heißt, im asiatischen Bereich, wenn die Reisernte niedrig ausfällt, wird das ausgeglichen werden können durch Nachbarländer, die vielleicht einen Überschuss produziert haben oder berichten:

„Ich kann etwas abgeben. Wir brauchen nicht so viel."

Auch das wird ein Weg in die Neue Zeit sein.

Fürchtet euch also nicht, wenn die Ernte geringer als gewünscht ausfällt, sondern erinnert euch daran: Ihr werdet immer Hilfe und Unterstützung erhalten, denn es ist nicht für euch vorgesehen, Hunger zu leiden.

Scheinbar ausgemerzte Krankheiten

Ihr geliebten Herzenskinder, freut euch über eure Göttlichkeit. Erkennt an, dass ihr alle das Schöpfertum in euch tragt. Das bedeutet, ihr selbst seid in der Lage, euer Leben zu gestalten. Es liegt in eurer Hand und Fähigkeit, das Geschick der Menschheit zu beeinflussen. Also fürchtet euch nicht, wenn ihr feststellt, dass eine scheinbar ausgemerzte Krankheit wieder zum Vorschein kommt, sondern freut euch über eure Kraft, die ihr anwenden könnt, um ihr mittels eines Gebets entgegenzuwirken. Tretet in das Segensgebet ein und segnet diese Krankheit. Segnet die Menschen, die davon betroffen sind, und bittet geistige Heiler aus dem Universum darum, hier anzusetzen und zu heilen. Ersucht Gott, den Großen Vater, um Erkenntnis für die Menschen oder um Heilung, womöglich gleichfalls darum, dass sie in das Begreifen und in die Einsicht der dahinterstehenden Ursachen finden, um von ihrem Leiden befreit zu werden.

Niemals seid ihr hilflos! Aber die Kraft in euch könnt ihr nutzen. Auch das gelingt euch über das Gebet.

Währungs- und Wirtschaftszusammenbruch

Was das Zukunftsgeschehen angeht, können wir euch berichten, dass ein globaler Wirtschaftszusammenbruch für euch Menschenkinder durchaus noch anstehen wird.

Es nutzt euch nichts, euch zu sorgen, das ist nicht notwendig. Zum einen werdet ihr nach und nach sowohl durch uns, die Geistige Welt, wie aber auch durch gewisse Weltgeschehen in euren politischen oder sonstigen Bereichen vorbereitet. Das heißt, es wird nicht plötzlich vonstattengehen, sondern ihr werdet nach und nach feststellen:

„Es holpert und stolpert immer mehr in unserem Weltgeschehen."

Das könnt ihr bereits erkennen durch die kleineren oder größeren Finanzkrisen, Aktien, die zeitweilig enorme Kursverluste erlitten haben, Umwelterscheinungen, beispielsweise Naturkatastrophen. Das wird in den nächsten Jahrzehnten noch mehr zunehmen.

Das soll euch jetzt keineswegs ängstigen, ihr geliebten Lichtkinder, denn begreift, das ist wie eine Art Reinigungsprozess, der vorgenommen wird, damit das Neue, das Goldene Zeitalter des Friedens und der Leichtigkeit, aber auch der Herzensliebe auf diesem Planeten wieder Einzug halten kann.

Wenn ihr uns nach dem Zusammenbruch des Weltgeschehens fragt, so müssen wir sagen: Ja, er wird kommen. Aber das kann durchaus noch einige Jahrzehnte andauern.

Wenn wir von Zusammenbruch sprechen, dann bedeutet das nicht, eure Welt wird im Chaos versinken oder Kriege werden ausbrechen. Ebenso wenig werdet ihr große Not leiden. Darunter ist vielmehr zu verstehen: Die alten Gefüge gesellschaftlicher, politischer, wirtschaftlicher, zwischenmenschlicher Art werden aufgelöst, damit das Neue, die göttliche Werteordnung, entstehen kann.

Es ist keinesfalls unser Anliegen, euch in Ängste zu führen, sondern es möge in euch das Bewusstsein reifen, euch zunehmend dem Neuen zuzuwenden.

Natürlich mag euch manches in die Unsicherheit führen, weil sich das Altgewohnte verändern wird. Wenn ihr also erkennt, eure finanzielle Struktur bricht zusammen, dann mag die Konsequenz sein, dass sich mancher von euch erst daran gewöhnen muss, sich möglicherweise fragen wird:

„Wie werde ich denn weiterhin leben können? Wie werde ich meinen Lebensunterhalt bestreiten können, denn der Zugang zu meinem Bankschließfach mit den darin enthaltenen Wertsachen wurde mir verwehrt?"

Wisst, für jeden Einzelnen von euch, der diese Worte liest, ist gesorgt. Ja, auch für dich ist gesorgt, mein geliebtes göttliches Kind.

Begreift, eure Angst ist nicht notwendig. Freut euch vielmehr auf das Neue, das Göttliche, das in eurem Leben Einzug halten darf.

Denn wisst, ihr geliebten Kinder des Lichts und der Liebe, so wird es sein. Die Wege, die ihr verlasst, werden gleichzeitig bedeuten, dass bisher noch unbekannte, dennoch sehr lichtvolle, freudvolle, euch in das Wachstum führende Wege Einzug halten werden, mit Geschenken, die ihr erhaltet, mit Hilfe und Unterstützung.

Wenn wir demnach von Zusammenbruch sprechen, dann behaltet bitte stets im Blick: Das Neue beginnt.

So möge es sein.

Ihr werdet in den nächsten, etwa fünf bis acht Jahren, einen ersten wirtschaftlichen Zusammenbruch im europäischen Raum verzeichnen, mit der Folge, dass auch eure Banken wanken und schwanken, somit ebenfalls der Euro kriselt, wackelt und instabil wird. Aber er wird sich wieder fangen. Dieser genannte Zeitrahmen kann sich jedoch auch durch eure Gebete auf beispielsweise vier bis fünf Jahre reduzieren.

Dann dauert es noch einmal eine gewisse Zeit, einige Jahre, und erst dann wird es zu einem endgültigen Zusammenbruch eurer Währung kommen.

Aber bis dahin habt ihr genügend Zeit, um euch mit diesem Szenario auseinanderzusetzen und, vor allem, auch vorzubereiten. Denn wisst, für euch sowie für alle anderen Menschenkinder hat Gott, der Große Vater, bereits vorgesorgt.

Das heißt, euch wird es an nichts mangeln, und ihr werdet alles zum Leben haben, was ihr benötigt.

Umbrüche im amerikanischen und ostasiatischen Raum

Was andererseits die Umbrüche auf weltlicher Ebene anbetrifft, beispielsweise die amerikanischen und auch ostasiatischen Länder, könnte es einen großen Rüttelungs- und Schüttelungsprozess im Rahmen der Wirtschaft geben, sodass auch die Börsenkurse schwanken und wanken werden.

Das wird eine große Unsicherheit, bis hin zu emotionalem Ungleichgewicht hervorrufen. Aber die Politiker werden sich dann zusammensetzen und sich fragen:

„Wie können wir dem entgegenwirken, um vor allem die Währung wieder zu stabilisieren?"

Andererseits werden generell diplomatische Umbrüche stattfinden. Das heißt, gerade bedingt durch die letzte amerikanische Präsidentenwahl 2016 werden weitere, erstmalige Verträge aufgesetzt. Alte werden wiederum gebrochen und die bestehenden diplomatischen Beziehungen neu geordnet werden.

Das fördert ebenfalls den Bewusstseins-Anhebungsprozess. Die Karten werden also neu gemischt und verteilt.

USA

Die Gründer dieser gewaltigen Nation gehörten zu einem Schlag Menschen, die Lichtarbeiter waren. Sie trugen das Licht, die Liebe, das Gute, in sich, die sie an ihr Volk, das sich dort etablieren sollte, weitervermitteln wollten. Das übertrug sich in dieser Weltmacht beispielsweise auf ihre Geldscheine, auf denen sie etwas Immaterielles festhalten wollten, nämlich den Glaubenssatz: „In God we trust", also die Kultur:

„Wir vertrauen auf Gott. Wir wissen, dass es eine große Einheit geben wird. Wir wissen, dass es wichtig ist, für die Freiheit, die Nächstenliebe und die Brüderlichkeit einzustehen."

Der erste Stein wurde gesetzt, aber was entstand daraus?

Diese Werte wurden im wahrsten Sinne des Wortes missbraucht. Die Menschen haben sich von ihnen abgekehrt. Das Immaterielle und Spirituelle verlor an Bedeutung, während sie sich zunehmend stärker dem zuwandten, was Macht und Kraft verkörperte und das Ego ihnen an Gewinnbringendem versprach:

„Ich kann etwas sein. Ich habe die Macht."

Und so, wie sich ein Mensch verändern kann, gilt das ebenso für ein Volk. Je nachdem, wie die Bevölkerung ausgerichtet ist, wird sich in der Regel dementsprechend der Führer verhalten. Und so geschah es mit jenem Volk.

Das bedeutet, der Grundstein dort war einst so gelegt, dass es eine positive, friedvolle Bevölkerung oder starke Einheit hätte werden können, die für das Leben, das Licht und die Freiheit stehen sollte. Aber es gab Seelenwesenheiten, die so viel Macht und Überzeugungskraft in sich vereinten, dass sie die lichtvollen Anhänger von dem Lichtweg abbringen konnten. Das führte zu weiteren gewichtigen Konsequenzen.

Damit schlichen sich die Machtposition, der Missbrauch und natürlich auch anderes, wie beispielsweise die Todesstrafe, nach und nach ein.

Auch in diesem Volk steht nun die Spaltung der Menschheit an. Die Seite, die dem Ego frönt, um nicht zu sagen, der dunklen Seite, dem Machtstreben, verfolgt jene Ziele:

„Ich darf tun und sein, was und wer ich will – zu meinem eigenen Vorteil und dem der Bevölkerung. Alles weitere ist mir unwichtig. Mir ist es gleichgültig, ob die Natur oder dritte Staaten darunter leiden. Mir geht es nur um meinen persönlichen Nutzen, um meine Freiheit und um meine Politik, die ich gerne umsetzen möchte."

Aber auch der amerikanischen Bevölkerung steht jederzeit die Möglichkeit offen, sich erneut für den Lichtweg zu entscheiden. Gerade im aktuellen Zeitgeschehen ist dort manches im Umbruch, sodass die Menschen begreifen:

„Will ich wahrlich diesen negativen Werten noch Folge leisten? Möchte ich mich dermaßen behandeln, unterdrücken und missbrauchen lassen? Was ist mir wichtig? Wie lautet mein Wille? Ich öffne mich meiner Göttlichkeit und kehre zurück zu meinen göttlichen Wurzeln."

USA und Asien

Es wird so sein, dass gerade die USA noch viele Erschütterungen erleben wird. Das bedeutet, es werden dort beispielsweise politische Attentate stattfinden, bei denen Menschen ihr Leben verlieren. Doch wisst, Gott, der Große Vater, sorgt für euch alle. Und erinnert euch daran, jedes einzelne eurer Gebete wird Früchte tragen. Hegt ihr also ein aufbauendes Gebet um Frieden und Erkenntnis, kann jedes Individuum dazu beitragen, diese Situationen künftig abzumildern.

Es wird zu Umrüttelungsprozessen kommen. Viele Naturkatastrophen werden dieses Land heimsuchen, unter anderem Tornados, sintflutartige Regenfälle und Schneemassen. Gerade dort, wo die Menschen ihr Augenmerk überwiegend auf Macht und Ansehen richten und die Menschlichkeit in den Hintergrund tritt, so auch in den asiatischen Ländern, wird sich Mutter Erde wehren. Jene werden lernen müssen umzudenken, dass es eben nicht länger oberstes Ziel ist, eine beeindruckende Villa, ein teures Auto, eine ausgeklügelte Technik auf dem neusten Stand aufzuweisen, mit denen sie ihr Leben bereichern können.

Vielmehr wird die Priorität auf die Familienstruktur umgelenkt. Es wird wichtiger sein, die Angehörigen zu ernähren und auf deren Wohlbefinden zu achten, die sozialen Werte aufrechtzuerhalten, die innige Nächstenliebe zu leben. Das Miteinander wird gefördert, und dadurch der Zusammenschluss untereinander zum Wohl aller gestärkt.

Erst dann, wenn gerade in diesen beiden Kontinenten, USA und Asien, diese gewaltigen Flut- und sonstigen Naturkatastrophen hereinbrechen, werden die Menschen tatsächlich bereit und in der Lage sein zu erkennen, welchen Missbrauch sie betrieben haben.

Asien

Die asiatische Bevölkerung setzt sich aus recht jungen Seelen zusammen, die noch vieles zu lernen haben. Gerade die Achtung von Umwelt, Mensch und Tier ist ihre derzeit wichtigste Lernlektion.

Dort inkarnierte Seelen haben sich zum Ziel gesteckt:

„Ich möchte lernen, das Leben stärker wertzuschätzen und meine Achtung und Ehrfurcht nicht mehr an Physischem auszurichten, an Technischem zum Beispiel, sondern an moralischen, an ethischen Werten oder an Mensch, Tieren und Natur."

Und so, wie ihr euch Lernthemen innerhalb eurer Familie aussucht, um Ähnliches zu bearbeiten, könnt ihr das auf diese Bevölkerungsgruppen übertragen.

Das bedeutet, gerade die jungen Seelen, die diese Lernerfahrung sammeln wollen, inkarnieren dann beispielsweise in diesen asiatischen Ländern.

In den nächsten Jahren und Jahrzehnten könnte sich das noch intensivieren, so lange, bis das Bewusstsein des Planeten auf ein bestimmtes Level angehoben ist.

Sie erfüllen die Aufgabe, euch Menschenkinder aufzurütteln, die althergebrachten Werte, Muster und Strukturen noch einmal vorzuleben, damit ein Umdenken stattfindet und die göttlichen Attribute wieder mehr in den Vordergrund gerückt werden. Erst wenn sich dieses in großem Ausmaß vollzieht, werden in diesen Ländern auch wieder Seelen geboren, die in einem höheren Bewusstsein angesiedelt sind.

Aber auch dieser Kontinent wird erfahren müssen: So, wie bisher kann es nicht weitergehen, denn die Umweltverschmutzung wird weiterhin zunehmen. Die Meere sind zum Teil bereits vergiftet und verseucht, was auf die darin lebenden Tiere übergreifen wird. Sie werden verenden und der Fischbestand abnehmen. Die Konsequenz daraus wird sein, dass die Fangquote reduziert werden muss.

All das wird zum Teil hervorgerufen durch die nicht vorhandene, für alle Menschen gültige Weltpolitik, die nach wie vor die mangelnde Achtung und Wertschätzung gegenüber Mensch, Natur und Kreatur den Missbrauch, die Vernichtung und die Ausbeutung von Gottes Schöpfung nach sich zieht. Daraus hat der Mensch zu lernen und seine Ausrichtung auf eine göttlichere, lichtvollere Schöpfung des Planeten zu lenken und zu verändern.

Gerade in den asiatischen Ländern wird erst mit den größten Umbrüchen, beispielsweise Naturkatastrophen, ein erstes Begreifen erwachsen. Denn nur dadurch können die Menschen erkennen und lernen:

„Wir müssen uns stärker für Mensch, Tier und Umwelt engagieren, einsetzen und diese achten ."

Aber das ist derzeit noch in den Köpfen dieser Bevölkerungsgruppe ein solch altes, verfestigtes Muster, dass es durchaus einige Jahre und Jahrzehnte dauern kann, bis auch im asiatischen Bereich ein großes Umdenken stattfindet und sich das Goldene Zeitalter manifestiert.

Doch wisst, ihr geliebten Herzenskinder Gottes, des Großen Vaters, erneut möchten wir euch daran erinnern: Hegt ihr auch nur ein einziges Gebet für Frieden, Erkenntnis oder Auflösung solcher althergebrachten Denkmuster, wird dieses geschehen, und ihr bewirkt erneut etwas Göttliches. Ihr leistet nicht nur für diese Seelenkinder, sondern ebenso für euren Planeten und das gesamte Universum einen Liebesdienst. Es liegt in eurer Hand.

Wenn ihr möchtet, bittet gerne darum, dass gerade dort diese verhärteten Strukturen und Gepflogenheiten in den Köpfen und Herzen der Menschen aufgelockert, aufgelöst und ersetzt werden mit dem neuen Bewusstsein des Lichts und der Liebe.

Austausch von Atomwaffen in Deutschland

Wisst, ihr geliebten Kinder des Lichts und der Liebe, wenn euch zu Ohren kommt, die USA hätten in Deutschland Atomwaffen ausgetauscht beziehungsweise ersetzt, dann handelt es sich hierbei sozusagen wieder um Machtspielchen.

Was steckt dahinter?

Es geht weniger darum, dass dieses Land versucht, in Deutschland eine militärische Basis für den Fall eines Krieges zu etablieren, sondern es hat Angst um seine eigene Machtposition. Aufgrund dessen wird danach gestrebt, eine möglichst bedrohliche Kulisse unter dem Deckmantel aufzubauen:

„Wir wollen eigentlich nur etwas Gutes tun."

Bei diesem Unterfangen sind der ausschlaggebende Aspekt vielmehr die Drittstaaten, nämlich die östlichen Staaten, gerade mit den dort vermehrt stattfindenden Kriegen, um im Falle eines eventuell notwendigen Eingreifens schneller reagieren zu können. Denn aus dem deutschen Gebiet lassen sich nukleare Instrumente natürlich wesentlich rascher als Waffe einsetzen oder auch als Drohung, als wenn das direkt aus den USA stattfinden würde.

Und die deutsche Politik lässt sich hierauf auch ein, nicht weil sie das befürwortet, sondern der Meinung ist:

„Wenn ich das untersage, könnten die politischen Beziehungen zu dem amerikanischen Land leiden und uns andere Vorteile verlustig gehen."

Das ist sozusagen der Hintergrund dieser Aktion.

Doch selbst wenn die USA die Atomwaffen in Deutschland austauschen, wird es dennoch nicht der Fall sein, dass sie eingesetzt werden. Denn auch hier hält Gott, der Große Vater, stets SEINE schützende Hand über diejenigen, die in SEINEM Vertrauen stehen. Ihnen wird nichts passieren.

Vernehmt, es steht unumstößlich fest: Es wird kein Atomkrieg ausbrechen! Zwar werden wohl noch Versuche gestartet, der Anschein erweckt, einen solchen einzuleiten, aber es wir und der dunklen Seite auf keinen Fall gelingen, denn Gott selbst hat festgeschrieben, dass dieses für den Planeten namens Erde nicht mehr vorgesehen ist.

Deutschland und der Weltfrieden

Ihr werdet in Deutschland sicherlich noch viele Jahre in Frieden leben können. Politisch können hin und wieder Unruhen auflodern. Gerade dieses Land wird ab und an versuchen, die Position innerhalb Deutschlands, aber genauso innerhalb Europas, zu stärken und die unterschiedlichsten Nationen zu einem Kompromiss und zur Gemeinsamkeit zu führen, hin zu einem gesamten Friedensprozess. Das wird Deutschland aber im ersten Versuch nicht gelingen – nicht weil es nicht dazu in der Lage ist, sondern weil sich viele Staaten querstellen werden, insbesondere die mächtigen Nationen, denn ihnen ist daran gelegen, an ihrer Macht festzuhalten. Aber auf lange Sicht betrachtet, werden wir gemeinsam mit euch dieses höhere göttliche Ziel erreichen, und dann wird staatenübergreifend ein großer Zusammenhalt gelebt werden.

Die Vorschläge hingegen, die insbesondere aus dem deutschen Bereich kommen und den Frieden sichern wollen, werden dazu führen, einen Teil dieser Macht aufzugeben. Noch sind viele Staaten in einem solch großen Wollen verfangen, dass sie nicht bereit sind, sich davon zu lösen. Das führt dazu, dass der Frieden noch nicht erreicht wird, obwohl er theoretisch realisierbar wäre. Aber er wird durchaus kommen. Für euch Leserinnen und Leser gibt es nichts, worüber ihr euch sorgen müsstet. Ihr könnt jederzeit mithelfen, hieran zu arbeiten.

Ärgert euch auch keinesfalls über Politiker und beispielsweise deren Machtgebaren. Bedenkt, es ist euer freier Wille:

„Möchte ich mich mit diesem Thema beschäftigen oder nicht?"

Gerade wenn ihr feststellt:

„Das tut mir nicht mehr gut",

dann verändert es doch! Beginnt also etwa, jene zu segnen, denn sie leisten einen Liebesdienst an euch. Ihr Gebaren, ihre Ansichten zeigen euch doch auch auf:

„Schaut her! Ich folge meinem eigenen Machtstreben. Ich setze mich nicht für die Bevölkerung ein."

Das ist ein Liebesdienst, den sie euch erweisen, denn die Bevölkerung kann daran erkennen:

„Nein, das möchte ich nicht mehr weiter mittragen. Ich bemühe mich, das bei einem nächsten Mal zu verändern."

Das könnt ihr vornehmen, indem ihr entweder eine Art Protestwahl vornehmt oder feststellt:

„Ich schaue mir die Politiker an und wähle aus meinem Herzen heraus jemanden, von dem ich der Meinung bin, er vertritt noch am ehesten die Interessen der Bevölkerung."

Damit kann im gesamten Volk ein nachdrücklicher, tiefgreifender Aufruck mit weitreichenden Folgen im Sinne des Lichts und der Liebe erfolgen.

Wisst, gerade dort, wo etwas scheinbar negativ läuft, ist das die beste Möglichkeit, um ein wundervolles Samenkorn der Hoffnung und des Wachstums in euch einpflanzen zu können.

Gerade dann, wenn euch etwas aufregt, versucht, daran etwas zu ändern, indem ihr euch zum Beispiel solche negativen Nachrichten gar nicht mehr anhört oder durchlest.

Habt jedoch keinerlei Angst vor der Zukunft. Sicherlich mögen in den nächsten Jahrzehnten einige politische oder auch wirtschaftliche Unruhen ausbrechen, aber das hat den höheren Sinn und Zweck, euch auf eine neue Bewusstseinsebene zusteuern zu lassen. Denn nur dort, wo etwas scheinbar schief geht, lernen die Menschen:

„Oh, das tut mir nicht gut. Vielleicht sollte ich doch umdenken und mich verändern."

Das heißt, dieses Rütteln und Schütteln wird notwendig sein, um das Neue, das Goldene Zeitalter des Friedens und der Brüderlichkeit, einläuten zu können.

Wisst, gerade die Lichtarbeiter, die bereit sind kundzutun:

„Ich erkläre mich dazu bereit, im Sinne des Lichts und der Liebe zu wirken und das auch konsequent umzusetzen",

werden geführt und geleitet und damit auch beschützt sein. Das bedeutet, euch, ihr geliebten Gotteskinder, ihr Lichtarbeiter, wird es an nichts mangeln. Ihr werdet umsorgt sein. Für euch ist gesorgt!

Was ihr in Angriff nehmen könnt, um diesen Bewusstseinssprung zu fördern, sind beispielsweise mannigfach Gebete. Bittet zum Beispiel um Erkenntnis für alle Menschenkinder oder um Frieden in deren Herzen. Ersucht darum, dass die alten Strukturen, die nicht im Sinne des Lichts und der Liebe sind, zerbröckeln und nach und nach hier auf Erden die neuen Werte des Goldenen Zeitalters manifestiert werden. So viel Positives könnt ihr kraft eurer Gebete bewirken.

Wenn euch die Angst überfällt, dann lenkt euch auch davon ab, indem ihr zum Beispiel ausdrückt:

> „Gott-Vater, Gott-Mutter, ich danke DIR,
> dass DU auf mich aufpasst,
> wie auch auf diejenigen, die mir ganz besonders
> am Herzen liegen.
> Wie schön ist es zu wissen, dass DU DICH um mich sorgst
> und mir nichts passieren wird.
> Ich danke DIR für DEINE Hilfe und Unterstützung.
> Amen."

Genau so, ihr geliebten Friedensbringer, wird es sein!

Angst ist kein guter Ratgeber. Aber das Vertrauen ist fest in euch verankert. Und Gott, der Große Vater, liebt euch von ganzem Herzen. Warum sollte ER also nicht für euch sorgen?

Bei jedem von euch gesprochenen Gebet sind wir, die Geistige Welt, jedes Mal zuhauf anwesend. Und jedes trägt wundervolle Früchte in sich, um manifestiert zu werden. Kein einziges ist umsonst.

Was ihr in Bezug auf den Frieden Deutschlands und der Welt in Bewegung setzen könnt, ist Folgendes:

Bittet immer öfter darum, dass die alten Strukturen und Muster, zum Beispiel starres, unnachgiebiges, kompromissloses Machtgehabe, mehr und mehr aufgelöst werden und sich auf diesem Planeten und in den Herzen der Menschen unaufhörlich Frieden, Licht und Liebe manifestieren dürfen. Bittet um all das. Das genügt schon. Im Anschluss daran bedankt euch dafür, dass es geschieht. Wenn ihr dem jeden Tag nachkommt, gerne auch zwei bis dreimal Mal am Tag, wenn ihr möchtet, dann bewirkt ihr wahrlich schon viel Positives.

Möchtet ihr intensiv am Weltfrieden arbeiten, bestehen im Grunde genommen mehrere Möglichkeiten, um hier anzusetzen.

Ihr könnt entweder euer Ansinnen an uns entrichten, dass die Menschen, die sich auf diesem Planeten befinden, mehr und mehr in die Erkenntnis geführt werden, nämlich die der göttlichen Wahrheiten. Mehr müsst ihr im Grunde genommen nicht tun, denn damit wird uns die Möglichkeit eröffnet, an euch Menschenkindern zu arbeiten und euch stets aufs Neue auf eure Lernthemen hinzustoßen, um hinzublicken:

„Was ist im Sinne des Lichts und der Liebe? Wo macht es Sinn, Krieg zu führen, wo es doch im Grunde genommen um Wichtigeres, anderes geht?"

Das Zweite ist, dass ihr natürlich jeden Tag um Frieden für die Welt, den Planeten, bitten könnt, oder des Weiteren, um all dieses Gewaltpotenzial zu reduzieren, Erzengel Michael und seine Legionen bittet, den gesamten Planeten zu reinigen.

Dann stellt euch vor, wie der gesamte Erdball in einer lilafarbenen Lichtflamme steht. Diese sorgt dafür, dass alle negativen Energien oder Emotionen, wie beispielsweise Wut, Hass, Neid, Gier, Geiz und Machtstreben, gereinigt und gelöscht werden. Beobachtet anschließend, wie dieser Planet und alle Menschen in eine Friedensenergie getaucht werden. Wendet hierbei Rosa, Pink oder Weiß an. Folgt einfach eurem Herzen.

Wenn ihr solche Gebete täglich an Gott-Vater, Gott-Mutter oder an uns, die Geistige Welt, entsendet, wisst, dass ihr damit unermesslich viel Göttliches, Lichtvolles in Bewegung setzt.

Aber dieser Frieden, die Göttlichkeit, die Liebe Gottes, des Großen Vaters, beginnt in euch selbst.

All das legen wir jetzt in euer Herz. Wir aktivieren diesen Prozess, soweit dies nun geschehen darf.

Es gilt zum einen, den Frieden in euch selbst zu finden, also beispielsweise nicht nach Aufmerksamkeit von dritter Seite zu suchen und sich auch nicht zur Schau zu stellen:

„Dieses oder jenes kann ich leisten, ich möchte mich beweisen."

Das wäre nicht euer Innerstes, sondern der Wunsch, etwas darzustellen. Tretet also umfassender in den Einklang mit euch selbst. Das könnt ihr zum Beispiel über das permanente Segnen erreichen.

Als weiteres göttliches Werkzeug könnt ihr folgendermaßen vorgehen: Seid gut zu euch selbst! Schraubt eure Erwartungshaltungen an euch nicht ganz so hoch. Meint nicht, perfekt sein zu müssen, und gesteht euch zu, Irrtümer begehen zu dürfen und nicht alles wissen zu können. Das ist durchaus in Ordnung.

Konzentriert euch regelmäßig und verstärkt auf das, worauf es im Leben ankommt, nämlich sich selbst zu lieben, dafür Sorge zu tragen, die eigene Lebensqualität zu verbessern und sich demzufolge wiederholt in Freudvolles zu führen und entsprechend dem inneren Herzen zu handeln. Solches vermögt ihr am ehesten dann zu erreichen, wenn ihr euch Auszeiten nehmt, in das Nachsinnen eintretet und ergründet:

„Was würde mir jetzt Heiterkeit und Vergnügen bereiten? Wie möchte ich vorgehen?"

Das ist damit gemeint. Sucht nicht allzu sehr im Äußeren, ebenso nicht aus dem Verstand, aus dem Kopf heraus, etwas in die Wege leiten, euch beweisen zu wollen, sondern wisst: Ihr seid göttlich, so, wie ihr seid. Ihr seid überaus wertvoll und wundervoll, und Gott, der Große Vater, schätzt euch genauso, wie ihr seid.

Wenn ihr folglich beginnt, über eure Gedanken anzusetzen, euer Herz zu überprüfen und euch zu fragen:

„Was tut mir jetzt gut? Handle ich gerade aus dem Kopf, aus dem Wollen heraus, oder weil mir das mein Bauch, mein Impuls augenblicklich zuspricht?"

Das ist der beste Weg, um zu euch selbst zu finden.

Gewaltausbrüche

Die Gewaltausbrüche sind Folge dessen, dass aus diesem Planeten und den Menschen sehr viele negative Energien und Altlasten gelöst werden. Nicht jede Seele besitzt die notwendigen Werkzeuge oder auch das Wissen, damit umzugehen. Viele reagieren sehr emotional auf diese Prozesse, weil sie sie nicht zu handhaben wissen. Das ist die Kehrseite.

Aber dieser Vorgang ist notwendig, denn nur so kann der Bewusstseinssprung eingeläutet werden.

Das heißt, im nächsten Jahrzehnt, vielleicht auch in den nächsten zwei oder drei Jahrzehnten, werden Gewaltausbrüche, auch Terroranschläge, noch zunehmen. Aber wenn diese Zeit des Gewaltakts vorüber ist, wird die Neue Zeit eingeläutet.

Auch das möge euch nicht in Ängste hineinwerfen. Gerade ihr, die ihr diese Worte lest, macht euch bewusst: Ihr seid Gottes Kinder! Ihr seid Lichtarbeiter, und damit niemals hilflos oder ungeschützt. Warum sollte euch ein solcher Anschlag widerfahren? Seid ihr nicht bereit, auf eure Themen zu blicken, zu verändern und für euer Wohl Sorge zu tragen?

Begreift, in diesem Moment seid ihr geschützt! Ihr seid göttlich! So nutzt diese Göttlichkeit, um in den Herzen der Menschen Friedensenergien einzuspeisen, aber auch im Planeten, denn kraft eurer Gebete könnt ihr dazu beitragen, diese Unruhen abzuschwächen.

Das heißt, es wird eine einheitliche, einzige Weltenmacht entstehen. Nicht länger werden Zersplitterungen und einzelne Länder vorherrschen, die verlautbaren:

„Ich trete nur für mich und meine eigenen Interessen ein",

sondern die Weltengemeinschaft steht füreinander ein.

Es wird beispielsweise heißen:

„Im indischen Bereich besteht Gewaltpotenzial. Wir stehen jetzt gemeinsam mit allen Staaten ein und sorgen dafür, dass diese Probleme beseitigt werden."

Das sind dann die Anfänge, die verkünden: Das Neue, Goldene Zeitalter wird eingeläutet. Diese gröbsten Umbrüche werden auch noch einige weitere Jahre so verlaufen.

Vorübergehend werden die chaotischen Unruhen, ebenso ein Anstieg der Gewaltbereitschaft, auf der gesamten Welt zunehmen, nicht um euch zu strafen, sondern gerade dort, wo Kriege entflammen, steht der höhere Sinn und Zweck dahinter, den anderen Staaten aufzuzeigen:

„Übernehmt endlich Eigenverantwortung! Bildet einen Zusammenschluss, ein staatenübergreifendes Bündnis! Steht gemeinsam füreinander ein, um euch jetzt endlich dem Frieden zu widmen!"

Dann ist es nicht länger von Belang, Staat gegen Staat kämpfen zu lassen, sondern diese eine Nation oder die beiden sich bekriegenden Völker haben die Aufgabe, einen Liebesdienst zu erweisen, um den anderen begreiflich zu machen:

„Steht füreinander ein! Bildet eine Einheit und manifestiert den Frieden in der Welt!"

In Deutschland wird es nicht zu einem Krieg kommen, aber es wird definitiv größere oder kleinere Aufstände geben. Solche werdet ihr vermehrt im amerikanischen Bereich feststellen. Dort werden zahlreiche Bürgerkriege entflammen, gerade mit großem Gewaltpotenzial, insbesondere mit Waffengebrauch. Aber wisst darum: In Deutschland werden diese Ausbrüche sehr schnell wieder reguliert werden können.

Erinnert euch daran, ihr geliebten Friedensbringer Gottes, des Großen Vaters: Deutschland zählt zu den führenden Nationen! Jeder von euch, der diese Worte liest, möge furchtlos sein, denn für jede Seele, die von IHM unermesslich geliebt ist, ist bereits vorgesorgt! Ihr seid geschützt, begleitet, umhüllt von SEINER allmächtigen Liebe, wie auch von SEINEM allmächtigen Schutz!

Gerade ihr, die ihr diese Worte lest, erkennt, dass wir euch grenzenlos lieben. Auch eure Anverwandten, die Menschen, die euch am Herzen liegen, wandeln unter unserer Obacht. Denn hegt ihr nicht wiederholt ein Friedensgebet, ein Gebet um Schutz für sie?

Euren Bitten wird entsprochen. Also ersucht um alles, was euch auf dem Herzen liegt, seien es nun Abschirmung, Gleichklang und Harmonie für euch oder euer Stadtgebiet. Und so wird es geschehen. Niemals ist auch nur einer eurer segensreichen Wünsche umsonst.

Das möge euch wieder neuen Mut und neue Hoffnung geben, denn es liegt in eurer Hand, diese Geschehnisse in etwas Positives umzulenken, jene Ausschreitungen bereits jetzt abzumildern, sodass einige dieser Szenarien vielleicht nicht mehr stattfinden müssen.

Es wird zwar in der Zukunft noch einmal sehr heftig bei euch gerüttelt und geschüttelt, was bedeutet, dass der eine oder andere Krieg – Bürgerkriege – noch einmal entflammen könnte, insbesondere im östlichen Bereich. Aber auch in Amerika werden einige Unruhen auftreten,die das wirtschaftliche System zum Wackeln und zum Wanken bringen, was für die politischen Systeme auf dem gesamten Erdball Konsequenzen haben wird. Dann werden sich die Vereinigten Staaten überlegen müssen, ob ihre derzeit betriebene Politik noch im Sinne des Lichts und der Liebe, im Sinne der Welteinheitsordnung ist, so möchten wir es einmal beschreiben.

Ihr geliebten Gotteskinder, es mag zwar kein Dritter Weltkrieg, noch ein sonstiger diesen Ausmaßes mehr stattfinden, aber überlegt: Entdeckt ihr nicht, egal, wohin ihr blickt, beispielsweise in der Politik, Krieg ohne Ende? Das kann doch auch ein geführtes Wortgefecht sein. Es sind die emotionalen Schlachten, die ausgefochten werden. Ihr müsst euch nur euren Nachrichten widmen, wie intensiv alles gerechtfertigt, ausdiskutiert, wie sehr auf die eigene Meinung, auf den eigenen Standpunkt beharrt wird. Das ist eine Form des Krieges.

Sicherlich wird auch das weiterhin noch der Fall sein und sich noch teilweise zuspitzen. Gerade durch die dunklen Mächte, die unter anderem über das alte Machtgebaren versuchen, an ihrer Regentschaft festzuhalten, also über die Sturheit:

„Ich will mein Amt nicht niederlegen. Ich will noch ein weiteres Dekret erlassen, eine weitere Verordnung aufkündigen, Gesetze weiter einschränken, Begünstigungen zurücknehmen und dezimieren",

überall dort wird zwar noch einmal ein Aufbäumen geschehen, aber es wird keinerlei Erfolg haben. Damit möchten wir nochmals bekräftigen: Verfallt nicht in die Angst, sondern wisst: Es gibt unendlich viele Lichtarbeiter, die diesem Strom entgegenwirken, die unermüdlich, Tag für Tag, Woche für Woche, Jahr für Jahr, ja, sogar Sekunde um Sekunde, ihren göttlichen Einsatz leisten, in das Gebet treten und erbitten:

„Gott-Vater, Gott-Mutter,
setze DU das Licht und die Liebe in unsere Herzen ein.
Führe uns in die Herzensöffnung und in die Erkenntnis.
Lass uns erkennen:
Wir alle sind Seelenbrüder und Seelenschwestern.
Amen."

Habt also keinerlei Angst, selbst wenn der Versuch eines letzten Aufbäumens noch einmal gestartet wird.

Dritte Welt

Wenn ihr euch die Dritten Weltländer betrachtet, was erkennt ihr?

Armut, Hungersnot, existenzielle Nöte, vielleicht sogar Missbrauch und Unterdrückung.

Das bewirkt etwas in euch, in jedem Einzelnen von euch, der diese Worte liest. Habt ihr nicht sofort ein unangenehmes Gefühl in der Magengegend verspürt, vielleicht sogar das Empfinden, das kann nicht gerecht sein?

Wir sagen, es ist gerecht! Damit soll keine Bewertung vermittelt werden, aber wenn wir sagen, das ist angemessen, heißt das doch nur, dass auch das einen höherer Sinn und Zweck aufweist.

Welcher könnte dahinter verborgen sein?

Es ist der Göttliche!

Und wie lautet dieser?

Ihr Menschen habt euch zu überprüfen:

„Wie gehe ich mit Mensch und Umwelt um?"

Es gibt viele Menschenkinder, die Missbrauch betreiben, die Mutter Natur oder auch das Menschenleben nicht wertzuschätzen wissen. Und wo kann dieses Verständnis oder auch Missverständnis euch näher vor Augen geführt werden als in solchen Ländern, in denen die Unterdrückung, die Not und der Misskredit sehr hoch sind?

Dort wird euer tägliches Augenmerk darauf gerichtet. Das gilt insbesondere in der Weihnachtszeit, wenn wieder Spendenaufrufe erklingen.

Habt ihr euch einmal Gedanken darüber gemacht, dass auch das sinnvoll ist? Wir meinen damit nicht den Spendenaufruf, sondern es geht darum, euch bewusst zu werden:

„Wie möchte ich damit umgehen? Ich erkenne das Elend und die Not dieser Menschen. Ich möchte gerne helfen."

Wichtig ist, dass ihr nicht in Mitleid verfallt. Das nutzt niemandem etwas, euch zuallerletzt.

Es wird genauso Flüchtlinge im Bereich der Dritten Welt geben, auch dort wird es zu Umsiedelungen kommen.

Dort, wo die materielle Not am größten, die Geburtenrate besonders hoch ist, wird euch verdeutlicht:

„Was ist ein Menschenleben wert? Was ist zu verändern?"

Insbesondere in diesen Ländern ist es von enormer Wichtigkeit, ihnen die überlebensnotwendigen Hilfsgüter zu senden. Aber im Grunde genommen handelt es sich um ein Thema, um den Menschen aufzuzeigen:

„Ihr, die ihr viel besitzt, gebt doch denen, die es benötigen. Was nutzt es euch, zu horten und anzuschaffen? Wenn ihr nicht teilt, welchen Vorteil zieht ihr aus dem Eigentum von fünf Autos, wenn auf der anderen Seite der Welt ein kleines Mädchen ist, das hungert, weint und nicht weiß, wie es den nächsten Tag überleben kann?"

Das ist im Grunde genommen das Lernfeld, das damit verdeutlicht werden soll. Es geht auch hier um den Missbrauch der Welt, an den Menschen, genauso an der Natur, um diesen zugunsten der Nächstenliebe, der Achtsamkeit, des Miteinanders und derlei mehr auszumerzen.

Doch welchen Einsatz könnt ihr erbringen, um diesen Menschen zu helfen?

Sicherlich werdet ihr berichten können:

„Wenn ich Geld spende, haben die in Armut lebenden Menschen die Möglichkeit, sich davon Kleidung oder gar Wasser zu kaufen."

Aber behebt das die Probleme in diesen Ländern? Wie viele Jahre und Jahrzehnte wurden diese Spendenaufrufe schon getätigt? Habt ihr eine Veränderung feststellen können?

Nein, im Grunde genommen nicht. Das heißt, der Misskredit wurde immer noch nicht aufgezeigt, geschweige denn aufgelöst.

Wie kann demnach endlich ein Umdenken eingeleitet werden? Indem sich noch weitere Seelen dafür entscheiden:

„Lieber Gott, ich möchte unbedingt in dieses Elend mit einsteigen. Ich möchte den Menschen einen Liebesdienst erweisen, mich zur Verfügung stellen und als junges Kind an Cholera erkranken, an Hungersnot leiden und nicht wissen, wie ich den nächsten Tag überleben soll, damit die Menschen endlich einmal ihr Gedankengut und Verhalten drastisch umwandeln."

Also wird eine größere Anzahl solcher Seelen inkarnieren. Denn wenn ihr jetzt noch nicht bereit seid, hinzuschauen und zu verändern, dann ist noch nicht genügend passiert.

Das ist der Hintergrund der stetig steigenden Geburtenrate in diesen Ländern.

Ihr könnt ansetzen mit euren lichtvollen Gebeten. Wir wollen nicht vorschreiben: Stellt die Spendengelder ein, aber in den künftigen Zeiten wird es sinnvoller sein, Fachkräfte dorthin zu schicken, eine Infrastruktur aufzubauen, die Wasserversorgung zu sichern, Schulbildung zu ermöglichen, den Menschenkindern zu zeigen, sie zu lehren:

„Wie kann ich mein eigenes Land bestellen?"
Das stoppt die Missstände!

Erkennt ihr, wie ihr Missbrauch betreibt, indem ihr diesen Menschen dieses wichtige Wissen verweigert? Wir meinen nicht euch, die ihr diese Worte gerade aufnehmt, sondern es geht auch um die Gesellschaft, um die Politik und die Gesellschaftsstrukturen, die genügend Macht und Einfluss in sich vereinen, um das zu ändern. Aber das ist es ihnen bisher nicht wert. Das ist der höhere Sinn und Zweck, weswegen dieses Elend noch vorherrschend ist. Auch in der Zukunft wird es anwachsen, so lange, bis ihr endlich erwacht und beschließt:

„Ich möchte meiner Lichtschwester, meinem Lichtbruder helfen. Ich möchte etwas in Bewegung setzen."

Nun könnt ihr aber entgegnen:

„Wie kann ich das vornehmen? Ich wohne hier in Deutschland. Afrika ist so weit weg. Ich kann doch nicht einfach hinreisen. Ich habe selbst nicht genügend finanzielle Mittel, um mir vielleicht eine Reise zu spendieren. Wie könnte ich denn dann auf die Idee kommen, dort hinzugehen und zu helfen? Mein Wunsch danach ist groß. Mein Herz sehnt sich danach. Aber mir sind die Hände gebunden."

Wir raten euch: Helft mit einem Gebet!

Und wie könnte ein solches lauten?

„Gott-Vater, Gott-Mutter,
der DU bist unser aller Vater und unsere Mutter,
der DU uns aus DEINER unendlich großen Liebe erschaffen
hast,
ich bitte DICH, führe die Menschen in die Erkenntnis.
Sorge DU dafür, dass dieser Misskredit nun aufgedeckt wird
und in die Veränderung gelangt.
Ich bitte um Frieden und Einigkeit
und dass die Lichtarbeiter, die dazu in der Lage sind,
dieses Bild zu verändern, erwachen
und in den Mut, wie auch in die Aktion treten.
Amen."

Eine weitere Möglichkeit steht euch zur Verfügung, und sie wird euch allzu häufig gestellt, nämlich indem ihr voranprescht und wahrhaftig erklärt:

„Ich wähle eine politische Stimme, von der ich der Meinung bin, sie kann etwas bewirken."

Ihr mögt zwar nur einen scheinbar geringen Einfluss haben, aber ihr habt ihn! Ihr seid Teil des Volkes. Ihr seid Teil der Politik. Ihr vereint diese Macht in euch, wenn ihr wählen geht, genauso, wie ihr euch eurer Verantwortung entzieht, wenn ihr es nicht tut. Aber unterschätzt diesen Liebesdienst nicht, denn die Stimme, die ihr abgebt, trägt dazu bei, dass politisch etwas in die Veränderung geführt werden kann. Wer weiß, vielleicht befindet sich ja schon bei einer nächsten oder übernächsten Wahl ein besonderer Lichtarbeiter unter den gewählten Stimmen, der sich plötzlich erhebt und bekundet:

„Ich habe eine grandiose Idee! Lasst uns nach Afrika, in die existenziell bedrohten Länder reisen und dort die Wasserversorgung sichern. Lasst uns Installateure dorthin schicken, Leitungen legen und fest installieren, damit wenigstens die Grundversorgung gesichert ist. Was haltet ihr davon?"

Erkennt, mit einem einzigen Kreuz, das ihr setzt, könnt ihr dafür Sorge tragen, dass in den Dritten Ländern im Sinne des Lichts und der Liebe eine meisterhafte, eine erforderliche Veränderung erreicht werden kann. Unterschätzt euren göttlichen Einsatz niemals mehr! Sei es nun über eine solche Wahl oder ein Gebet, das ihr aus eurer Liebe heraus erschaffen habt.

Flüchtlingssituation

Durch all die weiteren Umbrüche politischer, wirtschaftlicher, sozialer oder klimatischer Art werden noch mehr Länder Flüchtlinge verzeichnen. Das bedeutet, auch aus den afrikanischen Ländern werden vermehrt Menschen kommen. Ebenso wird eine Art großer Bevölkerungswanderung in Teilen der USA stattfinden, eine enorme Umgruppierung.

Darüber hinaus wird es gleichfalls im ostasiatischen Bereich zu solchen Umschwüngen kommen. Aufgrund der zahlreichen Naturkatastrophen, wie beispielsweise Erdbeben oder Tsunamis, werden Landstriche verwüstet, sodass die Menschen gezwungen werden, sich gegenseitig Halt, Schutz und Nähe zu gewährleisten. Das führt dazu, dass die Menschen in ihrem Herzen aufgeweicht werden und ein gewaltiges Umdenken positiver Art stattfinden kann. Auch dort wird es also zu einer Art Bevölkerungswanderung kommen. Ebenso werdet ihr das in manch anderen Teilgebieten vermehrt wahrnehmen. Aber vor allem auf den afrikanischen Bereich und die ostasiatischen Länder solltet ihr euren Blick richten.

In Südamerika wird es zu politischen Umwälzungen kommen, die dann einen neuen Umschwung mit sich bringen. Missstände werden aufgedeckt, die Bevölkerung wachgerüttelt, sodass sie sich erhebt.

Aber auch im Osten und in Ländern wie beispielsweise Indien, Sri Lanka, Kambodscha oder Thailand, werden künftig vermehrt Kriegs- oder aufgrund der kommenden Naturkatastrophen Krisengebiete entstehen. Das führt auch dort zu weiteren Flüchtlingen, die einen anderen Ort aufsuchen werden, um ein neues, unbeschwertes Leben zu beginnen. All die bisherigen Umsiedelungen und gewaltigen Bewegungen waren erst der Anfang.

Aber selbst für diese Seelen wird stets gesorgt sein. Denn auch sie haben vor ihrer Inkarnation diesen Liebesdienst erbringen wollen, um den Missbrauch, beispielsweise an der Natur, aufzuzeigen. Sie haben das einst abgesprochen mit Gott, dem Großen Vater, um genau diese Erfahrungen zu sammeln. Und sie sind gesegnet von allen, die in SEINEM Sinne wirken, auch von uns, der Geistigen Welt, sowie von Gott von ganzem Herzen und unermesslich geliebt für ihren einzigartigen, überwältigenden Liebesdienst.

Bei der derzeitigen Emigrantenproblematik ist der Hintergrund, dass ihr alle, das bedeutet nicht nur Deutschland oder Europa, sondern die gesamte Welt, jetzt darauf aufmerksam gemacht werdet:

„Warum gibt es überhaupt diese Flüchtlingsströme? Wie verfahren wir damit?"

Das Ziel ist also zum einen, solche Szenarien in jenen Ländern zu beheben, indem an den Ursachen angesetzt wird. Notwendig ist es daher, zunächst den Krieg zu beenden, dort neues Wissen zu lehren, lichtvollere Strukturen zu installieren und die Politik grundlegend umzugestalten. Es wäre empfehlenswert, wesentliche, veraltete, nicht mehr zeitgemäße Muster und Systeme aufzulösen und sie mit weitaus fortschrittlicheren, göttlichen des Lichts und der Liebe zu ersetzen.

Das bedeutet natürlich darüber hinaus: Ausgereifte, breite Fachkenntnisse vermittelnde Schulsysteme sollten aufgebaut werden, damit neues Wissen gestreut werden kann. Denn dort, wo dieses unterrichtet wird, ist die Bevölkerung in der Lage, sich gegen gewisse überholte, verkrustete Strukturen zu wehren.

Das wäre also der eine Teil.

Anstatt zu beschließen:

„Wir sind bereit, Flüchtlinge in unserem Land aufzunehmen, ihnen hier ein wohliges Heim bereitzustellen",

was zwar einzelnen Obdach- und Zuflucht-Suchenden helfen würde, nicht jedoch dem Land, und genauso wenig würde dies die Situation stoppen oder bereinigen, sondern es wäre sinnvoller, eine Infrastruktur im Herkunftsland aufzubauen und bei den Ursachen anzusetzen.

Es gibt schon heute Politiker, die gerne etwas beheben möchten. Aber ihnen sind oft aufgrund politischer Versprechen, bestehender Verträge und Reglementierungen die Hände gebunden, oder sie sind infolge anderweitiger Bindungen daran gehindert. Das heißt, sie möchten gerne im Sinne des Lichts und der Liebe etwas in Bewegung bringen, aber ihnen ist es verboten. Sie dürfen beziehungsweise haben nicht die Macht dazu, weil sie an niedrigerer Stelle in der derzeitigen politischen Hierarchie stehen.

Der gegründete Hilfsfonds, für den finanzielle Mittel aufgetrieben werden, ist grundsätzlich löblich und durchaus ein guter Ansatzpunkt sowie eine positive Bemühung. Das entspricht dem Göttlichen. Doch auch damit können die Ursachen der Flüchtlingssituation nicht beseitigt und behoben werden. Große finanzielle Beiträge hierfür haben unter anderem auch etwas damit zu tun, dass sich eure Politiker in einem guten Licht darstellen möchten:

„Schaut her, ich bin bereit, eine große Summe Geld für Menschen bereitzustellen, die meinem Staat nicht angehören. Ich diene euch als Vorbild, bin ein guter Politiker."

Dieses Gebaren steht vielmehr in Zusammenhang mit der Machtdarstellung und dem Machterhalt, der dadurch erzielt und gesichert werden möchte.

Die zur Verfügung gestellten finanziellen Mittel werden nicht unbedingt die Probleme in den entsprechenden Ländern lösen. Ihr helft zwar damit den Flüchtlingen, aber an den Ursachen wird mittels dieser finanziellen Aufwendungen nicht angesetzt, und sie werden dadurch nicht wirklich behoben werden.

Der zweite Teil beinhaltet, dass die Welt zu lernen hat, füreinander einzustehen, also nicht im Sinne eines einzelnen Staates, der etwas in Bewegung bringt, sondern:

„Wie können wir hier als große Gemeinschaft ansetzen? Welches Land ist in der Lage, finanzielle Mittel aufzuwenden, vielleicht auch Materialien, wie beispielsweise Bücher, die Schulwissen vermitteln?"

oder

„Wer kann geeignetes Fachpersonal wie Architekten entsenden, damit eine neue Infrastruktur aufgebaut werden kann?"

Das Füreinander soll das übergeordnete Ziel sein!

Das bedeutet, in den nächsten Jahren wird der Flüchtlingszustrom nicht wirklich beendet werden. Menschen aus weiteren Ländern werden hinzukommen. All das wird sich also noch mehr zuspitzen, bis die Politiker in der ganzen Welt erkennen:

„Mehr können wir auf die althergebrachte, gewohnte Art und Weise nicht mehr bewerkstelligen. Wir müssen andere Lösungen finden. So kann es nicht weitergehen. Wir haben an den Ursachen anzusetzen, was bedeutet, wir haben in den einzelnen Ländern anzupacken."

Hilfspakete müssten geschnürt werden. Damit möchten wir zum Ausdruck bringen, die Politiker haben sich zusammenzusetzen, insbesondere der Nationen, die vielleicht Erfahrung mit dieser Thematik aufweisen können und über die notwendigen Kenntnisse verfügen, wie in diesen Ländern die Infrastruktur gestaltet ist. Die auch wissen, welche Mittel und Fachkräfte benötigt werden, um diese aufzubauen, die sich darum kümmern und klären:

„Wer kennt sich damit aus? Wie könnten wir jetzt unterstützend tätig werden?"

Die Lösung könnte sich wie folgt herauskristallisieren:

Von einem bestimmten Staat könnten dann zwei oder drei Menschen beauftragt werden, die insbesondere im Finanzwesen über ein breit gefächertes Fachwissen verfügen und vielfältige Erfahrungen mitbringen. Aus einem weiteren Staat könnten Spezialisten zusammengetrommelt werden, die sich mit dem Thema der Infrastruktur auskennen, wieder andere vielleicht mit dem Schul- und Bildungssystem. Auf diese Art und Weise könnte jedes Land einige gewichtige Schwerpunkte abdecken. Diese Spezialisten setzen sich dann zusammen und nehmen sich selbstverständlich auch die Zeit, um alle diese Themen zu erörtern. Dann gilt es, ein Konzept zu erarbeiten:

„Wie ist die Situation dieses Landes? Wie können wir helfen? Warum ist dieser Konflikt entstanden? Worum geht es diesen Gruppen? Warum flüchtet die Bevölkerung?"

Zuerst müssen die Hintergründe näher beleuchtet werden. Sodann gilt es, an diesem Punkt anzusetzen. Das bedeutet, wenn die Menschen deswegen flüchten, weil sie unterdrückt, manipuliert werden, weil dort die Frau nichts wert ist, weil der Mann vielleicht in seiner Kaste, in seiner Bevölkerungsschicht bleiben muss und im Grunde genommen keine Aufstiegsmöglichkeiten hat, wäre es zum einen wichtig, neue, zeitgemäße Gesetze zu erlassen, was natürlich nicht von heute auf morgen umgesetzt werden kann. Aber es kann mit der dortigen Regierung gesprochen, ein Vorschlag unterbreitet werden, beispielsweise:

„Aus unserer Sicht stellt sich die Situation wie folgt dar: Eure Frauen erhalten nicht genügend oder gar keine Schulbildung. Wir schlagen vor, das gesetzlich zu ändern, beispielsweise mit-

hilfe eines Modells von drei oder vier Jahren, in denen ihnen grundlegendes Wissen, wenn auch nicht notwendigerweise politischer Art, vermittelt wird."

Das wäre ein erster Ansatzpunkt. Denn niemals könnt ihr Strukturen von heute auf morgen auf Biegen und Brechen verändern, jedoch stets mit Kleinigkeiten beginnen. Und daraus wird etwas Großes entstehen. Hernach gilt es, in all den anderen Punkten weitere Vorschläge zu unterbreiten. Das ist also das Erste, was hier vorgenommen werden sollte.

Das zweite ist, dass ihr dann natürlich, soweit es den Staaten möglich ist, nicht nur den Menschen Fachwissen zur Verfügung stellt, sondern vielleicht auch geschultes Fachpersonal findet, das bereit ist, solche umfassenden Projekte direkt vor Ort zu starten, zu begleiten, zum Ziel zu führen, anzuleiten und zu überwachen. Das könnten beispielsweise sein: Lehrer, Professoren, Ingenieure oder Bauarbeiter. Die Regierungen könnten ihnen erklären:

„Wir sind bereit, dich zu unterstützen. Wir geben dir finanzielle Mittel, und dafür weist du nach, dass diese ebenso für ein Schulsystem ausgegeben werden, jedoch nicht für politische Zwecke."

Das wären konkrete Hilfsmaßnahmen, die ihr anwenden könntet.

Darüber hinaus könnt ihr Gott, den Großen Vater, stets darum ersuchen:

„Ich bitte um Erkenntnis, Herzensöffnung und Bewusstwerdung unserer Politiker und auch darum, dass jeder von ihnen die Bereitschaft lebt, mit allen anderen an einem Strang zu ziehen, damit die Ursachen in den Flüchtlingsländern behoben werden. Ich segne sie."

Denkt daran, auch über die Wahl eurer Politiker könnt ihr Einfluss darauf nehmen, welcher von ihnen göttlichere Ziele anstrebt, indem ihr diesen eure Stimme schenkt.

Der Osten

Wichtig für euch ist zu erkennen, dass vor allem die eskalierenden Situationen wie im Osten momentan unumgänglich sind. Zwar aus unserer, aus Sicht der Geistigen Welt, nicht unbedingt lichtvoll, aber notwendig.

Was geschieht dort?

Häufig handelt es sich um sehr junge Seelen, die in ihrem Bewusstsein etwas niedriger schwingen. Stellt sie euch als solche vor, die bisher selten dazu bereit waren, auf eurer Mutter Erde oder auf anderen Planeten- und Sternensystemen zu inkarnieren. Das bedeutet, es handelt sich überwiegend um Wesenheiten, die sich vermehrt in der Geistigen Welt aufgehalten haben, um die Menschen oder eben andere Sternen- und Planetenbewohner bei ihren täglichen oder göttlichen Aufgaben zu unterstützen.

Diese entschlossen sich sozusagen dazu, manches Mal nach Äonen von Jahren, einmal auf diesem Planeten geboren zu werden. Ihnen wird dann für die Dauer ihres Aufenthalts hier auf Erden ein Teil ihres Bewusstseins genommen, was dazu führt, dass sie vieles zu lernen haben.

Das ist auch gut so, denn ihr irdisches Bewusstsein führt dazu, dass sie sich über ihr Handeln und dessen Konsequenzen nicht im Klaren sind. Sie können also nicht nachempfinden, wie sich eine Seele fühlt, die beispielsweise gerade gefoltert oder getötet wird. Und durch dieses Vorgehen lernen sie. Spätestens zu dem Zeitpunkt, an dem sie wieder in die Geistige Welt zurückkehren, begreifen sie, was sie verursacht haben. Bei einer nächsten Inkarnation erklären sie dann von sich aus:

„Das möchte ich aber auf keinen Fall noch einmal erleben. Oh je, was habe ich während dieser Erdenjahre anderen an Leid

und Schmerz zugefügt. Das war nicht im Sinne des Lichts und der Liebe. Nein, das möchte ich nicht mehr erleben, sondern in der nächsten Inkarnation den Frieden leben."

Das ist ein Hintergrund dieser Ereignisse, führt euch das bitte vor Augen. Die Bedeutung liegt darin, dass diese Seelen in einem nächsten Leben wesentlich leichter und schneller den Frieden manifestieren können.

Bedenkt weiterhin: Viele Menschen beobachten diese eskalierenden Situationen und können erkennen:

„Es ist nicht gut, was dort geschieht. Wir wünschen uns den Frieden."

Aufgrund dieses Wunschgedankens wird es in der Zukunft der Fall sein, dass sich die Menschen zunehmend zusammenschließen, um dann gemeinsam für dieses göttliche Ziel einzustehen. Sie werden demnach insbesondere Politiker wählen, von denen sie der Meinung sind:

„Diese bringen uns den Frieden."

Sie werden den Einsatz von Waffengewalt ablehnen, oder mancher von ihnen wird die Atomkriege ad acta legen und die Atomindustrie zum Stoppen bringen wollen.

Damit führt das eine zum anderen, sodass ihr gemeinsam zunehmend in den Frieden findet.

Vor allem dort, wo Krieg geführt wird, kann die Menschheit erkennen:

„Das unterstützen wir nicht mehr."

Erst dann lernt sie, sich für ein höheres, gewichtigeres Ziel zusammenzuschließen, gemeinsam füreinander einzustehen und etwas in die Veränderung zu bringen.

Wir möchten es einmal symbolhaft verdeutlichen. Wenn nur ein kleines Buschfeuer ausbricht, beruhigen sich die Menschen damit:

„Ach, das wird schon wieder vorübergehen und selbstständig erlöschen."

Sie verbleiben in ihrer Trägheit und Bequemlichkeit und sind nicht bereit, sich einzusetzen, um zu verändern. Aber wenn sich dieses Buschfeuer zu einem landesweiten Feuer ausweitet, beispielsweise zu einem größeren Krieg, lernen sie:

„So kann es nicht mehr weitergehen. Ich möchte jetzt etwas unternehmen."

Das ist der springende Punkt! Hier seht hin, wenn ihr in die Wut verfallen solltet. Und jedes Mal, wenn Gedanken der Aggression in euch aufsteigen, ruft euch nicht nur die Hintergründe in Erinnerung, sondern wandelt die Emotionen um, indem ihr euch bewusst vorsprecht:

„Ich sende in diesem Augenblick in diese Krisengebiete Friedensenergien. Ich bitte Erzengel Michael darum, dort mit seinem Schwert der Wahrheit, mit der Feuerwalze hindurchzuziehen und alles, was nicht im Sinne des Lichts und der Liebe ist, umzuwandeln, damit Kriegsenergien wie Hass, Wut, Neid, Missbrauch und Ähnliches transformiert und stattdessen dort Frieden, Leichtigkeit und Einigkeit installiert werden."

Auf diese Weise könnt ihr euren Teil dazu beitragen, um wieder tiefe, ganzheitliche Harmonie, Licht und Liebe auf diesem Planeten zu manifestieren.

Bei der derzeitigen Situation im Osten handelt es sich zudem um ein Aufrütteln, ein Aufschütteln, ob ihr bereit seid, die Brüderlichkeit und das Miteinander zu leben.

So viel Unfrieden und Differenzen herrschen noch in euren Gesellschaften, auch und gerade in der westlichen Zivilisation. Es wird nur nicht in diesen extremen Ausmaßen nach außen hin öffentlich zum Ausdruck gebracht, aber mannigfache Zwistigkeiten und Streitigkeiten könnt ihr genauso innerhalb eurer Familien und eures Freundes- oder Bekanntenkreises vorfinden.

Islamische Gesellschaften sind eher bereit, Auseinandersetzungen ohne Scheu und Beschränkungen auszuleben. Vor allem sind es gerade junge Seelen, die noch nicht gelernt haben, Konflikte anderweitig zu transformieren oder zu kanalisieren, indem sie beispielsweise das Gespräch, die Kommunikation suchen oder die eigene Wahrhaftigkeit und die Göttlichkeit leben.

Euch soll damit aufgezeigt werden: Weshalb formieren sich diese Konfliktsituationen? Wie können sie friedlich aufgelöst werden?

Vermehrt soll das Gespräch gesucht werden. Aber zahlreiche Politiker und ebenso viele Bevölkerungsschichten sind dazu nicht bereit, allzu tief sitzen noch alte, verkrustete Strukturen und Muster, Hass und Unfrieden, teilweise über mehrere Generationen hinweg geschürt. Und oft wissen die Menschenkinder, die dort beispielsweise als Soldaten herangezogen werden, nicht einmal mehr um den Grund dieses Hasses. Dennoch sind sie bereit, für diesen zu kämpfen und zu sterben.

Aufklärungsarbeit wäre notwendig, und das ist die Aufgabe von euch Lichtarbeitern, diese mehr und mehr zu leben, so gut es euch möglich ist.

Wie bereits erwähnt, könnt ihr darum bitten, dass Angst-, Hass- und Wutenergien gereinigt und transformiert werden, damit in solchen Krisengebieten Frieden, Harmonie und Liebesenergien einfließen und eingebaut werden. Aber ob das Früchte trägt, hängt natürlich auch davon ab, wie die jungen Seelen reagieren. Da sie jeden Tag mit diesem Gewaltpotenzial, dem Hass, dem Krieg, den negativen Energien konfrontiert sind, bedarf es schon einiger Anstrengung, um hier tatsächlich etwas im Sinne des Lichts und der Liebe erkennbar in Bewegung zu setzen.

Notwendig wäre hier insbesondere ein starkes Umdenken sowie Menschen, die bereit sind, ihnen den Lichtweg vorzuleben. Aber noch sind sie nicht bereit, die Licht- und Friedensbringer, die es dort bereits vereinzelt gibt, wertzuschätzen und zu respektieren, weil sie deren Sinn noch nicht erkennen, denn das würde bedeuten, an ihren Glaubensmustern nicht mehr festhalten zu können. Sie müssten alles, was sie in ihren jungen Jahren an Mustern und Strukturen vermittelt und anerzogen bekommen haben, für etwas aufgeben, das sie nicht kennen und ihnen große Angst und Unsicherheit bereitet.

Noch wollen sie an Altem festhalten, um Macht leben zu können und sich groß und stark zu fühlen.

Haltet euch stets vor Augen: Gott hilft den betroffenen Menschen in den Kriegsgebieten, aber nicht immer so, wie ihr es euch vorstellt.

Führt euch bitte noch etwas anderes vor Augen: Es gibt unterschiedliche Bewusstseinsgrade. Die Seelen, die nicht in einem allzu hohen Bewusstseinsgrad stehen, werden noch von niederen Beweggründen versucht. Das bedeutet, ihnen sind zu allererst, vorrangig und vordergründig die Ziele wichtig: Gewinn- und Machtstreben, Missbrauch, Ausnutzen, Kraftdemonstration und derlei mehr. Und in diesen Krisengebieten sind jene versucht, dieses unter dem Aspekt der Gewalt zu verdeutlichen, um sich selbst besser darzustellen und zu demonstrieren:

„Ich habe Macht!"

Bedenkt, Menschen, die dort zum Opfer werden, haben sich entweder aus einem Liebesdienst heraus dazu bereit erklärt, das in ihrem Leben zu erfahren, um andere aufzurütteln:

„Schaut hin, was hier geschieht! Die Welt befindet sich nicht im Frieden. Achtet darauf, wie ihr mit euren Nachbarn und eurem Nächsten umgeht. Beginnt aus solchen Situationen zu ler-

nen und überlegt jeden Tag, was euch wichtiger ist: Macht, das
Streben nach Gewinn und Glück, nach Anerkennung, oder eben
die Nächstenliebe?",

oder die in früheren Inkarnationen Ähnliches wie Missbrauch und Unterdrückung gelebt haben, nun jedoch Einsichten und eine andere Sicht auf diese Aspekte gewinnen wollen.

Da die Seele daraus gelernt hat, hat sie sich als Konsequenz dazu entschieden, dieses einstige Verhalten im heutigen Leben einmal von der anderen Seite aus zu begutachten, um nachvollziehen zu können, wie sich deren damalige Opfer gefühlt haben. Die Seele selbst hat sich aus ihrem freien, gottgegebenen Willen heraus dazu entschieden.

Der Mensch jedoch würde das gänzlich anders betrachten. Es geht grundsätzlich um das große Seelenwachstum. Wozu ihr euch als Seele entschließt, ist oft etwas anderes als die Wahl, die ihr als Mensch trefft. Aber diese beiden Aspekte nun zusehends stärker in Einklang zu bringen, ist euer übergeordnetes Ziel. Und über diese Erfahrungen lernt ihr immens viel.

Der Mensch, der die Seite der Unterdrückung selbst erfahren hat, wird in einer nächsten Inkarnation niemals mehr die Entscheidung erfahren wollen, eine andere Seele erneut zu unterdrücken. Ist damit nicht etwas Wundervolles gewonnen?

Das mag für euch hin und wieder vielleicht den Anschein erwecken, dass ihr eurem Seelenplan hilflos ausgeliefert seid, aber das stimmt so nicht, ihr geliebten Lichtkinder, denn zum einen ist euch der freie Wille gegeben worden. Das bedeutet, ihr könnt euch in jeder einzelnen Sekunde eures Lebens neu entscheiden und damit euren Seelenplan umschreiben, soweit es für euch vorgesehen ist. Und wisst, zahlreiche Geschenke warten hier auf euch.

Zum anderen befindet ihr euch in einer Zeit der Gnade und

der göttlichen Gaben und Präsente, in einer Zeit der Liebe. Das drückt aus: Beginnt immer wieder, um alles zu bitten, was euch auf dem Herzen liegt. Ersucht darum, dass euch Hindernisse aus dem Weg geräumt werden. Und glaubt daran, dass Gott, der Große Vater, eurem Wunsch entsprechen wird.

Konkretisiert detailliert eure inneren Herzensangelegenheiten. Betet fortwährend darum, dass alles immer stärker im Sinne des Lichts und der Liebe umgewandelt werden darf. In einem zweiten Schritt überlegt euch, ob ihr nicht nur um Erlösung und Transformation dieser negativen Energien bittet, sondern gleichzeitig auch und gerade für solche Krisengebiete, dass dort Frieden einziehen möge. Schickt in diese und den dort lebenden Menschen und sonstigen Lebewesen speziell eure Liebesenergien. Baut sie auf! Schickt ihnen zum Beispiel aufmunternde und aufbauende Worte wie:

„Ich bin mir sicher, ihr werdet es schaffen. Ihr seid alle beschützt. Ihr seid geleitet von Gott, dem Großen Vater. Viele Engelwesen begleiten euch. Und alles, was ihr noch erleben werdet, dient eurem Wachstum. Ihr könnt euch jederzeit entscheiden, euch von diesem Krieg und dem Unfrieden abzuwenden und euch der lichtvollen Seite zuwenden. Ihr braucht keine Angst mehr zu haben. Lasst euer Ego hinter euch, damit euch Frieden, Ruhe, Leichtigkeit und anderes Lichtvolles erreichen mögen. Und wisst, dieses darf euch zugetragen werden. Ihr dürft euch zusehends dem Freudvollen zuwenden. Und ich bitte für euch, dass ihr in euren Herzensfrieden findet."

Das sind Wünsche, die ihr speziell hegen und hinaustragen mögt in die Welt. Das beginnt von nun an kontinuierlich umzusetzen, wann auch immer ihr feststellt, dass ein gewisser Handlungsbedarf besteht.

Beginnt den Tag gerne mit einem Friedensgebet für euren Planeten Erde. Vergesst aber bitte nicht, euch für euch selbst und die Menschen oder Lebewesen, die euch am Herzen liegen, einzusetzen. Bittet für sie ebenfalls um Frieden, Leichtigkeit und Freude.

Solltet ihr einmal nicht genau wissen, worum ihr beten sollt, weil eure Liste vermeintlich lang ist, genügt es auch einmal beispielsweise zu entrichten:

„Ich bitte darum, dass nun alles geschehen darf, was im Sinne des Lichts und der Liebe notwendig und sinnvoll ist, sowie um alles, was zum Wohl des Ganzen geschehen darf."

Ebenso könnt ihr um Herzensöffnung für alle Seelenwesenheiten ersuchen.

Wichtig ist einzig und allein: Wie könnt ihr verändern?

Nochmals möchten wir betonen: Das vermögt ihr schon allein über eure wundervollen Gebete und positiven Gedanken zu bewirken.

Akzeptiert, ihr habt nicht immer die Möglichkeit, in den Seelenplan dieser Menschen einzugreifen. Aber verbessern, unterstützen und helfen, das könnt ihr durchaus. Wenn jedoch für eine Seele eine Lernerfahrung ansteht, werdet ihr das nicht immer verhindern können.

Keine von euch an Gott, den Großen Vater, gesandte Bitte ist vergebens. Lasst in euren Gebeten um Frieden, Leichtigkeit und Freude nicht nach. Bittet um Schutz, Reinigung, Unterstützung, Erkenntnis, Reinheit und darum, in die Leichtigkeit und Klarheit geführt zu werden. Entrichtet für euch und eure Liebsten eure Wünsche um Erlösung, Gnade, Licht, Liebe, Bewusstwerdung und insbesondere um Erkenntnis für junge Seelen und dass der Strahl der Liebe eure Herzen noch weiter öffnen darf.

Ladet immer wieder alle lichtvollen Engelwesen, aber auch positive Gedanken, Strukturen und Energien ein. Bittet um eine umfassende, positive Veränderung in eurem Leben, die euch guttut und zuträglich ist, und um alles, was Gott, der Große Vater, meint, euch nun angetragen werden möchte.

Bittet, und euch wird gegeben. Das ist das Versprechen der Liebe. Aber überlasst es IHM, wann und wie ER eure Wünsche erfüllt.

Ihr geliebten Kinder des Lichts und der Liebe, wir möchten euch ein Gebet übermitteln, mit dem ihr einiges Positives bewirkt. Zum einen erklärt ihr eure Bereitschaft, die Wege des Lichts und der Liebe zu beschreiten, gleichzeitig öffnet ihr euch für das Neue, das Einzug halten wird. Akzeptiert, dass alles, was euch noch an wundervollen, positiven Überraschungen begegnet, euch in die Kraft und in die Selbstständigkeit führt. Das ist also ein Rundumschlag für alles, was für euch an göttlichen Geschenken in die Wege geleitet wird.

„Gott-Vater, Gott-Mutter,
der DU bist mein Hirte auf meinen Wegen
und mich führst und leitest.
Ich bitte DICH, mich in die Herzensleichtigkeit zu stellen
und in mir die Göttlichkeit zu aktivieren.
Gib mir die Gelassenheit, die ich benötige,
um mich den neuen Aufgaben des Lebens zu widmen.
Schenke mir die Kraft, die ich erhalten darf,
um voller Wagemut neue Wege zu beschreiten,
und schenke mir das neue Wissen des Goldenen Zeitalters,
das mir dabei hilft,
die neuen Werte des Lichts und der Liebe
unter die Menschen zu bringen.
Ich danke DIR für die Erkenntnis,
in die ich mehr und mehr hineinwachsen darf.

Und so danke ich DIR für DEINE Liebe,
DEINE Führung und Begleitung
bei allem, was ich tue.
Ich segne meinen göttlichen Weg, auf dem ich mich befinde.
Und ich danke DIR für Alles-was-ist.
Amen."

Ängstigt euch nicht, ihr geliebten Kinder des Lichts und der Liebe. Ihr alle seid begleitet und umsorgt. Jeder von euch, der diese Zeilen, diese Worte liest, möge in das Gebet treten, dass der Frieden, aber auch die Erkenntnis in die Herzen der Menschen und den Planeten einkehren mögen. Denn begreift, ihr geliebten Gotteskinder, dass ihr kraft eines solchen und eurer Fürbitten viel Positives in Bewegung bringen könnt.

Hegt ihr also den Wunsch:

„Ich ersuche um Frieden für den Planeten",

dürfen diese göttlichen, lichtvollen, das Bewusstsein aller anhebenden Schwingungen hier manifestiert werden. Und dieses Ersuchen vermag dann dazu zu führen, dass mancher Krieg nicht mehr so intensiv, so heftig ausfallen wird, sondern abgeschwächt werden darf.

Es liegt daher in eurer Hand, ihr geliebten Herzenskinder, diese unguten, negativen Energien in etwas Göttliches umzuwandeln.

Gerne übermitteln wir euch noch ein weiteres, spezielles Gebet für die Zeiten des Umbruchs:

„Himmlischer Vater unser selbst,
der DU uns aus DEINER unermesslich innigen Liebe
erschaffen hast.
DEIN Licht erstrahle über uns,
damit es uns den Weg in die Erkenntnis weist.

DEINE Liebe erfülle uns in unserem Sein,
damit wir unser Herz stärken und begreifen,
welches unser nächster Schritt sein soll.
DEINE klare Führung leite unsere Schritte,
damit wir die Missstände bewältigen und beseitigen können.
Setze DU uns die Hoffnung, den Mut,
wie auch das Vertrauen in unsere Herzen,
damit wir an uns und unsere Gotteskindschaft glauben.
Erfülle uns mit DEINEM Segen
und lasse diesen sich ausdehnen
überall auf der Welt, wie auch im Universum.
Gott-Vater, Gott-Mutter, DEINE Liebe
mögest DU in uns allen tief verankern.
Erfülle uns mit DEINEM Licht, mit DEINER Weisheit
und dem Vertrauen darin,
dass wir die Goldenen Lichtbringer der Neuen Zeit sind.
Wir danken DIR für DEIN göttliches Erbe,
das auch ich als DEIN Sohn, DEINE Tochter,
nun annehmen und leben werde.
Amen."

Glaubt euch! Schenkt euch wie auch euren Gebeten Vertrauen. Denn ihr seid schöpferisch tätig. Ihr seid Gottes Kinder! Und mit jeder Bitte, die ihr an IHN selbst oder an uns, die Geistige Welt, entrichtet, die ihr für den Frieden hegt, schwächt ihr gleichzeitig alle Unruhen, die noch auf euch zukommen könnten, ab.

Ängstigt euch also nicht! Sorgt euch nicht! Alles in Gottes Schöpfungsplan hat einen höheren Sinn und Zweck. Ihr alle, die ihr diese Worte lest, seid nicht nur über alle Maßen geliebt und wertgeschätzt von Gott, dem Großen Vater, sowie von uns, der Geistigen Welt, sondern ihr seid gleichfalls umsorgt und geschützt.

Alles, was also noch kommen möge, ist eine Wahrscheinlichkeit, die ihr in der Hand habt, zum Positiven, zum Lichtvollen, zum Göttlichen zu wenden.

Teil 2

Die Neue Welt

Das Goldene Zeitalter

Das Goldene Zeitalter ist ein Zeitbegriff für die Neue Zeit, des Christusbewusstseins, das anbrechen wird. Und zwar nicht nur auf diesem Planeten, sondern im Grunde genommen im gesamten Universum. Wenn es eingeläutet ist, dann lebt ihr zunehmend das Bewusstsein der allumfassenden Liebe.

Damit meinen wir, die Herzen der Menschen sollen zunehmend geöffnet werden, damit sie zum einen in die Erkenntnis finden, wer sie sind, nämlich göttlich. Zum anderen sollen sie darüber gleichfalls begreifen:

„Ich möchte mich der göttlichen Seite des Lichts und der Liebe zuwenden",

also die christliche Werte der Liebe und der christlichen Nächstenliebe leben.

Das Goldene Zeitalter führt euch also zunehmend zurück zu euren Wurzeln. Ihr erkennt:

„Ich bin Gottes Kind."

Damit verbunden wird sich vieles auf eurem Planeten wandeln. Die Herzen der Menschen werden geöffnet, hellseherische Fähigkeiten nehmen zu, die Medialität wird angehoben, das begrenzte Denken aufgelöst und ersetzt durch Flexibilität, göttliche Impulse und neue Schöpfungen, durch bisher unbekanntes Wissen, innovative Erfindungen, Entdeckungen sowie Fortschrittlichkeit in jedem Bereich.

Es ist geprägt durch die Nächstenliebe, aber auch von dem Wissen:

„Ich bin göttlich. Ich darf sein, wer ich bin, und ich bin weder durch meine eigenen Vorstellungen, Gedanken und Muster gebunden, noch durch die Erwartungshaltungen anderer. Ich bin eine freie Seele."

Das Goldene Zeitalter wird auch deshalb als golden bezeichnet, weil ihr Menschenkinder die goldene, die göttliche Mitte erreicht und den tiefen, inneren Herzensfrieden in euch. Ihr achtet nicht mehr auf das, was euch fehlt. Ihr erstrebt nicht mehr das, was ihr euch wünscht, sondern seid im Jetzt, lebt den Moment und agiert aus dem goldenen, gleichseitigen Lichtkreuz der Liebe heraus.

Warum wird hier diese goldene Farbe erwähnt?

Weil sie sehr hoch schwingend ist, also die Göttlichkeit repräsentiert.

Eine dritte Interpretation hierfür könnte lauten: Weil ihr einen Schatz erworben habt. Ein Schatz wird oft mit Gold aufgewogen, aber dieser ist eure neu gewonnene Freiheit, nämlich das Wissen:

„Ich darf sein, wer ich bin."

Was bedeutet das? Was steckt dahinter?

Dieses Goldene Zeitalter wird eine Ära des Friedens und der Nächstenliebe sein, ja, wir möchten sagen, der Göttlichkeit.

Es wird in diesen Zeiten darum gehen, dass die Menschen in folgende Erkenntnis finden:

„Es geht nicht darum, meinen eigenen Vorteil zu gewinnen oder andere auszunutzen, damit es mir gut geht. Es ist weiterhin nicht von Bedeutung, die Macht zu erhalten, das Finanzielle noch mehr anzuhäufen oder sonstige egobehaftete Strukturen zu leben."

Es wird es vielmehr so sein, dass die Fragen der Menschen lauten werden:

„Was kann ich unternehmen, um meine Lebensqualität zum Wohl aller einzusetzen oder gar zu verbessern? Wie kann ich mich einbringen, damit es mir und damit auch anderen wohl ergeht?"

Im Hintergrund wird also ständig die allumfassende Liebe stehen, die ihr Menschen dann werdet leben wollen, und zwar aus der Tiefe eures Herzens heraus.

Sicherlich wird das nicht bedeuten, dass ihr von euren Lebensthemen vollkommen frei sein werdet. Dieser Planet wird euch Menschen weiterhin zur Verfügung stehen, um zu lernen und zu wachsen. Aber es werden deutlich weniger Gewalt und egobehaftete Strukturen zu verzeichnen sein, wie es derzeit noch der Fall ist.

Das bedeutet ferner, das Goldene Zeitalter ist damit verbunden, dass ihr mit der Natur im Einklang steht. Es wird also nicht mehr wichtig sein:

„Wir müssen noch mehr Gebäude bauen, die schön aussehen, damit ich als Architekt angesehen bin und wertgeschätzt werde."

Stattdessen wird die Frage lauten:

„Wie kann ich Wohnungen bauen, um ein kostengünstiges Modell zu erhalten, damit möglichst viele Parteien zu geringen Energie- und Mietkosten wohnen können, gleichzeitig mit einer möglichst großen Lebensqualität? Und wie kann ich das zum Beispiel mit erneuerbaren Energien erreichen, sodass ich die Natur nicht ausnutze?"

Nicht mehr der persönliche Vorteil steht im Vordergrund, sondern der des Allgemeinwohls, unter Berücksichtigung der Natur und der Umwelt.

Wir möchten auf die Zeitepoche eingehen, da die Nächstenliebe und das Christusbewusstsein auf diesem Planeten schon recht weit vorangeschritten sind. Ihr befindet euch gerade in den Anfängen, in den Umbrüchen.

Was wird es euch also bringen?

Zum einen werdet ihr erkennen, die Menschen rücken näher zusammen. Fremde werden zu Freunden oder Bekannten. Ihr werdet durch die Straßen wandeln und vermehrt anderen zulächeln, ihnen zunicken und sie fragen:

„Wie geht es Ihnen?",

auch wenn ihr sie nicht kennt. Ihr werdet helfend zur Seite stehen, und zwar ohne dass jemand aus dem Egobewusstsein heraus bettelt oder nach seinem Vorteil strebt, sondern weil er wahrhaft Hilfe benötigt und ihr ihnen diese gewähren könnt.

Das Goldene Zeitalter steht also zum einen für das Miteinander, wir könnten auch sagen, für die Brüderlichkeit:

„Du bist mein Nächster. Du magst zwar nicht meiner Blutsverwandtschaft angehören, aber du bist mein Lichtbruder, meine Lichtschwester. Wir kommen alle aus einer Familie, nämlich der Gottesfamilie. Also unterstütze ich dich gerne."

Es bringt weiterhin zum Ausdruck, dass ihr dann miteinander leben werdet. Damit meinen wir, es wird nicht mehr Konkurrenzkampf herrschen, zum Beispiel in euren beruflichen oder familiären Umfeldern. Ihr werdet euch künftig nicht mehr folgende Fragen stellen:

„Wie kann ich möglichst viel Anerkennung erhalten? Welche Position kann ich einnehmen, um noch mehr Ansehen oder Macht zu erhalten?",

sondern eure Ausrichtung wird sein:

„Wie kann ich mich mit meinen ganz besonderen und persönlichen Fähigkeiten einbringen, sodass ich für mich und andere daraus einen größtmöglichen Nutzen erzielen kann, gleichzeitig noch die Freude an der Arbeit spüre?"

Das Augenmerk wird darauf liegen, sich selbst derart einzubringen, wie es dem Menschen möglich ist. Es geht nicht mehr um eine Wertegemeinschaft in folgendem Sinn:

Jemand hat einen höherqualifizierten Job, weil er sich in einer hohen Machtposition befindet. Vielmehr wird auch der scheinbar „niedrig" bewertete Arbeiter, der beispielsweise die Straßen sauber und in Ordnung hält, zu einer neueren Werthaltigkeit gelangen. Ihr werdet künftig ein Wertesystem nicht mehr danach beurteilen, wie sehr sich der Mensch in eine möglichst hochqualifizierte Position, die von anderen als etwas besonders Wertvolles angesehen wird, hochgearbeitet hat, sondern ihr werdet die Menschen nach ihren Fähigkeiten, die sie gerne einsetzen möchten, beurteilen und ob sie sich mit Elan, Freude und Motivation engagieren. Das werden eure neuen Maßstäbe sein.

Gerade zum Beispiel die sozialen Werte, die mit der Familie in Zusammenhang stehen, die Betreuung von Kindern oder älteren Menschen, sind außergewöhnlich hoch angesehen und werden besonders vergütet. Ihr erhaltet nicht nur ein entsprechendes Entgelt, sondern diese Arbeit wird wertgeschätzt, und es wird beispielsweise bekundet:

„Ich erkenne deine Arbeit als Altenpfleger an. Wenn du etwas für deinen Haushalt benötigst, eventuell handwerkliche Hilfe, dann möchte ich das gerne als Dankeschön für dich übernehmen, weil du dich um meinen Anverwandten kümmerst. Denn ich schätze deinen Einsatz und deine Tätigkeit sehr."

Es wird aber genauso bedeuten, wie etwa auf weltlicher Ebene, dass ökonomischere, ökologischere Mittel und Wege gefunden werden. Das heißt, mehr und mehr wird die Umweltpolitik in den Vordergrund rücken und mehr Obacht auf erneuerbare Energien gerichtet sein. Auch in diesem Bereich wird es noch manche Innovationen geben.

Was das Seelenbewusstsein anbetrifft, können wir euch berichten, wird manch neues Muster in euch integriert werden. Das Neuen Zeitalter wird demnach mehr und mehr darauf ausgerichtet sein, die Göttlichkeit zu leben. Althergebrachtes, nicht mehr Zeitgemäßes wird gesprengt, Institutionen, Konventionen umgewandelt. Ihr werdet neue Strukturen, neue Gesellschaftsformen erschaffen. All das geschieht ausschließlich im Namen der allumfassenden Liebe.

Wenn es seine Hochform erreicht hat, wird es auch keine Kriege, Krisen und Gewalt mehr geben. Vielleicht entstehen noch kleinere Zwistigkeiten, das durchaus, denn ihr seid immer noch Menschen. Aber ihr werdet Konfliktlösungen erarbeiten, die friedlich gestaltet werden. All das sind Teilaspekte dieses Goldenen Zeitalters.

Wir möchten das ein wenig untergliedern, damit es verständlicher wird.

Diese besondere göttliche, lichtvolle Epoche bedeutet nichts anderes, als dass die Göttlichkeit auf diesem Planeten, aber auch in euch Menschenkindern, mehr und mehr integriert ist.

Die Göttlichkeit leben

Ihr lebt also die Göttlichkeit. Und wie könnte sich das zum Ausdruck bringen?

Wenn ihr diese lebt, seid ihr wahrhaftig. Ihr lasst euch nicht mehr manipulieren, seid weniger im Ego verfangen. Ihr überprüft alles, was euch im Leben begegnet, und setzt demgemäß eure Grenzen, drückt eure Meinung aus, verfasst neue Ideen und Impulse, die ihr an andere weitertragt, und handelt so, wie es euch förderlich ist. Als Konsequenz daraus wird der Verstand, das große Wollen um jeden Preis, unaufhörlich zurückgedrängt und das Herz die Welt regieren.

Frauen übernehmen die Führung

Ihr werdet feststellen, dass zunehmend Frauen in Regierungspositionen eintreten, in die Vorstände gewählt werden, vielleicht auch innerhalb der Familie das Sagen haben. Hierdurch wird ein Ausgleich geschaffen. Gleichzeitig werden die Männer umfassender in ihr Herz geführt. Sie werden zeitweise, vor allem im familiären Bereich, von der Arbeit zurücktreten, damit sie sich um die Kinder und Kindeskinder kümmern können. Sie leben also intensiver die Einheit mit ihrem Gefühl. Der Familienzusammenhalt wird demnach gestärkt.

Die Frauen werden verstärkt die Führung übernehmen. Wir wollen nicht sagen, dass das zu einem Matriarchat führen wird, aber es könnte ähnlich beschrieben werden.

Worum geht es?

Ihr schreitet auf eine neue Zeit zu. Der Bewusstseinswandel hat begonnen. Die bisherigen Zeiten, das Patriarchat, auch beispielsweise gelebt von Seiten der Kirche, wird zunehmend aufgelöst.

Warum ist das so?

Die Neue Zeit ist sehr stark mit der allumfassenden Liebe, also der Nächstenliebe, der Brüderlichkeit, der Herzlichkeit verknüpft. Gerade die Frauen sind prädestiniert dafür und in der Lage, dieses vorzuleben. Es wurde ihnen in die Wiege gelegt. Nicht umsonst sind sie diejenigen, die die Kinder gebären und nähren. Dazu ist es notwendig, die Liebe zu leben.

Die Männer hingegen sind noch sehr stark dem Verstand zugewandt. Das soll künftig unumstößlich aufgelöst werden. Das heißt, die Frauen mit ihrer gefühlvollen Seite übernehmen fortan zum Teil die Führung, sowohl in der Politik, wie auch im familiären Bereich und in anderen Gruppierungen, um diese

Neue Zeit mit einzuläuten. Das ist jetzt vor allem ihre Aufgabe, so können wir es euch berichten.

Sie dienen als Vorbild, um die Menschen aufzurütteln und zum Nachdenken über folgende Fragen anzuregen: Worum geht es? Geht es jetzt darum, Erfolge zu erzielen, oder ist nicht auch das Herz besonders wichtig, die Achtsamkeit anderen gegenüber, die Nächstenliebe? Ist der Fokus darauf gerichtet, in deine innere Mitte zu finden, die Balance, den inneren Herzensfrieden? Fühlst du dich wohl mit dem, was du lebst oder nicht?

Solches soll vermehrt über die Frauen aufgezeigt werden. Und ist es nicht auch so, dass vor allem sie sehr bemüht sind, nicht nur aus dem Verstand heraus zu agieren, sondern dass sie in der Regel ebenfalls ausdrücken:

„Das fühlt sich für mich nicht stimmig an. Etwas ist unausgereift. Ich habe noch einen weiteren Gedankenimpuls, der anderen ebenfalls dienlich ist."

Die Frauen leben, in der Regel wohlgemerkt, überwiegend die gefühlvolle Seite. Das gilt nicht für jeden Fall. Aber sie werden nun mehr und mehr die Neue Zeit vorleben und die Vorreiterrolle als Vorbild übernehmen. Das heißt, euer Zeitgeschehen wandelt sich. Ihr kehrt euch unaufhörlich ab von veralteten, verkrusteten und verhärteten Strukturen, die oft noch durch die männliche Seite vorgelebt und geprägt worden sind. Es war in der Vergangenheit wichtig, um die Kraft anzuheben, aber jetzt ist der Zeitpunkt gekommen, eine Wandlung hin zur Weichheit durchzuführen, zur Weiblichkeit, zur Nächstenliebe, zum Miteinander.

Begreift, ihr Frauen leitet die Neue Zeit ein! Das bedeutet natürlich nicht, dass die Männer diese nicht mit euch gemeinsam leben. Es gibt zahlreiche von ihnen, die bereit sind, diese gefühlvolle Seite zu leben und ebenfalls das Goldene Zeitalter einläuten. Aber die Frauen kommen jetzt ein wenig an die Macht, wenn wir es einmal so beschreiben dürfen, um wieder ausgiebiger die Sanftmut und Zartheit, die Mütterlichkeit in den Vordergrund zu rücken.

Es gibt sowohl Männer wie auch Frauen, die sehr gefühlsbetont sind. Genauso wie es Männer wie auch Frauen gibt, die entweder sehr gefühlsbetont oder auch stark in ihrem Ego verhaftet sind. Aber die männliche Seite ist grundsätzlich mehr dem Verstand zugetan, während die weibliche eher die gefühlvolle Seite repräsentiert, die Weiblichkeit, also die Mütterlichkeit, die Nächstenliebe, das Miteinander.

Da ihr unausweichlich in eine Neue Zeit schreitet, das Goldene Zeitalter, in dem die Nächstenliebe repräsentiert und gelebt wird, bedeutet das, dass die Verstandesseite stärker mit eurem Herzensgefühl in Einklang gebracht werden soll. Dafür stehen jetzt die Frauen ein, beispielsweise nicht nur zu erklären:

„Ich weiß, wie wir Gesetze erlassen sollen und was positiv ist, um ein Ergebnis erzielen zu können",

sondern:

„Ich weiß, wie wir unser Projekt auch zum Wohl aller anderen realisieren können."

Dieses Prinzip der Weiblichkeit führt euch in diese Zeit der Nächstenliebe.

Es geht also nicht mehr strikt darum, ein Ergebnis zu erreichen, wie es oft von Männern geleitet oder vorgelebt wird, sondern zu durchdenken:

„Welche Konsequenzen hat es für andere? Könnte es womöglich sinnvoller sein, nicht danach zu streben, um damit langfristig gesehen etwas Positiveres erreichen zu können?"

Darum geht es jetzt. Ihr werdet stets feststellen, dass es von Männern und Frauen immer beide Seiten gibt, die ausgelebt werden. Es gibt also Frauen, die sehr im Verstand verhaftet sind, die noch lernen müssen, sich der gefühlvollen Seite zu widmen, wie es Männer gibt, die sich vom Verstand gelöst haben und bereit sind, vermehrt das Gefühl, die Herzensseite zu leben.

Die neue Familie

Neue Familie ist ein Begriff, der der Neuen Zeit hinzugerechnet werden kann, dass die Familie, so, wie sie derzeit existiert, nicht mehr im Sinne einer Blutsverwandtschaft besteht, sondern ihr euch sozusagen eine neue aussucht, die in einem gleichen Seelenbewusstsein steht wie ihr.

Das bedeutet, es werden euch im Laufe der nächsten Jahre Menschen an die Seite gestellt, mit denen ihr euch offen über das unterhalten könnt, was euch beschäftigt, beispielsweise über eure Probleme oder Entscheidungen, die ihr zu treffen habt. Es wird ein tiefes Vertrauen und Verstehen sein.

Die Familienstruktur wird sich nach und nach beständig wandeln. Die Menschen werden sich folglich weniger aufgrund der Blutsverwandtschaft, als vielmehr nach ihrem Gefühl zusammenschließen, so möchten wir es einmal ausdrücken. Das bedeutet, es wird weniger eine familiäre Beziehung zwischen den Menschen sein, die aus derselben Blutlinie stammen, sondern sie werden sich weitestgehend neu orientieren, nämlich nach den Werten, die sie leben. Sie lernen beispielsweise einen Unbekannten kennen, bei dem sie feststellen:

„Ihm/ihr kann ich vertrauen. Er/sie lebt ähnliche oder gar gleiche Werte wie ich, er/sie lebt das Christusbewusstsein wie ich."

Als Konsequenz schließen sie sich zusammen und gründen gemeinsam ein Familien- oder Generationenhaus. Es wird also zunehmend so sein, dass Menschen sich mit Menschen verbinden, zusammenschließen, sich gegenseitig unterstützen und helfen, mit denen sie sich wohlfühlen und die ein ähnliches Bewusstsein leben.

Die familiären Bindungen, die Blutlinien, werden sich nach und nach mit steigender Anzahl trennen, nicht weil es zwangsweise so geschehen muss, sondern weil die Menschen erkennen:

„Macht es wahrhaft Sinn, an meinem Blutsverwandten festzuhalten, wenn wir doch in zwei völlig unterschiedlichen Welten leben?"

Je mehr ihr jedoch in das Christusbewusstsein hineinwachst, desto weniger sollte das der Fall sein. Auf lange Sicht betrachtet, verweilen nur die Seelen auf diesem Planeten, die bereit sind, das Christusbewusstsein zu leben. Wisst aber auch, in der fernen Zukunft werden die Blutlinien wieder zueinander gelangen. Doch für den Zwischenzeitraum werden sich die Familien vielmehr danach richten:

„Welche Werte lebst du? Die gleichen oder ähnliche wie ich? Verstehe ich mich gut mit dir? Begreifst du, was ich zum Ausdruck bringen möchte?"

Familienfeste

Künftig werdet ihr öfter das Gefühl verspüren, an Familienfeiern nicht teilnehmen zu wollen. Das sollte euch nicht weiter wundern. Wir erklären sehr gerne, womit das zusammenhängt.

Seht, ihr seid sehr weit entwickelte Seelen, die in ihrem Bewusstsein enorm vorangeschritten sind, und tragt demzufolge immens hohe Energieschwingungen in euch. Darüber hinaus habt ihr euch vor der Inkarnation auf diesem Planeten als Aufgabe ausgesucht:

„Ich möchte mein Licht dort hineinsenden, wo es fehlt."

So werdet vor allem ihr hoch schwingenden Lichtarbeiter an dunkle Orte geschickt, um dort euer Licht zu verbreiten, insbesondere dort, wo es am dringendsten benötigt wird. Das ist der eine Aspekt. Ihr spürt also:

„Da befinden sich Wesenheiten um mich herum, die sich nicht in diesem hohen Energielevel befinden wie ich."

Das spürt ihr instinktiv, weil ihr sehr feinfühlig seid.

Ihr merkt, dass diese Seelen andere Vorstellungen vom Leben haben, die Interessen, Vorstellungen unterschiedlich sind.

Gerade weil ihr das wahrnehmen könnt und deren Energien auch noch nicht so weit entwickelt sind, führt das dazu, dass ihr aussprecht:

„Ach, jetzt wünsche ich mir viel mehr Ruhe."

Die weit vorangeschrittene Seele, die eine hohe Energieschwingung in sich trägt, befindet sich in gewisser Art und Weise überwiegend in einem ruhigen Zustand. Das bedeutet, je weiter ihr im Christusbewusstsein steht, desto mehr nähert ihr euch dem inneren Herzensfrieden. Damit strahlt ihr eine gewisse Ruhe aus. Die Menschen hingegen, die noch viel lernen müssen, sind noch nicht dort angelangt. In ihnen tobt eher Unruhe – ein Kampf, den sie Tag für Tag mit sich, anderen oder Situationen ausfechten. Das könnt ihr gleichzeitig wahrnehmen. Und weil dem so ist und das etwas in euch bewirkt, habt ihr dann oft das Gefühl:

„Irgendwie tut mir das nicht mehr gut. Ich möchte heimkehren, mich zurückziehen und einfach mein Sein genießen."

Das ist gleichzeitig auch der Wunsch nach der Göttlichkeit, die ihr in solchen Momenten in euch wahrnehmen könnt.

Die Sehnsucht nach Rückzug bedeutet also häufig gleichzeitig:

„Ich wünsche mich zurück in Gottes Schoß. Ich trage das Bedürfnis nach Frieden, Liebe und Leichtigkeit in mir."

Das ist ein Gefühl, das ihr kennt, sozusagen der zweite Aspekt, den ihr erspüren könnt.

Sorgt für euch! Tut euch Gutes! Zieht euch zurück und lasst alte Muster los!

Es wäre weniger positiv, wenn ihr an Familienfesten teilnehmen oder dort verbleiben würdet, obwohl ihr euch damit unwohl fühlt.

Welche Auswirkungen hat das auf euch?

Es führt euch in die Unruhe, in den inneren Unfrieden. Und das ist euch nicht mehr zuträglich.

Es ist doch ein althergebrachtes Muster, das da heißt:

„Ich muss auf Familienfeiern anwesend sein. Ich muss an Hochzeiten, Geburtstagen, sonstigen Feierlichkeiten oder gar an einer Beerdigung teilnehmen."

Das muss nicht sein.

Könnt ihr nicht den Menschenkindern, die gerne etwas Besonderes feiern möchten, ebenso an einem anderen Tag eure

Glückwünsche überbringen? Könnt ihr ihnen nicht auch an dem Tag, da sie ein Fest veranstalten möchten, über Gedanken eure Liebe, eure Wünsche vermitteln oder einen Anruf starten? Wer sagt denn, dass ihr jedes Mal anwesend sein müsst?

Seid gut zu euch selbst! Diejenigen, die euch wirklich mögen und in ihrem Bewusstsein weit genug vorangeschritten oder kaum noch im Ego verhaftet sind, entgegnen:

„Es ist in Ordnung, wenn du heute nicht kommst. Ich verstehe und akzeptiere das."

Das Allerwichtigste ist: Setzt euch für euer eigenes Wohlbefinden ein!

Ihr werdet mehr und mehr feststellen, je weiter die Menschen in ihrem Bewusstsein voranschreiten, desto weniger werden sie solche ausladenden Feiern abhalten.

Denn was ist der Hintergrund einer solch größeren Veranstaltung? Darin verbirgt sich der Wunsch:

„Ich möchte das, was mir wichtig ist, mit anderen teilen."

Das ist im Grunde genommen eine Form, um anderen mitzuteilen:

„Schaut her, was ich mir alles leisten kann, was ich erreicht habe!"

Es sind oft vor allem jüngere Seelen,die diese Erfolge mit anderen teilen möchten, um sich selbst Bestätigung zu geben.

Das ist natürlich und keinesfalls negativ. Wir wollen damit lediglich zum Ausdruck bringen: Seelen, die stärker in der allumfassenden Liebe schwingen, werden solchen Feierlichkeiten oft keine so große Bedeutung mehr beimessen und sagen:

„Naja, es ist ein Tag wie jeder andere. Ich feiere ihn vielleicht mit zwei, drei Menschenkindern, mit denen ich mich sehr wohlfühle. Aber abgesehen davon, ist mir das nicht mehr so wichtig."

Prüft gleichfalls mit eurem Herzen, ob ihr künftig an Beerdigungen teilnehmen möchtet.

Denn was ist von Bedeutung?

Euch soll es gut gehen! Was hätte der Verstorbene davon, wenn ihr dort anwesend seid?

Im Grunde genommen geht es doch nur um all die anderen Trauergäste, die abzählen und genau betrachten: Wer ist gekommen? Und wenn jemand erscheint oder auch nicht, dann wird darüber getratscht.

Aber was ist der eigentliche Sinn und Zweck?

Euer Ansinnen ist doch, von dem Verstorbenen Abschied zu nehmen. Das könnt ihr genauso in aller Ruhe und Stille für euch in euren vier Wänden tun. Im Grunde genommen ist das für euch sogar besser, als würdet ihr bei einer Trauerfeier erscheinen.

Ihr könnt euch dabei Zeit lassen, seid von all den Trauerenergien der anderen unbeeinflusst und vermögt ganz nach eurem Herzen entscheiden:

„Wie möchte ich vorgehen? Spreche ich nur ein stilles Gebet? Kehre ich in die Stille ein? Baue ich den Kontakt auf?",

und derlei mehr.

An und für sich ist das demnach keine Flucht, sondern ein Liebesdienst, den ihr euch damit selbst erweist.

Ihr werdet also in den nächsten Jahrzehnten fortwährend erkennen, dass solche Familientraditionen umfassend aufgelöst, aufgeweicht und sich vor allem diejenigen, die weit in ihrem Bewusstsein vorangeschritten sind, sich mehr und mehr zurückziehen werden.

Die Ehe

Die Ehe gibt es durchaus in der künftigen Zeit, aber beschränkt. Das bedeutet, sie ist ein Auslaufmodell. Denn was ist darunter zu verstehen: „Ich vollziehe die Ehe?"

Das ist ein altes Muster, eine althergebrachte Tradition, der ihr Menschenkinder bis heute noch nachhängt. Viele schließen die Ehe aus romantischen, andere aus steuerlichen Gesichtspunkten heraus. Aber wenn ihr euch im Goldenen Zeitalter befindet, welchen Sinn sollte sie dann noch verkörpern? Welchen Nutzen habt ihr davon? Müsst ihr jemandem äußerlich bekunden:

„Wir haben eine Unterschrift geleistet. Durch diese beweisen wir, dass wir zusammen leben wollen und uns lieben."?

Ist das wirklich noch notwendig? Ist die Liebe nicht eher frei und unabhängig?

Wenn ihr demnach erklärt:

„Ich habe den Partner/die Partnerin fürs Leben gefunden",

dann werdet ihr zusammenleben. Es wird nicht mehr notwendig sein, das von einer höheren Stelle, beispielsweise einem Geistlichen oder Standesbeamten, beurkunden und absegnen zu lassen. Gott, der Große Vater, hat euch und eure Verbindung doch längst gesegnet. Warum braucht ihr diesen zusätzlichen Segen noch von Vater Staat oder Mutter Kirche?

Da dem so ist, weil ein Umdenken stattgefunden hat, wird es infolgedessen eine Art „freie Ehe" geben. Damit wollen wir zum Ausdruck bringen, wenn ihr euch als Partner untereinander die Treue schwört, wird das genügen. Ihr werdet dann auch den jeweiligen Nachnamen eurer Familie beibehalten. Die Kinder können selbst wählen, welchen sie annehmen möchten, oder die Eltern entscheiden für sie.

Es werden sich demnach die Menschenkinder verbinden, die sich von Herzen lieben. Und das können sie in einer privaten Zeremonie durchaus feiern. Aber es wird nicht mehr notwendig sein, das staatlich beurkunden zu lassen.

Kommunikation

Ein weiterer wichtiger Punkt im Rahmen der Partnerschaft und Ehe, aber auch darüber hinaus, bildet die Kommunikation. Ihr werdet mehr und mehr Schulungen anbieten, über Kommunikation zu sprechen. Es werden zum Beispiel Seminare angeboten: „Worauf kommt es im Rahmen einer Partnerschaft an? Wie kann ich besser und leichter kommunizieren?"

Solches wird verstärkt und nachhaltig in euren Köpfen als neues Muster eingearbeitet und von Vater zu Sohn, von Mutter zu Tochter und von diesen dann auch an deren Kinder weitergetragen, gelehrt und vermittelt. Das heißt, die nächste und jede weitere Generation wird mit den lichtvollen, weiterentwickelten göttlichen Strukturen aufwachsen, nämlich:

„Ich darf sein, wer ich bin. Ich werde geliebt, wie ich bin. Und ich darf das ausdrücken, was mir auf dem Herzen liegt. Ich werde weder unterdrückt, noch manipuliert, sondern ich darf frei meine Entscheidungen treffen."

Das ist ein großartiges Muster.

Technik

Eure Wissenschaftler werden zunehmend auf erneuerbare Technologien umschwenken, sei es im Bereich der Medizin, der Transportmittel oder auch der Technik. Es wird kontinuierlich auf erneuerbare Energien umgestellt sowie Techniken innoviert, die euren Lebensstandard erhöhen und vereinfachen.

Das bedeutet, dass ihr zum Beispiel fortschrittliche Unterstützung erfahrt, sich die Kommunikation verbessert, ihr also noch leichter mit anderen Menschen aus fernen Ländern in Kontakt treten könnt, oder dass die Medizin, solange sie besteht, noch individueller angewendet und auch die Heilung so mancher Krankheit unterstützt werden kann, die derzeit noch nicht behandelbar ist.

Natürlich wird es hier weiterhin vonnöten sein, sich die geistigen Ursachen zu betrachten, daran zu arbeiten und zu verändern. Aber durchaus werden gerade in den nächsten Jahren neuartige, außergewöhnliche, eindrucksvolle medizinische Weiterentwicklungen zu verzeichnen sein.

Die Technik wird darüber hinaus im Bereich der Transportwege neu umstrukturiert: Automobile werden gebaut, die eine größere Leistungskraft aufweisen, aber gleichzeitig sicherer werden. Die Distanz zwischen zwei Orten kann beispielsweise schneller überwunden werden. Der Kraftstoffverbrauch sinkt deutlich, sodass hierdurch der Umwelt Genüge getan wird. Das dient als Beitrag zum Schutz und Erhalt von Mutter Erde.

Zusätzlich werden neuartige Transportmittel entwickelt und gebaut, damit ihr Bewohner anderer Planeten erreichen und besuchen könnt, so ihr dies möchtet. Das schließt ebenfalls mit ein, dass beispielsweise der Abbau von Braunkohle oder Öl drastisch reduziert wird.

Erneuerbare Technologien werden des Weiteren im Bereich Freizeit und Hobby verwendet. Auch diese Technik wird weiterhin ausgefeilt, sodass ihr beispielsweise in der Zukunft innovative Musik erschaffen könnt, ohne Strom erzeugen zu müssen, sodass ihr stets die Gelegenheit haben werdet, euch der Freude, dem Spiel, der Musik zu widmen.

Das ist ein weiterer Teilaspekt dieser neuen, fortschrittlichen Entwicklungen.

Doch seid euch gewiss: Ihr werdet noch weitere solcher Geschenke entwickeln und nutzen.

Erneuerbare Energien

Worauf zielt dieses Goldene Zeitalter weiter hin? Ihr werdet fortschreitend den Schwerpunkt auf erneuerbare Energien lenken, zum Beispiel auf die Stromerzeugung, aber auch in Bezug auf eure Transportmittel. Das heißt, im Bereich der Fahrzeuge werden vermehrt solche produziert, die sehr umweltbewusst agieren. Die Verrußungen werden reduziert, ebenfalls der CO_2-Ausstoß. All die Fabriken, die Industrieanlagen, gerade im asiatischen Bereich, aber genauso anderswo, mit viel Kohlenstoffausstoß werden über die Jahrzehnte ihren Ausstoß reduzieren. Erst werden ihnen Auflagen gesetzt, und dann werden weitere Unternehmer beschließen:

„Ich möchte mich aus eigenem Antrieb verstärkt für die Umwelt einsetzen und meinen Beitrag dazu leisten. Ich überprüfe, wie ich mein Unternehmen umgestalten kann, um der Natur und damit auch den Menschen etwas Gutes zu tun."

Entlohnungssystem

Gleichzeitig bedeutet das, ihr geliebten Kinder des Lichts und der Liebe, dass die Löhne angepasst werden. Auch hier wird ein Umstrukturieren im Denken geschehen. Ihr werdet nicht mehr feststellen: Im asiatischen Bereich werden Hungerlöhne gezahlt. Stattdessen werdet ihr erkennen und berichten:

„Warum soll ein Asiate für die gleiche Arbeit weniger Geld erhalten als ein Europäer? Das ist nicht im Sinne des Lichts und der Liebe. Ich bin ein deutscher, ein europäischer Unternehmer",

so könnten wir berichten.

„Ich habe zwar meine Produktionsstätten in ein anderes Land verlegt, aber ich stelle europäische Ware her. Also fühle ich mich auch dazu berufen, den europäischen Standard an Entlohnung zu leisten."

Das werden göttlichere Muster und Strukturen sein, die die Menschen zunehmend von sich aus leben und umsetzen.

Es wird also nicht länger der Mensch oder das Land zum eigenen finanziellen Vorteil ausgebeutet, sondern es wird anwachsend stärker auf Ökologie, Ökonomie und Wirtschaft geachtet und in Einklang gebracht, gleichfalls die Menschenwürde sowie die Achtsamkeit anderen Menschenkindern gegenüber.

Das bedeutet auch, dass die Unternehmer früher oder später auf den Gedanken kommen:

„Ich möchte diese Ware nicht mehr im Ausland produzieren, denn mir fällt auf, dass ich dann lange Transportwege zu bewältigen habe. Das kostet wieder Geld. Die Straßen werden von den LKWs benutzt, die Meere von den Schiffen, die Gleise von den Zügen. All das kostet Zeit und Geld und ist der Umwelt nicht zuträglich. Ich bleibe im hiesigen Land. Es mag mich vielleicht etwas mehr kosten, aber ich fördere damit die Umwelt."

Währungssystem

Ihr geliebten Lichtkinder, begreift, dass Gott, der Große Vater, euch unermesslich liebt. ER erkennt euer inneres Herzenssehnen nach mehr Freiheit und den göttlichen Strukturen des Lichts und der Liebe. Daher wird ER gleichfalls dafür Sorge tragen, dass auch im Rahmen eures wirtschaftlichen, finanziellen Bereichs, zum Beispiel mit der irdischen Währung, ein Umschwung eintreten wird. ER wird sich darum kümmern, dass euch zum passenden Zeitpunkt eine neue Währung geschenkt wird. Habt keine Sorge, was dieses anbetrifft, denn wisst, für einen jeden Einzelnen ist gesorgt.

Gott, der Große Vater, lässt niemanden im Stich!

ER wird zu jeder Zeit Obacht darüber walten lassen, dass ihr umsorgt seid und alles zum Leben habt, was ihr benötigt, und darüber hinaus auch das, was euch in die Lebensfreude führt.

Aber wisst, es wird ein Zeitpunkt kommen, an dem der Währungsaustausch vorgenommen und dann nach und nach über die Jahrzehnte hinweg das Geld, so, wie es bisher existiert, aufgelöst und ersetzt wird mit einem neuen Währungssystem, das da heißt:

„Du hast leckeren Kaffee angebaut oder erhandelt. Hiervon nehme ich mir eine Packung. Im Gegenzug schenke ich dir einen selbst gestrickten Pullover."

Es wird also Handel betrieben. Sofern euch das nicht möglich ist, weil ihr vielleicht gerade noch nichts anzubieten habt, eure zu erntenden Früchte noch Zeit bis zur Reife benötigen oder das Produkt, das ihr gerade im Begriff seid, zu erschaffen, noch nicht zu Ende erzeugt ist, ist es auch in Ordnung, einmal etwas geschenkt zu bekommen. Denn der Gönner weiß, er wird von Gott, dem Großen Vater, einen entsprechenden Ausgleich erhalten. Vielleicht nicht von demjenigen, dem er etwas überlassen hat, aber von einem anderen Menschenkind. Es wird also ein Güteraustausch vorgenommen. Jeder bringt sich so ein, wie er kann. Es wird weniger eine Wertigkeit vorgenommen, wie es derzeit noch der Fall ist:

„Wenn du mir ein Pfund Kartoffeln schenkst, muss ich dir ebenfalls ein Pfund eines anderen Gemüses schenken."

Es kann genauso gut sein, dass ihr zum Ausdruck bringt:

„Ich leihe dir mein Automobil, damit du eine Woche in Urlaub fahren kannst. Denn ich weiß, du hast wenig Geld. Und ich freue mich, wenn du mir dafür einen Salatkopf für meine Familie schenkst."

Auch das wird in der Neuen Zeit in Ordnung sein, weil ihr nicht in eurem Ego verfangen seid und etwas mit dem gleichen Wert zurückerhalten wollt, sondern weil ihr aus der Liebe heraus handelt und im Vertrauen steht, dass ihr genau das erhalten werdet, was ihr benötigt. Wisst, ihr geliebten Gotteskinder, so wird es sein!

Mensch und Tier

Es wird gleichfalls ein Umdenken in Bezug auf die Natur und die Tiere eintreten. Das heißt, es wird verstärkter darauf geachtet, dass Tiere artgerecht gehalten werden, insbesondere in Bezug auf Nahrungsmittelerzeugnisse und Herstellung von Kleidung. Es wird also zunehmend weniger auf Massenbetrieb abgestellt, sondern es werden vereinzelte kleinere Gehöfte geschaffen werden, bei denen die Tiere in der Anzahl überschaubar bleiben. Und jedes Einzelne wird dann, wenn sich dieses Goldene Zeitalter manifestiert hat, auch intensiv betreut werden.

Ihr könnt es euch so vorstellen, als wenn ihr eure eigenen Haustiere an der Seite habt. So, wie ihr ihnen Namen gebt, euch um sie sorgt und kümmert, wenn sie krank sind, sie zum Tierarzt bringt, wird es in der Zukunft mit den Tieren verlaufen können, die für solche Erzeugnisse ihren Liebesdienst erweisen.

Es wird also verstärkt ein Miteinander gelebt zwischen Mensch und Tier, zwischen Mensch und Natur.

Es wird neue Tier- und Pflanzengattungen geben. Zum Teil tauchen sie über Nacht auf. Wir möchten jetzt nicht damit sagen, dass sie plötzlich neu erschaffen werden, sondern es benötigt natürlich gewisser evolutionärer Prozesse. Und diese entwickeln sich bereits jetzt, sind aber noch nicht entdeckt.

Es benötigt manche Jahrzehnte oder Jahrhunderte, bis sich diese vollkommen zu einer neuen Spezies entwickeln werden. Aber dieser Prozess ist bereits im Gange.

Rechtssystem

Rechtssysteme wird es im Goldenen Zeitalter weiterhin geben, wenn die Umbrüche wieder abflauen, weil auch dann manches geklärt werden muss, zum Beispiel:

„Wem gehört das neue Land? Wie kann es bestellt, neu aufgeteilt werden?"

Es wird unabdingbar sein, spezielle Gesetze, wir möchten sagen Strukturen, den Menschen wieder an die Hand zu geben, weil das eine gewisse Sicherheit bedeutet und Klarheit schafft. Aber das Rechtssystem wird sich neu gestalten. Es wird sich weniger an der Fragestellung orientieren:

„Was befand sich zuvor in deinem Eigentum? Welche Besitzansprüche weist du auch jetzt noch auf?"

Vielmehr wird von Bedeutung sein:

„Wie viel Land und Besitztümer benötigst du zum sicheren und ausreichenden Leben? Welches Stück Land kannst du ruhigen Gewissens an eine andere Familie abtreten, die bedürftiger ist?"

Das sind neue Gesetze, die dann erlassen werden könnten.

Gerade bei Streitigkeiten wird es vor allem bedeutsam sein:

„Wem steht dieser streitige Gesichtspunkt eher zu? Weshalb ist der Streit entflammt? Wer hat einen weitreichenderen Nutzen davon?"

Es wird also weniger darum gehen:

„Wer hatte zuvor Recht? Wer war vorher Eigentümer des Grundstücks oder des Gegenstands?",

sondern:

„Wer ist dringender darauf angewiesen?"

Es werden also viel mehr Gesetze oder Urteile erlassen, die dem Wohl der Allgemeinheit dienen, nicht dem Einzelnen.

Wenn das Goldene Zeitalter soweit angebrochen ist, dass es hier keine Umbrüche und Streitigkeiten mehr gibt, wird es sich weniger um Gesetze handeln, sondern überwiegend um Verhaltensregeln untereinander. Es entfällt die Notwendigkeit für Richter, die über etwas urteilen, sondern es entsteht der Beruf der Schlichter, die einen Streit schlichten, die die Harmonie, den Frieden einführen und einen Kompromiss zum Wohl aller schließen werden.

Im Goldenen Zeitalter wird es keine Strafgerichte oder Gefängnisse mehr geben. Denn wenn dieses angebrochen ist, habt ihr eine gewisse Bewusstseinsstufe erreicht, nämlich die der Göttlichkeit, der allumfassenden Liebe. Und das wiederum bedeutet, die Menschen haben begriffen:

„Ich muss nicht mehr stehlen, um glücklich zu werden. Ich muss auch niemanden töten, um an einen Vorteil zu gelangen. Ich muss kein schlechtes Zeugnis reden wider einen anderen, um gehört zu werden. Ich muss niemanden unterdrücken, um mich selbst erheben zu können."

Oh nein, das wird nicht notwendig sein, denn es werden zunehmend die Erkenntnisse gewonnen:

„Ich habe mich selbst zu achten, zu lieben und wertzuschätzen."

Mehr noch, es wird Gemeinschaft gelebt. Wenn also einem Menschen oder einer Bevölkerungsgruppe etwas fehlt, vielleicht etwas fundamental Wichtiges wie der Zugang zu Wasser, dann wird ein anderer Teil der Bevölkerung dafür Sorge tragen, dass dieses Problem behoben wird.

Warum also sollten dann Gewalt, Unterdrückung und dergleichen noch notwendig sein?

Die Menschen werden in ihrem Bewusstsein gewachsen sein. Und damit steigen Ethik und Moral, sodass es keine Kriminalität mehr geben wird, und damit verbunden, auch keinerlei Bestrafungsorgane.

Es wird wohlweislich noch Diskussionen, Foren, Gesprächsgruppen geben. Wir könnten auch von Gesprächstherapien sprechen. Das wird unabdingbar sein, um über solche Themen zu sprechen. Selbst im Goldenen Zeitalter wird sich nicht jeder Mensch auf der gleichen Bewusstseinsstufe befinden. Was dem einen sehr einleuchtend und klar erscheint, ist es für den anderen vielleicht noch nicht. Und so wird er vielleicht fragen:

„Aber bei mir liegt doch der Fall so, dass ich friere und Hunger habe. Wenn ich das Brot nicht erhalten kann, dann muss ich es mir doch nehmen, sonst verhungere ich. Wie kann das sein?"

Dann wird es einen Lehrmeister geben, der anregt:

„Hast du nicht einen Mund, um zu sprechen? Besitzt du nicht ein Fahrrad, auf das du dich schwingen kannst, um zu deinem Nachbarn zu fahren und ihn um Hilfe zu bitten? Kennst du nicht den einen oder anderen, der weiß, wie man Brot zubereiten kann?"

Und dann wird er antworten:

„Du hast Recht, das habe ich durchaus. Ich kenne so jemanden. Ich stimme dir zu, es ist nicht notwendig, das Brot meines Nachbarn zu stehlen. Ich kann ihn ja danach fragen, wie ich es selbst zubereiten kann."

Auf diese Art und Weise wird ein neues Bewusstsein geschaffen.

Zwischen dem Ende der gröbsten Umbrüche und dem Beginn des Goldenen Zeitalters wird ein Umdenken stattfinden. Es wird also anerkannt werden: Es nutzt nichts, die Menschen einzusperren, sondern es wird zunehmend dafür Sorge getragen, dass ein Überprüfen und Ändern bei jenen stattfindet, die sich ethisch und moralisch noch nicht korrekt verhalten haben.

Ansteigend werden demnach zunehmend Therapie-sitzungen und Gespräche eingeführt, Situationen beleuchtet, Meditationen durchgeführt. Es werden vielleicht sogar, wir möchten nicht sagen, Dörfer errichtet, aber doch abgeschottete Bereiche, wir könnten ebenso von Ansiedlungen innerhalb einer Stadt sprechen, in der zum Beispiel Verbrecher, Gewaltverbrecher unterkommen, die dann lernen, ihre Gewalttätigkeit zu zügeln. Mit ihnen wird über die Ursachen gesprochen. Gleichzeitig werden ihnen Werkzeuge an die Hand gegeben, um ihren Zorn, ihre Emotion zu bündeln und dann auch umzulenken. Dieses wird in der Übergangszeit entwickelt und angewandt werden.

Politik

Politisch können wir euch berichten, dass neue göttliche Gesetze erschaffen werden. Es werden sich also vermehrt Lichtarbeiter in politische Situationen einbringen und gewählt werden, die das Wohl des Planeten, der Menschen und der Staatengemeinschaften im Blick behalten, die sich nicht mehr manipulieren oder kaufen lassen, sondern zum Ausdruck bringen:

„Ich habe ein Ziel. Nämlich Frieden auf den Planeten zu bringen, mich für andere Menschenkinder einzusetzen, meinen Nachfahren eine Schulbildung zu ermöglichen, damit sie frei entscheiden können, was sie in ihrem Leben anstreben und erreichen möchten, um vielleicht nicht arm oder ungebildet zu bleiben."

Das heißt, Geld wird vermehrt in Soziales investiert, anderes dafür womöglich reduziert. Aber auch hier wird es immer einen Ausgleich geben.

Staaten – Staatengemeinschaft

Es werden weiterhin viele Staaten existieren, einfach weil es verwaltungstechnisch leichter zu handhaben ist. Aber es wird auch eine Staatengemeinschaft bestehen, so ähnlich, wie es zum Beispiel in Europa der Fall ist.

Ein höheres Ziel wird im Blick behalten. Im Goldenen Zeitalter werden Gemeinschaften gelebt. Was also der eine Staat nicht zur Verfügung hat, wenn ihm finanzielle oder gar wirtschaftliche Mittel fehlen, wird ein anderer Staat, der diese im Überfluss hat, erklären:

„Wir helfen aus, denn wir sind ja eine Staatengemeinschaft."

Es wird insgesamt verstärkt das Miteinander gelebt, wie eine Art Austauschhandel.

Die Länder an sich, auch wenn sie sich noch teilweise etwas ändern werden, werden weiterhin bestehen bleiben. Aber gerade jene, auch zum Beispiel in Bezug auf den Ostblock, die sich aus alleiniger Kraft vielleicht noch nicht über Wasser halten können, die vermehrt unter politischen oder auch wirtschaftlichen Problemen leiden, werden sich zusammenschließen. Es wird demnach zu manchen Umwandlungen kommen.

Aber an und für sich werden mehrere Staaten durchaus bestehen bleiben, wohlgemerkt mit dem Ziel: Es wird eine Staatengemeinschaft der Welt gegründet, damit alle zusammenarbeiten können, um sich für den Frieden und ein harmonisches Miteinander einzusetzen.

Ein einziger Staat, eine Weltengemeinschaft, ist im Grunde genommen das Ziel, worauf es hinauslaufen sollte. Es ist Gottes Wunsch. Denn seid ihr Menschenkinder im Grunde genommen nicht alle Brüder und Schwestern? Stammt ihr nicht alle von der gleichen Quelle?

Wo macht es Sinn, hier zu differenzieren: Das ist ein anderer Staat, am anderen Ende der Welt? Ihr seid doch alle gleich. Also ist es sinnvoller, sich als eine Einheit zu betrachten. Und so, wie ihr fremde Sprachen sprecht, so könnte man es vergleichen, tragt ihr auch unterschiedliche Kleidung. Aber ihr entstammt demselben Ursprung. Ihr alle tragt DNS in euch. Ihr alle tragt Gottes Sequenzen in euch. Und darauf solltet ihr Menschenkinder euch verstärkter und inniger besinnen.

Bis es aber soweit ist, werden noch einige Jahrzehnte, um nicht zu sagen, das eine oder andere Jahrhundert ins Land gehen. Dieses überaus göttliche Ziel wird erst dann erreicht werden können, wenn der Mensch das Christusbewusstsein in dem Maße erreicht hat, bis er in voller Demut diesen Weg akzeptieren kann und begriffen hat:

„Ich bin nicht anders als mein Bruder, meine Schwester am anderen Ende der Welt."

Polizei

Wenn das Goldene Zeitalter angebrochen ist, wird es auch nicht mehr notwendig sein, einen allzu großen Polizeistaat aufweisen zu müssen. Manche Stellen können abgebaut werden, weil nicht mehr das Gewaltpotenzial herrscht, nicht mehr aus Gründen der Armut oder aus dem Egogebaren heraus gestohlen oder geraubt werden muss, sondern es wird der Beruf des Wachhüters erschaffen, ähnlich wie es in früheren Zeiten war. Es gibt also Menschenkinder, die vielleicht auch in der Sicherheit ausgebildet werden, jedoch überwiegend den Auftrag haben, sich um die Nachbarschaft zu kümmern.

Wir möchten es euch anhand eines Beispiels näher erläutern: Lebt eine alleinstehende alte Dame in einer Wohnung, um die sich sonst niemand kümmern kann, wird dort ab und zu einmal nachgeschaut. Ihr werdet euch mit diesen älteren Herrschaften auch einmal hinsetzen, euch Zeit nehmen und fragen:

„Liebe Frau Meier, wie geht es Ihnen heute? Ich habe Ihnen eine Kleinigkeit mitgebracht: Ein Stückchen Kuchen, frisch gebackene Sahnetorte vom Bäcker nebenan. Wenn Sie möchten, lassen Sie uns doch eine Tasse Tee trinken. Und dann können wir uns unterhalten."

Auch damit könnt ihr rechnen. Und so gibt es vieles, was auf eurem Planeten an neuen Mustern integriert wird.

Sternengeschwister

Das Goldenen Zeitalter zeichnet sich ferner dadurch aus, das vergesst bitte nicht, dass ihr Menschen immer mehr trainiert werdet auf die inneren Werte: Die innere Herzensstimme, die Göttlichkeit und die göttlichen Impulse sowie auf das Hellsehen, Hellhören, Hellfühlen und anderes mehr. Noch intensiver werdet ihr darauf geschult, die Geistige Welt leichter und effektiver wahrnehmen zu können.

Aber etwas noch Wundervolleres wird geschehen, ihr geliebten Kinder des Lichts und der Liebe, und das ist etwas, das auch uns, die Geistige Welt, und viele andere Völker über alle Maßen freut. Denn ihr werdet Bekanntschaft schließen mit euren Sternengeschwistern und den Kontakt knüpfen zu außerplanetaren Wesenheiten.

Ihr werdet sie sehen, hören und fühlen können. Manche werden nur feinstofflich bei euch erscheinen, weil sie eine Geistreise zu euch unternehmen und der Weg zu weit wäre, um wahrhaft physisch anwesend sein zu können. Andere wiederum, aus euren Seelenfamilien, werdet ihr vielleicht mit euren Gedanken hören können. Auch sie werden nicht immer die Möglichkeit haben, zu euch zu reisen, aber ihr werdet feinstofflich ausgebildet sein, also hellhören, hellsehen, hellfühlen und mit euren Seelengeschwistern Kontakt aufnehmen können.

Das ist doch ein wundervolles Geschenk, ihr geliebten Kinder des Lichts und der Liebe, auf das ihr euch schon jetzt freuen könnt und sollt. Ihr braucht keine Angst zu haben, denn es wird ausschließlich Freudvolles in euch auslösen. Es wird sein wie ein Besuch eines engen Familienmitglieds, das ihr schon lange nicht mehr getroffen habt. Ihr werdet euch lachend in den Armen liegen, vor Freude weinen und einfach berichten, wie es euch geht, euch darüber austauschen, was ihr erfahren und erlebt habt. Ein großartiges Miteinander wird entstehen. Es wird jedoch auch andere geben, die ihr wahrhaft sehen könnt, die anders gestaltet sind in ihren Körpern und einer anderen Sprache mächtig sind.

Es wird immer die Möglichkeit gefunden, dass ihr mit ihnen kommunizieren könnt. Es werden Einrichtungen geschaffen, speziell für andere Völker. Sie können dort erscheinen, und die Menschen, die sich freuen, mit ihnen in Kontakt zu treten, die also furchtlos sind, werden mit ihnen einen regen Tauschverkehr betreiben, mit Informationen genauso wie mit Materialien, soweit dies vollzogen werden kann. Aber ihr werdet auch in den Informationsaustausch treten, um eine neue Kultur kennenzulernen. Sie werden eure Brüder und Schwestern sein.

Das wird ebenfalls auf euch zukommen. Und so wird eine rege Kommunikation stattfinden. Auch darauf freut euch, ihr geliebten Kinder.

Habt keinerlei Angst vor dem, was hierbei auf euch zukommen wird, denn Gott, der Große Vater, wird im Rahmen des Goldenen Zeitalters nur zulassen, was euch an Freudvollem widerfahren wird. Das möchten wir euch für den Moment dazu berichten.

Kindererziehung

Wenn ihr euch fragt, wer in dieser neuen Zeitepoche die Kinder erzieht, hängt das stark davon ab, in welche Zeit diese hineingeboren und was sie als Tätigkeit ausüben werden. Es wird sowohl jene geben, die von Dritten, von Fremden, großgezogen werden, aber dennoch mit großer Liebe. Andere wiederum werden vermehrt von ihren Eltern gehütet, weil neue Familienmitglieder gefunden wurden, die diese unterstützen und kundtun:

„Ich bin auf mein Finanzielles nicht so sehr angewiesen und gebe euch einen Teil davon ab, damit ihr euch um eure Familie kümmern könnt."

Es wird sowohl das eine, wie auch das andere gelebt.

Schulwesen

Die Schulen werden sich insofern verändern, als nicht mehr feste, starre Strukturen vorgelebt werden. Das heißt, das Notensystem wird abgeschafft. Es werden Belohnungen ausgetauscht, einfach weil Kindern ein solches System sehr guttut, sie darüber gelobt werden können und das Gefühl haben:

„Meine Leistung wird anerkannt."

Aber es wird keinerlei Bewertung mehr vorgenommen, wie etwa:

„Du hast das gut geleistet, und jener hat das klasse erfüllt."

So wird es nicht sein, denn das wäre wieder eine Verurteilung, eine Beurteilung. Und das entspricht nicht mehr dem Sinn des Lichts und der Liebe.

Doch was wird stattdessen gelebt?

Die Kinder erhalten die Möglichkeit, sich manche Fächer, denn weiterhin wird es solche geben, auszuwählen. Andere wiederum werden als festes Pflichtprogramm integriert: Das Rechnen, das Schreiben, das Lesen. Auch das Meditieren wird dann zu einem Pflichtfach gehören. Das Geistreisen wird ihnen wie selbstverständlich vermittelt.

Darüber hinaus wird es natürlich noch Wahlfächer geben. Sport wird ebenfalls angeboten, über Geschichtliches gesprochen. Aber der Nachwuchs wird ebenso lernen, vermehrt in den Kontakt mit uns, der Geistigen Welt, zu treten. Er wird also schon von klein auf von den Eltern dazu erzogen sowie in den Schulen dahingehend Wissen vermittelt bekommen und über Geistreisen, Meditationen und derlei auf diese Vorkommnisse vorbereitet. Das durchaus.

Berufsfindung

Es wird keine Abschlusszeugnisse in dem Sinne geben, dass ihr ein Schulzeugnis erhaltet. Als Ersatz dient eine Art Empfehlungsschreiben. Das heißt, diejenigen, die die Kinder unterrichtet haben, bekunden schriftlich:

„Dieses Kind hat sich besonders in jenen Fachgebieten hervorgehoben."

Das wäre zum Beispiel eine Möglichkeit. Es werden also überwiegend Empfehlungsschreiben verfasst. Manches Mal wird es über Vermittlungen gesteuert, dass also ein Lehrer bei einem Betrieb anruft und informiert:

„Ich kann dir dieses Menschenkind empfehlen. Es hat sich sehr gut hervorgetan. Es ist begabt in mechanischen, in handwerklichen Dingen. Dieses kann ich dir ans Herz legen."

Schulnoten sind demzufolge ein Auslaufmodell und werden durch Empfehlungsschreiben ersetzt.

Die Kinder werden des Weiteren schon von klein auf darauf trainiert, ihre Begabungen herauszufiltern. Es wird Informationsstätten geben sowie weiterhin Praktika, durch die sie sich informieren und sich einen ersten Eindruck verschaffen können. Aber es werden darüber hinaus Informationstage eingeplant, noch zahlreicher geschaffen, sodass zum Beispiel einige Menschenkinder aus festgesattelten Berufen erscheinen und ihre Arbeit vorstellen oder vorschlagen:

„Komm doch einmal einen Tag vorbei und besuche uns."

Auch das wird dann möglich sein. Und die Menschenkinder, die nicht wissen:

„Welche berufliche Richtung soll ich einschlagen?",

werden dann vielleicht Medien aufsuchen und sich beraten lassen. Auch das wäre eine Option.

Der Lehrplanet Erde

Es werden weiterhin auf der Erde Seelen inkarnieren, um Lernerfahrungen zu sammeln, und es wird immer Leben existieren, denn dieser Planet ist dafür erschaffen worden.

Aber der Schwerpunkt wird verlagert. Die Erde wird überwiegend ein Lehrplanet sein. Bisher war sie ein Lernplanet. Diese Funktion wird sich in die des Lehrens ändern.

Das heißt, das menschliche Sein wird hier erfahren, um darüber auch zu unterrichten. Es wird also viele Meister unter den Menschen geben, die ihr erworbenes Wissen an die Nachkömmlinge vermitteln, die dieses dann wiederum nutzen, um etwas Neues zu erschaffen und zu kreieren. Demzufolge wird es also viele Heiler, viele Medien geben, aber auch immens viele Wissenschaftler. Euer Planet wird ein grüner Planet, und daraus kann viel Kraft geschöpft werden, auch für andere Planeten und Sternensysteme. Eine Vernetzung wird erreicht, sodass ein reger Austausch mit anderen Wesenheiten erfolgen wird. Damit das erfolgen kann, wird es notwendig sein, auch hier manches an Informationen weiterzuleiten, Wissen zu vermitteln.

Dieser Planet wird also eine Art Zwischenstation sein, damit Wesen hier inkarnieren können, um zu erklären:

„Ich möchte erfahren, wie es ist, ein Mensch zu sein. Ich möchte gewisse Dinge erlernen, mein Wissen erweitern, damit ich dann dieses auf einer anderen Ebene anwenden kann."

So in etwa könnt ihr es euch vorstellen.

Heilwesen

Euer Heilwesen wird sich verändern. Krankenkassen werden ihre Bedeutung und Notwendigkeit und damit ihre Existenz verlieren. Es wird immer dafür Sorge getragen, dass ihr zu Heilung findet. Teilweise wird es nicht mehr notwendig sein, all die medizinischen Mittelchen und Medikamente oder vielleicht Schienen oder Prothesen bauen und anlegen zu müssen.

Warum ist das so?

Die Schwingungen des Menschen werden zunehmend angehoben und den göttlichen Schwingungen angepasst. Ihr werdet also daran erinnert, dass ihr göttlich seid. Das bedeutet, ihr werdet erkennen:

„Ich kann schöpferisch tätig werden."

So wird es einige Menschenkinder geben, die sich dann dafür entscheiden:

„Ich möchte gerne den Heilberuf erlernen."

Diese Heilkinder werden daraufhin im heilerischen Sinn unterrichtet, also als geistiger Heiler, aber es wird zudem wieder Druiden und Schamanen geben, je nachdem, an welchem Ort der Welt ihr euch aufhaltet.

Es ist wichtig und absolut notwendig, über geistige Ursachen zu sprechen. Diese werden dann teilweise in den Schulen angeboten und vermittelt. Dort können also die Kinder unter anderem lernen:

„Wie kann ich meine göttliche Schöpfungskraft nutzen, um einem anderen Menschen etwas Gutes zu tun?"

Es wird ihnen beispielsweise von klein auf vermittelt:

„Wenn ich meine Hand auf dein Herz lege und dir tief in die Augen blicke, nehme ich mit dir Seelenkontakt auf und knüpfe damit eine Liebesverbindung."

Weiterhin wird ihnen beigebracht:

„Wenn du darum bittest, dass Heilenergie übertragen wird, wird dem so sein."

Das bedeutet natürlich nicht, dass jeder Mensch den Heilberuf in aller Konsequenz ausüben kann oder gar muss. Denn ausnahmslos jeder von euch trägt seine ganz spezifischen Qualifikationen in sich. Und so, wie es derzeit Allgemein- und Fachärzte gibt, wird es auch in der zukünftigen Zeit sein.

Das heißt, in jedem Menschenkind steckt das Potenzial, sich dieser Heilungsmethode zu widmen. Aber nicht jedes Kind ist auch dazu berufen, als Heiler, Schamane und derlei mehr zu fungieren.

Diejenigen, die diesen Heilberuf ergreifen, werden zu anderen geistigen Meistern geführt, die diesen hier auf Erden schon ausgeübt haben oder es noch vornehmen. Sie werden Seminare anbieten, teilweise kostenfrei oder gegen Entgelt, je nachdem, wie es dem göttlichen Sinn entspricht. Dieser Ausgleich, den die Meister annehmen werden, kann beispielsweise aus Nahrungsmitteln oder Kleidungsstücken bestehen, die sie an andere Seelen verteilen, die diese nicht erlangen können, weil sie gegebenenfalls nichts zum Tauschen besitzen.

Euer Nachwuchs wird also von denen, die das Geistige Heilen praktizieren, unterrichtet. Es werden Seminare angeboten, notwendiges Wissen vermittelt. Er wird aber auch direkt zu den Patienten mitgenommen. Das heißt, sie lernen unmittelbar anhand eines Falls oder direkt an einem Patienten:

„Wie kann ich vorgehen?"

Das wird normal und den Patienten sehr zuträglich sein, weil sie das Gefühl haben:

„Ich kann diesem Menschenkind, das diesen Beruf erlernen möchte, helfen, Wissen anzusammeln."

Demzufolge wird es vermehrt der Fall sein, dass über geistige Ursachen gesprochen wird, sodass auch Medikamente nicht mehr notwendig sein werden. Denn der Mensch wird begreifen:

„Wenn ich mich meinem Thema zuwende und es bearbeite und erlöse, kann ich mich, meinen Körper, meinen Geist und meine Seele in die Heilung führen."

Natürlich wird es weiterhin zeitweise notwendig sein, eine Schiene anzulegen, einfach, um den Körper zu unterstützen. Aber begreift, selbst das wird minimiert. Dort, wo ein geistiger Heiler in seiner Kraft steht, wird er auch sofort Knochenbrüche stabilisieren und heilen können.

Wisst, es hängt sehr davon ab, in welchem Zeitrahmen wir uns befinden, ob dieser geistige Heiler schon zu hundert Prozent in seiner Berufung aufgegangen ist, im Gottvertrauen steht und dieses göttliche Werk leisten kann. Dann wird es nicht notwendig sein, eine Schiene, beispielsweise bei einem Beinbruch, anlegen zu müssen.

Wenn das Goldene Zeitalter vollends angebrochen und eingeläutet ist, wird es genau so sein.

Rentensystem und Altersruhestand

Vielerlei Optionen sind denkbar, wie ihr in der Zukunft euren Ruhestand verbringt. Manche Ruheständler werden weiterhin einer Beschäftigung nachgehen, andere wiederum nicht.

Es wird Menschen geben, die zum Beispiel feststellen:

„Ich möchte nicht auf der faulen Haut liegen, sondern weiterhin arbeiten, auch wenn ich schon 82 Jahre alt bin. Ich kümmere mich um das Beet meines Nachbarn."

Das ist doch eine gewisse Form der Arbeit. Wenn jenes Menschenkind vielleicht beruflich der Lehrerschaft angehört und als Hobby das Gärtnern geliebt hat, so kann es möglicherweise sein, dass es im Rentenalter kundtut:

„Ich ernte und jäte deinen Garten. Ich kümmere mich darum, denn du bist so sehr mit deinem Beruf und deiner 5-köpfigen Familie beschäftigt. Dir fehlt die Zeit, um dich dem zuzuwenden. Lass mich das doch gerne übernehmen."

Als Gegenleistung wird dann die Familie entgegnen:

„Es freut mich sehr, dass du dich um meinen Garten kümmerst. Aber du sollst nicht leer ausgehen. Ich erarbeite mir etwas über meinen Beruf, und dafür möchte ich dir eine Gegenleistung erbringen."

Das können sein: Die geernteten Produkte, ein Teil des Lohns, den die Familie erhalten wird. Wie auch immer. Es wird stets für ein Ausgleich gesorgt sein.

Und es gibt Menschenkinder, die nicht arbeiten können, weil sie vielleicht müde und erschöpft sind oder an einem Thema nicht gänzlich gearbeitet haben und dieses erst einmal in die Ruhe führen müssen. Diese werden dann betreut. Auch für sie wird zu jeder Zeit gesorgt sein, denn ihr befindet euch im Goldenen Zeitalter, in der Zeitepoche der Nächstenliebe. Das heißt, Nachbarn, Freunde, Bekannte, Familienmitglieder werden sich um dieses schwächelnde Mitglied kümmern und erklären:

„Ich nehme dich gerne so lange bei mir auf, bis du dich wieder wohler fühlst."

Manche werden sich eher ihrem Hobby zuwenden, also auf der faulen Haut liegen, in dem Wissen:

„Ich habe so viel in meinem Leben gearbeitet. Jetzt möchte ich einmal einige Zeit lang nichts tun."

Auch das wird in Ordnung sein, denn sie haben es sich verdient. Sie werden sich zwar nicht von morgens bis abends ausruhen und auf dem Sofa oder im Garten liegen, denn das führt zu Langeweile. Aber es wird stets für Rentner gesorgt sein.

Euer Rentensystem wird infolgedessen in der Neuen Zeit so gestaltet sein, dass ihr euch gegenseitig unterstützt. Das heißt also, gerade Familien, die der Arbeit nachgehen, kümmern sich um diese Rentner, versorgen sie mit, nehmen ihre Eltern und Großeltern wieder bei sich auf, oder ihre Nachbarn kümmern sich um sie.

Begreift, dieses Goldene Zeitalter kann nur dann eingeläutet werden, wenn jeder Mensch auf diesem Planeten bereit ist, dem Weg des Lichts und der Liebe zu folgen. Zu diesem Zeitpunkt werdet ihr diese vollkommen neuartigen Strukturen der Göttlichkeit nicht nur wertschätzen, sondern in aller Freiheit, Göttlichkeit und Leichtigkeit leben dürfen. Das ist wundervoll, ihr geliebten Gotteskinder, und ihr könnt euch schon heute darauf freuen.

Je mehr ihr bereit seid, in diesem Moment, bei euch anzufangen und diese Themen zu verändern, die euch noch schwerfallen, beginnt ihr bereits, das Neue Zeitalter, das Goldene Zeitalter dieses Planeten einzuläuten.

Begreift: Ihr seid Kinder der neuen Zeitepoche. Ihr haltet die Zügel in der Hand, dieses Goldene Zeitalter nun Stück für Stück einzuläuten. Beginnt bei euch selbst, damit seid ihr göttlich.

Ihr alle, die ihr euch auf diesem Planeten befindet, schreitet auf das Goldene Zeitalter zu und folgt damit dem Weg des Lichts und der Liebe, dem Weg in die Brüderlichkeit und in den Frieden, dem Weg zurück zu Gott, dem Großen Vater.

Damit euch das möglich ist, und das ist für euch alle hier auf diesem Planeten angedacht, spielt es eine immer größere Rolle, dass der Mensch begreift:

„Ich habe mich zu verändern. Ich habe mein Denken, wie auch mein Handeln umzustrukturieren und ebenfalls alle meine Verhaltensmuster, die ich noch teilweise lebe."

Der Mensch sollte sich dessen bewusst werden, dass vieles von dem, was er denkt oder in die Aktion führt, noch nicht im Sinne des Lichts und der Liebe ist. Diese Erkenntnis muss ihn treffen.

Deswegen habt ihr euch bereit erklärt, auf diesem Planeten als Lichtarbeiter zu fungieren, um den Menschen hierbei zu helfen und sie zu unterstützen.

Teil 3

Aktuelles Zeitgeschehen

Die Zeitenwende

Die Zeitenwende hat begonnen. Damit meinen wir, dass jede Seele regelmäßig gefragt wird:

„Bist du bereit, den Weg des Lichts und der Liebe in aller Konsequenz zu beschreiten? Bist du bereit, dein Wohlergehen Gott zu überantworten? Bist du bereit, die Göttlichkeit hier auf Erden zu manifestieren?"

Das heißt, ihr alle werdet geschult, und damit gehen zahlreiche Loslösungs- und Transformationsprozesse einher.

Das bedeutet, auf der einen Seite wird euer Bewusstsein, eure göttliche Energieschwingung auf den göttlichen Takt des Universums angehoben, so möchten wir es einmal ausdrücken. Zum zweiten ist es notwendig, dass Altes aus euch herausgelöst wird, überholte Muster, Ängste, Emotionen, was auch immer. Und der dritte Aspekt ist, gerade weil ihr Lichtarbeiter Gottes, des Großen Vaters, seid, euch für IHN und die göttliche Aufgabe zur Verfügung gestellt habt und den Bewusstseinssprung gemeinsam mit vielen anderen mit ankurbeln wolltet, wird Zahlreiches durch euch transformiert.

Es ist nun an der Zeit, dass die göttlichen Energieschwingungen dieses Planeten angehoben werden. Es ist Zeit, aber auch notwendig, zahlreiche negative Energien und Schwingungen, die sich zuhauf auf Mutter Erde angesammelt haben, zu transformieren, umzuwandeln in Positives, um auch in diesem Sinne den Bewusstseinsvorgang anzuheben, die Bewusstseinsanhebung schneller vonstattengehen zu lassen.

Doch wisst, niemals werdet ihr dabei überfordert. Gott, der Große Vater, ER selbst hat auf euch alle ein Auge geworfen. ER geht in jeder Sekunde eures Lebens an eurer Seite. ER leitet und führt euch an SEINER Hand.

ER ist unermesslich stolz darauf, dass ihr bereit seid, diesen göttlichen Wegen zu folgen und die Transformationsprozesse zu durchlaufen, so gut es euch möglich ist.

☆☆

Schließt jetzt eure Augen und lasst euch entspannt in die Energien des Friedens fallen, mit denen wir euch nun umhüllen. Wir kleiden euch ein in ein sanftes Rosa, das die Liebe in euer Herz einspeist. Wir erfüllen eure feinstofflichen Energiekleider mit goldfarbenem Licht, um euch in eure Kraft, aber ebenso in die Göttlichkeit zu stellen.

Fühlt, wie Jesus, der Christus, vor euch tritt, seine Hand auf euren Herzensbereich legt und seine allumfassende Liebe in euch einfließen lässt. Er blickt euch an, direkt in eure Augen, und übermittelt euch seine innige Verbundenheit zu euch. Denn euer Bruder weiß, wie schwer das Leben manches Mal sein kann. So vermittelt er euch die Hoffnung sowie den Mut, nach dem ihr sucht, um weiterhin an euren göttlichen Wegen und dem göttlichen Ziel eures Lebensplans festzuhalten. Er lässt den Frieden in euch einfließen und schenkt euch in diesem Moment einen Blick in die Zukunft, damit ihr euch daran erinnern mögt, wofür es sich zu leben lohnt, und dass es sich lohnt, sich den Anstrengungen des Lebens zu widmen.

Er lässt euch teilhaben an dem Blick in die Neue Zeit, das Goldene Zeitalter. Er lässt die Erinnerung in euch auftauchen, die da sein wird: „Ich stehe im allumfassenden Frieden."

All das, ihr geliebten Kinder des Lichts und der Liebe, setzt er als Samenkorn in euch ein. Hütet dieses Samenkorn. Hegt und pflegt es, indem ihr euch dieses Bildnis jedes Mal dann vor Augen haltet, wenn es euch einmal nicht so gut geht. Dann wird

Jesus, der Christus, erneut an eurer Seite sein, seine Hand auf euer Herzchakra legen, euch mit Liebe und Frieden umhüllen und euch Halt und Stütze geben.

Es ist sein Wunsch, wie auch der von Gott, dem Großen Vater, dass ihr euch wohlfühlt. So stärken wir jetzt die göttliche Verbindung in euch, wie auch die göttliche Anbindung an SEINEN Schöpfungsplan. Mögt ihr mutig euren Herzenswegen folgen.

Ein weiterer Engel tritt jetzt an eure Seite, ihr geliebten Gotteskinder, der euch innig und von ganzem Herzen umarmt. Er gibt euch den notwendigen Halt und Stabilität sowie ein Gefühl der Geborgenheit. Er schenkt euch Wärme und Zuversicht und das Empfinden: „Ich bin zu Hause.“

Um euch herum hat sich während dieser Prozession eine Reihe geistiger Wesenheiten aufgestellt, und sie alle halten sich an den Händen. Blickt sie an und erkennt, dass ihr manche von ihnen bereits kennt.

In ihnen fließt das Licht der allumfassenden Liebe sowie die pure Freude darüber, dass sie euch in der jetzigen Zeit unterstützen und begleiten dürfen. Sie segnen euch von ganzem Herzen für euer Sein und eure Bereitschaft, euch den göttlichen Wegen des Lichts und der Liebe zu widmen. Sie lassen euch in die Kraft hineinstellen und schenken euch einen Teil der ihrigen.

Auch sie verbinden sich jetzt mit euch, mit eurem Herzen, damit ihr ebenso darüber das Gefühl vermittelt bekommt:

„Ich bin nicht allein. Ich habe zahlreiche Wesenheiten an meiner Seite, mit denen ich verbunden bin und eine Einheit bilde. Auch sie geben mir Kraft, Halt, Liebe, Unterstützung, Begleitung und das Gefühl: Ich habe eine Seelenfamilie.“

Sie lassen ihr Lichtrad über ihre Hände zirkulieren, und es breitet sich in Form eines weichen Goldtons aus, bis der ganze Raum damit erhellt und erfüllt ist.

Jesus, der Christus, nimmt nun eure Hände in die seinen und euch einen Teil eurer Lasten, eurer Sorgen sowie eurer Ängste ab. Gebt alles ab, ihr geliebten Herzenskinder, was jetzt fließen darf. Ihr braucht es nicht mehr. Er liebt, ehrt und schätzt euch für eure Bereitschaft, dieses Alte nun gehen zu lassen.

Ein letztes Mal wird das Lichtrad aktiviert. Der Goldton verändert sich in seiner Färbung und wird zu einem weichen Rosa. Es ist die Liebe, die allumfassende Liebe, die nun in euch eingespeist wird. Fühlt, wie euer gesamtes Sein damit erfüllt wird und wie es sich um euch herum ausdehnt. Es wird sein wie eine zweite Haut, ein liebender Kraft- und Schutzpanzer, der sich um euch legt. Davon zehrt in der nächsten Zeit, ihr geliebten Kinder Gottes, des Großen Vaters. Das sind Energien des Lichts und der Liebe, aber auch die der Kraft, die euch zustehen und als Geschenke dargereicht werden.

Die geistigen Wesenheiten um euch herum, die einen Kreis gebildet haben, verblassen nach und nach. Einige von ihnen entschwinden wieder an den Ursprungsort, wo sie hergekommen sind. Andere wiederum begleiten euch in der nächsten Zeit und verweilen an eurer Seite. Diese ruft, wenn es euch nicht gut geht oder ihr ihnen eine Aufgabe übertragen möchtet, zum Beispiel den Schutz eurer Kinder und Kindeskinder, Heilung für einen euch nahestehenden Menschen oder die Bitte, Frieden und Heilung in das gesamte Universum zu entsenden.

Auch Jesus, der Christus, verneigt sich nun vor euch, ihr göttlichen Seelen. Denn er erkennt eure Bereitschaft an, im Sinne des Lichts und der Liebe zu arbeiten und zu wirken. Er ist stolz darauf, dass ihr seid, wer ihr seid.

Doch euer ganz persönlicher Engel, der euch innig umarmt, wird weiterhin an eurer Seite verweilen. Er wird euch begleiten und so lange nicht loslassen, bis ihr wieder das Gefühl in euch wahrnehmt: „Ich bin in mir selbst gekräftigt."

Und wisst, er liebt euch von ganzem Herzen. Nie hat er an euch gezweifelt. Er ist gleichfalls stolz auf euch, ihr geliebten Kinder Gottes.

Großartiges werdet ihr noch bewirken, indem ihr bereit seid, die zu sein, die ihr gerne sein möchtet, und jeden Tag, so gut es euch möglich ist, eurem Herzen zu folgen.

Alle geistige Wesenheiten, die bei dieser Prozession zugegen waren, freuen sich unermesslich über eure Bereitwilligkeit, diese Liebe, die fließen durfte, anzunehmen. Wir möchten euch noch mitteilen, ihr habt gleichzeitig ein Geschenk Gottes, des Großen Vaters, erhalten. Denn es wurden euch mancherlei Altlasten fortgenommen, einen Teil eurer Ängste, aber auch karmische Lebensthemen, die ihr ab sofort nicht mehr durchlaufen müsst.

All das entspringt eurer Bereitschaft, jeden Tag das umzusetzen, was euch möglich ist. Denn schaut, ihr geliebten Kinder des Lichts und der Liebe, ihr seid wundervoll in eurem Sein. Also seid mutig, vertraut euch selbst und wisst: Alles ist geführt und geleitet durch Gott, den Großen Vater.

Wir segnen euch, ihr geliebten Kinder SEINER selbst. Wir segnen euch in all eurem Sein für eure Göttlichkeit und eure göttliche Essenz.

Ihr mögt darüber hinaus gesegnet sein mit der allumfassenden Liebe von IHM. Und so wird ER selbst bei euch erscheinen, um euch an SEINER Seele zu wiegen und daran zu erinnern, wer ihr seid, nämlich göttliche Lichtkinder Gottes, des Großen Vaters. Diese Göttlichkeit beginnt anzunehmen in all eurem Sein, indem ihr euch regelmäßig vor Augen führt:

„Ich bin SEINE Tochter, SEIN Sohn. Ich darf sein, wer ich bin, und leben, wie es mir gefällt."

Damit stärkt ihr im Übrigen euer Selbstvertrauen, wenn ihr das so aussprechen möchtet.

Aber wisst, ER selbst, Gott-Vater, Gott-Mutter, wie auch wir, die Geistige Welt, sind über alle Maßen stolz auf euch und euer Wirken!

Wir grüßen euch im Namen des All-Einen, ihr geliebten Kinder des Lichts und der Liebe. Und so nehmt diese Botschaft mit: Ihr seid über alle Maßen geliebt!

Die große Erneuerung

Ihr geliebten Kinder des Lichts und der Liebe, überaus groß ist unsere Freude, diesen Kontakt zu euch herstellen zu dürfen. Wir alle sind gekommen, um euch in dieser manches Mal so schwierigen Zeit zu begleiten und zu unterstützen.

Doch wisst, ihr geliebten Kinder, niemals wart oder seid ihr allein. Stets war dieser besondere Kontakt zu Gott, dem Großen Vater, aber auch zu euren Seelengeschwistern und zu uns Engeln, euren Schutzengeln, euren geistigen Führern und Meistern sowie zu eurem Bruder, Jesus, dem Christus, aufgebaut. Wir alle bemühen uns, euch in eurem Sein zu unterstützen. Und es ist uns eine große Ehre, ebenso eine wundervolle Aufgabe, dieses für euch vollbringen zu dürfen.

Ihr geliebten Gotteskinder, in welch wundervoller Zeit befindet ihr euch nun?

Es ist für euch alle eine Zeit der Wandlung. Eine große Erneuerung steht euch unmittelbar bevor, die dazu dient, euch in eure göttliche Kraft, wie auch in eure Eigenverantwortung hineinzustellen. Das heißt, derzeit befinden sich bei allen Lichtarbeitern und Lichtkindern zahlreiche Prozesse in der Umstrukturierung. Diese Ummodelungen sind überaus sinnvoll und notwendig, um das Goldene Zeitalter jetzt einläuten zu können. Denn ihr alle, sofern ihr euch dazu bereits entschlossen habt, diese göttlichen Pfade des Lichts und der Liebe mit zu beschreiten, werdet angehoben auf eine noch göttlichere Energieschwingung. Es dient euch dazu, voller Kraft, Ruhe und Stabilität das Leben meistern und anderen Menschenkindern helfen zu können.

Betrachtet die derzeitigen Lichtprozesse und irdischen Herausforderungen als eine Art Großputzaktion, die euch wieder mehr und mehr in die Ruhe, den Frieden, die Stabilität, aber ebenso in die Kraft führen wird. Es ist für euch angedacht, möglichst ruhig und gelassen dort hindurchzuschreiten und nicht weiter darüber nachzudenken, was gerade geschieht. Vielmehr arbeiten wir, die Geistige Welt, an euch, um euch in euren göttlichen Energieprozessen anzuheben.

Was möchten wir euch weiterhin mit auf den Weg geben, ihr über alle Maßen geliebten Lichtkinder?

Unser Wunsch ist es, dass ihr umfassend begreift, wie überaus göttlich und wertvoll ihr seid. Aktiviert euer inneres Wissen in euch, indem ihr euch stets davon ablenkt, was nicht gut oder angenehm ist oder wo ihr euch scheinbar noch nicht genügend einbringen würdet. Löst euch von angstbehafteten Mustern und Strukturen, denn diese sind euch nicht mehr angetragen, zu leben. Fragt euch weniger, woher das kommt, sondern sorgt und kümmert euch darum:

„Wie finde ich daraus heraus? Wie kann ich das verändern? Wie erschaffe ich mir neue Gedankenmuster und Strukturen?"

Hierbei geht es permanent um das Üben und Trainieren. Mehr ist nicht gefordert. Überprüft euch:

„Wo möchte ich etwas verändern?

Wie kann ich das bewirken?"

Wenn ihr keine Antwort findet, fragt uns, die Geistige Welt.

So manche Ängste könnt ihr loslassen, indem ihr euch wieder dem öffnet, was euch scheinbar schwer fällt, wovor ihr euch vielleicht auch fürchtet. Das ist ein wundervoller Schritt, um nicht nur hineinzuwachsen in den Mut, sondern um ein neues, göttliches Muster zu erschaffen, beispielsweise:

„Ich darf mich vertrauensvoll dem Leben und anderen Menschenkindern hingeben, ohne befürchten zu müssen, dass mir daraus negative Konsequenzen erwachsen."

Seht all dies für euch als einen wundervollen Lernprozess an. Wisst, ihr befindet euch auf großartigen Wegen.

Es ist nun an der Zeit, eure göttlichen Schwingungen zu erheben und der/die zu sein, der/die ihr gerne sein möchtet. Also lebt die Liebe. Lebt eure Göttlichkeit, die Kraft und den allumfassenden Frieden in euch. Aktiviert alle diese Eigenschaften, indem ihr uns, die Geistige Welt, darum bittet, und legt euer Augenmerk vermehrt auf alles, was euch derzeit Sorge bereitet. Lenkt euch sofort und fortwährend davon ab und erschafft euch die neuen Muster und Verhaltensweisen, die im Sinne des Lichts und der Liebe sind. Jede Herausforderung, die euch begegnet, jede scheinbar unangenehme Situation, soll euch dazu dienen, in eure Freiheit hineinzufinden. Ihr werdet in eurem göttlichen Sein angehoben, und damit gleichzeitig eure innere Gotteskindschaft, damit ihr mehr und mehr als Lichtarbeiter und als göttlicher Lichtstreiter agieren könnt. Auf dieses Ziel konzentriert euch. Auch das wird euch manches Mal dabei helfen, eure Wege neu zu forcieren und leichter zu beschreiten.

Wir, die Geistige Welt, befinden uns an eurer Seite, und das, was ihr benötigt, um in einem gemächlichen Tempo voranzuschreiten, übertragen wir euch in Form von göttlichen Impulsen. Aber wisst, niemals kann hierbei etwas fehlgehen. Wichtig ist lediglich euer beständiges Bemühen und auch einmal auszusprechen:

„Ich komme nicht mehr weiter. Übernehmt bitte dieses Thema nun für mich."

Wisst, ihr geliebten Kinder, Gott, der Große Vater, liebt euch von ganzem Herzen, sodass ER euch einiges eurer Lernthematiken oder Herausforderungen aus SEINER Liebe und Gnade heraus erlassen wird. Also bittet, und euch wird gegeben. Das ist ein göttliches Versprechen des Lichts und der Liebe.

So lösen wir jetzt einen Teil eurer Lasten und Schuldgefühle, ebenso eurer Ängste und Emotionen aus euch heraus. Nehmt wahr, wie sie abperlen und abfließen. Auch Druck und Anspannung werden gelöst.

In diesem Moment – sowie in der nächsten Zeit – erhaltet ihr Kraft, Aufbauendes und alles, was euch stärkt und erfüllt, was euch Wohlgefallen bereitet. Ihr seid es wert, wieder gestärkt und gekräftigt durch euer Leben zu wandeln. Wir, die Geistige Welt, unterstützen euch dabei. Freut euch auf das, was euch noch bevorsteht, denn jeder Schritt, den ihr jetzt durchlauft, wird sich für euch lohnen. Daran haltet fest.

Daher sorgt euch nicht so sehr, ihr geliebten Kinder des göttlichen Vaters, der göttlichen Mutter, über all das, was derzeit geschieht, denn ihr befindet euch in einer großartigen Zeit der Wandlung. Ihr werdet in eure ursprüngliche Göttlichkeit geführt. Damit meinen wir nichts anderes, als dass es mehr und mehr darum geht, herauszufinden, wer ihr seid beziehungsweise gerne sein möchtet. Ihr habt also tagtäglich Entscheidungen zu treffen, die euch an eure Abstammung erinnern sollen, indem ihr darüber nachdenkt:

„Was ist mein Wunsch? Wie lautet meine Meinung zu diesem Thema? Bin ich mutig und bereit, mein Herzensbedürfnis auch umzusetzen, klar und direkt für mich einzustehen und dieses Ziel zu verfolgen?"

Wisst, ihr geliebten Gotteskinder, wir, die Geistige Welt, unterstützen euch bei euren Wegen, denn für euch ist noch Wundervolles vorgesehen. Lasst euch nicht abschrecken von den Äußerlichkeiten des Lebens, von den Herausforderungen, denn sie stärken euch in eurem Sein.

Beginnt vor allem noch inniger, euch selbst zu achten und zu lieben. Ihr seid großartig! Eure schöpferische Kraft und ebenso eure Liebe dürfen sich weiterhin entwickeln. Vieles habt ihr bereits hinzugelernt, seid schon sehr für euch selbst eingetreten und in eure Kraft gewachsen. Dieses darf noch umfassender emporgehoben werden, denn in euch schlummert eine gewaltige Stärke.

Wir, die Geistige Welt, wie auch Gott, der Große Vater, erfreuen uns an euren individuellen, persönlichen Wachstumsfortschritten.

Erkennt und aktiviert eure Kraft, indem ihr uns darum bittet. Das vermag bereits einiges in Bewegung zu setzen. Werdet euch jedoch dessen bewusst, dass euch infolgedessen manche Übungssituationen gestellt werden, um genau diese zu leben und in euch zu aktivieren. Doch niemals werdet ihr dabei allein oder gar hilflos sein, denn wir wandeln allseits an eurer Seite. Wir begleiten und unterstützen euch.

So stehen zum Beispiel in diesem Augenblick die Engel der Kraft und des Mutes an eurer Seite, gewandet in ein goldenes Lichtkleid. Sie legen ihre Hand auf eure Schultern.

Fühlt, wie Lebensenergie und Mut in euch einströmen und gleichzeitig die Liebe der Engel, denn auch sie erinnern euch daran, wer ihr seid, nämlich Kinder Gottes, des Großen Vaters. Und gerade weil ihr Gottes Töchter, Gottes Söhne seid, SEINE Kinder, und damit ausgestattet mit einer göttlichen Schöpfungskraft, vermögt ihr für euch sowie für diejenigen, die euch besonders am Herzen liegen, viel in Bewegung zu bringen.

Unterschätzt niemals eure Kraft, denn bereits wenn ihr um Heilung für ein Menschenkind bittet, wird dieses in die Wege geleitet. Ebenso vermögt ihr durch eure Herzlichkeit, eure Anteilnahme, euer Mitgefühl mannigfach Positives zu bewirken, die jene betroffene Seele aufnimmt. Das können wir, die Geistige Welt, wiederum nutzen, um Zuträgliches und Förderliches im Sinne des Lichts und der Liebe für euch alle in die Wege zu leiten.

Vertraut darauf, dass eure Gebete niemals umsonst sind. Haltet folglich an euren Zielen fest. Vertraut zutiefst euch und eurer inneren Stimme, denn diese führt und leitet euch.

Gott, der Große Vater, wird stets Mittel und Wege finden, um euch bei euren Zielen, nämlich zur Gänze in die Göttlichkeit zurückzufinden, zu unterstützen, zu begleiten und eure Wege zu ebnen. Auch darum dürft ihr uns, die Geistige Welt, jederzeit bitten, denn unser Bemühen sowie unser Anliegen ist es, genau dieses für euch vorzunehmen.

Wir lieben euch von ganzem Herzen, ihr geliebten Gotteskinder. Also traut euch selbst mehr zu. Erkennt die Göttlichkeit, aber ebenso die Kraft in euch noch stärker an. Sobald ihr das Gefühl in euch tragt oder ihr euch die Frage stellt:

„Wie aktiviere ich diese Kraft in mir, den Selbstwert, die Selbstliebe?",

ist es ausreichend, genau darum zu bitten und zu erklären:

„Ich aktiviere die Kraft in mir."

Ihr könnt euch ebenso in einem Gebet an euren Schutzengel wenden:

„Geliebter Schutzengel, der du stets an meiner Seite wandelst, bitte hilf mir dabei, den Selbstwert, die Eigenliebe und die Kraft in mir zum Wachstum zu bringen."

Das werden wir sodann mit großer Freude für euch in die Wege leiten, ihr geliebten Kinder des Lichts und der Liebe.

Wir lieben euch von ganzem Herzen. Wir schätzen euch für alle eure Bemühungen, die ihr bereits erfolgreich umgesetzt habt, denn es werden sich noch viele Wege für euch ebnen und unzählige Pforten öffnen.

Ein Rütteln und Schütteln ist jetzt angesagt, eine Zeit der Wandlung, damit ihr eure innere Göttlichkeit zunehmend zum Ausdruck bringen könnt.

Nutzt dieses Geschehen, um zum einen in eure Kraft zu finden, und euch andererseits bewusst zu werden, wie überaus wertvoll und beachtenswert ihr seid. Wir können euch berichten, ihr geliebten Gotteskinder, dass ihr genau das seid.

Mäkelt nicht so an euch herum. Zweifelt nicht an euch und euren göttlichen Fähigkeiten, denn ihr seid göttliche Kinder Gottes, des Großen Vaters. Handelt daher jeden Tag aufs Neue aus eurem großen Herzen heraus.

Das Allerwichtigste ist: Seid euch selbst treu! Sprecht aus, was ihr fühlt und denkt! Erklärt eure Meinung! Mehr ist oft nicht notwendig, denn damit bietet ihr anderen die Option, über Neues nachzudenken, und uns, der Geistigen Welt, eröffnet ihr die Möglichkeit, an diesen Menschenkindern zu arbeiten.

Wenn ihr nicht weiter wisst, wie ihr anderen helfen könnt, dann legt sie in Gottes Hände, denn auch ER sorgt sich um genau jene. Niemals wird ER auch nur eins SEINER Kinder im Stich lassen, denn das wäre nicht im Sinne des Lichts und der Liebe.

Aber manches Mal ist es notwendig, eine schwierige Zeit zu überdauern, damit der Mensch und die Seele daran wachsen können, vor allem, um in die Erkenntnis zu finden.

Aber für euch, ihr geliebten Kinder SEINER selbst, sind noch wundervolle Zeiten vorgesehen, nämlich das Neue, das Goldene Zeitalter des Friedens und der Brüderlichkeit, sowie die Göttlichkeit in all eurem Sein zu leben. Jubiliert, denn auf euch warten wundervolle göttliche Geschenke, die euch in eurem Herzen begeistern werden.

Freut euch auf diese Zeiten, denn ihr seid es wert. Ihr habt euch das verdient.

Wir möchten euch wissen lassen, dass ihr begleitet seid von zahlreichen geistigen Wesenheiten, die an eurem Kraft- und Energiekleid arbeiten. Daher fühlt euch umsorgt und umhegt, gerade dann, wenn euch die Prozesse womöglich erschöpfen und ermüden. Diese Zustände sollen euch aufzeigen, dass vermehrt an und mit euch gearbeitet wird. Wenn Altes aus euch herausgelöst wird, seien es nun Erfahrungen oder vielleicht auch Themen und sonstiges, das ihr nicht mehr benötigt, und euch ein neues Energiekleid dargereicht wird oder die Zellinformationen mit neuem Wissen geflutet werden, ist das oft für euch und euren Körper sehr anstrengend. Also wundert euch nicht über scheinbare Erschöpfungs- und Müdigkeitszustände, sondern nutzt die verfügbare Zeit, um euch wieder ein wenig zu erholen, die Seele baumeln zu lassen und das umzusetzen, was euch in die Freude führt.

Wir begleiten euch, ihr geliebten Kinder des Lichts und der Liebe. Wir führen und leiten euch. Zunehmend werdet ihr feststellen, wie die Kraft und die Klarheit in euer Leben einkehren. Dann werdet ihr euch mutig und beherzt euren Wege, euren Aufgaben stellen und Stück für Stück die Ziele, die euch in eurem Leben wichtig sind, erreichen. Denn auf diese arbeitet ihr unaufhörlich zu, ob ihr nun darum wisst oder nicht. Aber freut euch auf diese Zeit, ihr geliebten göttlichen Kinder. Wir, die Geistige Welt, wie auch Gott, der Große Vater, unterstützen euch dabei.

Die dunkle Seite

Dunkle Mächte, die dunkle Seite, wir könnten sie auch als negative Seite beschreiben, sind im Grunde genommen nichts weiteres als Energien beziehungsweise beseelte Wesenheiten, die sich nicht oder noch nicht in der göttlichen Liebe befinden, also der Seite, die nicht im Licht und der Liebe steht.

Das bedeutet nicht, dass es eine eigenständige Wesenheit ist. Es ist nur ein Oberbegriff für vieles – eben für alles, was nicht der Göttlichkeit entspricht.

Diese Wesenheiten haben ein sehr niedriges Bewusstsein, sind noch nicht geklärt und geläutert. Damit fehlt ihnen oft die Fähigkeit, sich in andere hineinzuversetzen. Ihnen fehlt Empathie, Einfühlungsvermögen.

Zum Beispiel kann es sich um Seelenwesenheiten handeln, die Macht ausleben wollen, allzu sehr im Ego verhaftet sind, den Weg des Lichts und der Liebe verloren haben oder nicht auf ihr Herz hören, sondern auf ihren Verstand.

Das heißt, gerade weil ihnen dieses Einfühlungsvermögen fehlt, sind sie oft auf ihren eigenen Vorteil bedacht, denken nicht an die Konsequenzen ihres Handelns, sondern sehen nur das Ziel, das ihnen am Wichtigsten ist. Dabei handelt es sich meistens um Gedanken der Macht und des finanziellen Gewinns. Das kann sein:

„Mir geht es darum, mein Eigenlob zu stärken, meine Kraft zu demonstrieren, indem ich einen anderen Menschen niederdrücke, ihn kleinhalte."

Die dunkle Seite ist überall dort zu finden, wo sich der Mensch oder vielmehr die Seelenwesenheit dem verschrieben hat, was nicht licht- und liebevoll ist.

All das könnte man zusammenfassen als die dunkle Seite oder als Seelenwesenheiten, die den Weg des Lichts und der Liebe vorübergehend verlassen haben.

Wir möchten das in einem Gleichnis ausdrücken: Vor euch steht eine Waagschale. Die rechte Seite steht für das Licht und die Liebe, für Gott, den Großen Vater, beispielsweise für die Herzensöffnung, das Vertrauen, das Bauchgefühl, den Herzensimpuls, die göttliche Führung, das Miteinander, die Nächstenliebe, für all das, was im Sinne des Lichts und der Liebe ist.

Währenddessen repräsentiert die andere Waagschale alles, was dem nicht entspricht, wie etwa das Ego, das große Wollen, das Machtstreben, die Schwäche, das Unterdrücken, der Missbrauch. Wenn diese kippt, weil die schwermütige, die negative, berechnende, auf den eigenen Vorteil bedachte Seite überwiegt, lässt sich das einfacher damit umschreiben, dass es sich hierbei um die dunkle Seite handelt. Nicht weil dort kein Licht wäre. Oh nein, sondern weil das, was dem Göttlichen abgewandt ist, momentan noch überwiegt. Das wird natürlich in der Regel gerade bei euch Menschenkindern angereichert mit dem, was ebenfalls nicht in der Liebe ist.

Wir meinen damit zum Beispiel:

Ein Mensch, der sehr im Ego verhaftet ist, wird oft von anderen Menschenkindern versucht, die ebenfalls in diesem Bewusstsein schwingen, und von jenen angetrieben, die ihn manipulieren wollen. Dadurch fühlt er sich dazu gezwungen, ebenfalls zu manipulieren. Gleiches zieht Gleiches an.

Es bilden sich Gruppen, die gewissermaßen miteinander „kämpfen". Aus unserer Sicht lässt sich jedoch dazu berichten, dass es sich hierbei um einen Liebesdienst handelt, denn der Mensch wird dazu angeregt, hierüber zu erkennen und zu lernen, nicht mehr so zu verfahren.

Die übergeordnete Wesenheit von allem ist Gott, der Große Vater. ER besteht aus Licht, aus Liebe, aber auch aus Dunkelheit. ER besteht aus beiden Polaritäten. Alles, was aus IHM heraus erschaffen wurde, ist göttlich.

Aber so, wie ihr zum Beispiel einen Menschen, der im Christusbewusstsein steht, als licht- und liebevoll betiteln würdet, würdet ihr jemanden, der viel unterdrückt, manipuliert, Macht zu seinem Vorteil und Eigennutz ausübt, ausbeutet, als jemanden bezeichnen, der die dunkle Seite auslebt.

Es handelt sich hierbei demnach um einen Überbegriff jener Wesenheiten oder Energien, Schwingungen, wie auch immer, die euch in die Versuchung führen und in weit höherem Maße noch den Lernthemen zugewandt sind, als dem, was sich bereits im Sinne des Lichts und der Liebe befindet.

Damit ist niemals ausgedrückt, dass ihr euch immer einem Teil der dunklen Seite zugewandt habt oder zuwendet, denn diese ist immer nur das, was sie nicht im Sinne des Lichts und der Liebe auslebt.

Sie wird beispielsweise zum Ausdruck gebracht, wenn der Mensch berechnend agiert, demnach bewusst handelt, um etwas oder jemanden auszunutzen, seinen eigenen Vorteil zu erzielen, teilweise auch mit der Gleichgültigkeit, wie sich der andere damit fühlt. Doch wisst, solches Vorgehen kann bei Unwissenheit auch unbewusst geschehen, unter anderem, wenn er die Schwäche lebt.

Aber ein Mensch, der vielleicht das Thema des Egoismus, der Kraftlosigkeit, Willenlosigkeit, Labilität oder Macht zu erlernen oder hinter sich zu lassen hat, muss sich nicht unbedingt der von Gott abgewandten Seite hingegeben haben. Das sind dann sozusagen Teilaspekte, die es zu erfahren gilt, um wieder in die Göttlichkeit hineinzuwachsen.

Nicht-Liebe wird also immer dort ausgelebt, wo ihr weniger eurem Herzen folgt, sondern vielmehr den Aspekten, die anderen schaden könnten.

Oft setzen also diese niedrig schwingenden Wesenheiten darüber an, indem sie versuchen, euch klein zu halten. Das sind gerade die Menschen oder Seelen, die ausdrücken:

„Du bist nichts wert. Du kannst nichts. Du bist nicht stark genug. Du hast noch nie etwas Gutes geleistet."

Ihr dürft jedoch nicht vergessen, ihr geliebten Gotteskinder, dass es auch Menschenkinder gibt, die solches sprechen, aber nicht von der dunklen Macht verführt sind. Da gibt es einen Unterschied. Und den habt ihr aus euren Herzen heraus zu erkennen.

Jemand, der ausdrückt:

„Du bist nichts wert",

kann solches auch äußern, weil er es vielleicht nicht anders gelernt hat. Er wurde selbst so erzogen, dass nur viel Negatives vermittelt worden ist. Und weil er das nicht anders erfahren hat, versucht er seinen eigen Selbstwert zu stärken, indem er das anderen Menschenkindern auf die gleiche Art und Weise präsentiert.

Greift jetzt die dunkle Seite hier an, kann sich das Ganze noch verstärken. Und anstatt bloß zu verlautbaren:

„Du bist nichts wert",

fängt dieser Mensch vielleicht an, gewalttätig zu werden.

Ein weiterer Ansatzpunkt der vom Licht abgewandten Seite ist, dass die Seelen versuchen, in weltliche Geschehnisse einzugreifen, sodass ihr vermehrt in Emotionen verfallt, aus denen ihr nur schwerlich herausfinden und damit nicht mehr klar den Lichtweg vor euch erkennen könnt. Das können beispielsweise sein: Angst, Wut, Eifersucht, Neid – also alles, was euch davon abhält, in den inneren Frieden zu gelangen. Denn wenn ihr euch in der Emotion befindet, hält euch das davon ab, in den Frieden, die Freiheit, die Leichtigkeit zu finden. Damit wird es euch auch erschwert, euch erneut dem Göttlichen zuzuwenden.

Wisst, *per se* gehört niemand von euch zu der dunklen Seite. Ihr alle seid göttlich, und damit zuallererst Licht und Liebe.

Nun kommt aber hinzu, ihr seid Mensch. Und als solcher habt ihr einen freien Willen, euch stets der einen oder der anderen Seite zuzuwenden.

Habt ihr also mehr das Bedürfnis:

„Ich möchte Gutes tun. Ich möchte wachsen. Ich möchte für mich, aber auch für andere da sein",

dann heißt das, ihr wendet euch der lichtvollen Seite zu.

Verspürt ihr hingegen den Wunsch, euch zu profilieren, euch beweisen zu müssen, euch auf ein Podest stellen zu wollen, aus welchen Gründen auch immer, und euch ist es dabei egal, wenn andere Menschenkinder darunter leiden, dann wendet ihr euch der dunkleren Seite zu, also der von Gott abgewandten. Gott bedeutet stets Licht und Liebe, also auch Nächstenliebe.

Solches heißt lediglich:

„Ich entferne mich etwas vom göttlichen Weg, um Erfahrungen zu sammeln und zu begreifen, das ist nicht die positive Richtung."

Aber auch daran wachst ihr im Grunde genommen in die Göttlichkeit hinein. Solche scheinbaren negativen Erfahrungen, die ihr durchlauft, nehmt ihr mit in die Geistige Welt und erkennt:

„Da habe ich nicht lichtvoll und positiv gehandelt. Ich habe das erkannt und möchte es im nächsten Leben nicht mehr so vornehmen."

Auch dadurch könnt ihr also in die Göttlichkeit hineinfinden. Das hat nichts damit zu tun, dass ihr der dunklen Seite angehört, sondern ob ihr euch davon vereinnahmen lasst oder nicht. Das ist der Unterschied, ihr geliebten Kinder des Lichts und der Liebe.

Die negative Seite könnten wir auch beschreiben als „nicht im Licht und in der Liebe schwingend".

Im Grunde genommen gibt es keine böse Seite, ihr geliebten Kinder Gottes, des Großen Vaters. Genauso wenig, wie es eine gute Seite gibt. Wir möchten betonen, das sind lediglich Wertungen, die ihr Menschenkinder oft vornehmt, weil ihr euch in einer Welt der Polarität befindet.

Ihr liegt richtig, wenn ihr sagt:

„Alles, was beseelt ist, ist göttlich, ein Teil von Gott."

Was bedeutet das?

Wenn wir von negativen Energien, Schwingungen oder von Wesenheiten sprechen, die nicht im Sinne des Lichts und der Liebe handeln, sind das lediglich solche, die noch nicht in die göttliche Bewusstseinsebene zurückgefunden haben.

Es gab so manche Seele, die aus ihrem Wollen heraus Erfahrungen der irdischen Art sammeln wollte, die daraufhin beschlossen hat:

„Ich trete ein in den Prozess der Reinkarnation. Es ist mir ein Anliegen, das Leben zu entdecken, um die Göttlichkeit zu erfahren. Es ist mein Wunsch herauszufinden, wie es sich anfühlt, sich zu ängstigen, um dadurch in das tiefe, allumfassende Vertrauen in Gott, den Großen Vater, zu finden. Ebenso möchte ich die Macht ausleben, um im nächsten Leben die Barmherzigkeit kennenzulernen. Die Unterdrückung, den Missbrauch möchte ich erforschen, um in einer späteren Inkarnation in den Gegenpol

der Demut geführt zu werden, um auch Barmherzigkeit, Güte, Respekt vor dem anderen und dem Leben zu gewinnen. Interessant könnte darüber hinaus der mangelnde Selbstwert sein, um zu begreifen, wie viel Kraft, Selbstliebe, Achtung und Wertschätzung ich in mir trage und selbst entgegenbringen kann. Ich möchte wieder die Liebe, die Nächstenliebe und meinen Herzensfrieden in mir finden und leben können, um andere nicht mehr auszunutzen, zu manipulieren oder zu behindern, sondern um ihnen Hilfe, Unterstützung und Vorbild für den göttlichen Weg des Lichts und der Liebe zu sein."

Das heißt, wenn wir davon sprechen, es gibt Energien und Schwingungen oder auch Wesenheiten, die der dunklen oder der negativen Seite angehören, ist das lediglich ein menschlicher Ausdruck, um euch zu verdeutlichen: Das sind solche, die noch nicht in das Christusbewusstsein zurückgefunden haben oder sich noch nicht gänzlich darin befinden.

Aber das soll niemals bedeuten, dass diese Schwingungen oder Wesenheiten negativ wären oder nicht von Gott, dem Großen Vater, geliebt sind.

Ihr seid Lichtarbeiter und wirkt im Sinne des Göttlichen. Daher seid in den kommenden Jahren achtsam. Das heißt, euer Licht wird zunehmend heller, und damit auch sichtbarer für die andere Seite. Hinzu kommt, die Umbrüche, die Wandlungen beginnen nun verstärkt. Nehmt es nicht auf die leichte Schulter, es wird vermehr versucht, gerade euch Lichtarbeiter anzugreifen, um euch von euren Lichtwegen abzubringen. Das wird nicht fruchten, aber es wird dennoch versucht.

Achtet auf das, was euch obliegt. Damit meinen wir beispielsweise, wenn ihr das Internet verwendet oder Geräte nutzt – Handys, PCs, Telefone usw. –, über die Kontakt zur Außenwelt aufgenommen werden können, dann schützt diese.

Es genügt, Erzengel Michael und seine Legionen um Schutz zu bitten. Eine weitere Alternative könnte sein, eine blaue Schutzwand, einen Schutzpanzer um diese Geräte herum zu errichten. Was ebenfalls weiterhilft, ist ein fünfzackiger Stern, weil dieser für göttlichen Schutz steht. Stellt also zum Beispiel eure elektronischen Geräte, mit denen ihr über das Internet mit anderen verbunden seid, in einen solchen hinein. Dann wird darüber ein Angriff weniger leicht möglich sein.

Es ist wichtig, euch und das, was euch umgibt, zu schützen, ihr geliebten Kinder Gottes. Legt noch mehr Obacht darauf, dann wird euch auch nichts Unliebsames widerfahren.

Vor allem, beginnt hier noch mehr zu differenzieren, wie subtil die dunkle Seite agiert.

Selbst über ein winzig kleines Schlupfloch, wenn ihr etwa in Emotionen verfangen seid, vielleicht nicht ganz in eurer inneren Mitte steht, kann dennoch der Versuch gestartet werden, euch über diese Geräte negativ zu beeinflussen. Das heißt, wenn ihr in einem Moment etwas unsicher oder in der Angst seid, gegebenenfalls unter Stress steht, genügt dieser kurze Augenblick, um eure aufgebauten Schutzmauern zu durchbrechen und damit Zugriff auf eure elektronischen Geräte zu erhalten und somit auf euch.

Achtet auf euer Gefühl. Gerade wenn ihr euch unsicher seid oder gar emotionaler reagiert als üblich, wäre es sinnvoll, nochmals zusätzlich um Schutz zu bitten. Das wird dann schon genügen.

Euch steht es genauso gut frei, Gott, den Großen Vater, darum zu bitten, dass die dunkle Seite keinen Einfluss auf die Erde hat oder nimmt. Ihr Kinder Gottes, ihr dürft darum ersuchen, und unzählig Positives wird dadurch bewegt und in die Veränderung gebracht.

Aber akzeptiert, auch hier gilt wieder der freie Wille, und momentan ist es manches Mal außerordentlich wichtig und sinnvoll, dem vom Licht Abgewandten vorerst nicht Einhalt zu gebieten, denn auch er hat seine Aufgaben von Gott, dem Großen Vater, erhalten. Ohne das wäre es nicht immer realisierbar, gewisse göttliche Ziele zu erreichen, wäre es uns nicht immer möglich zu erkennen, wo die Menschheit steht, wo sie noch in ihrem Ego verfangen ist und wo sie bereits dem Weg des Lichts und der Liebe folgt.

Was ihr vornehmen könnt ist, euer Gebet an IHN oder an uns, die Geistige Welt, zu entsenden, dass jene dunklen Mächte, die auf diesen Planeten einströmen, so gelenkt werden, dass ihr Ziel, die Menschen zu versuchen oder zu verleiten, den Weg des Lichts und der Liebe zu verlassen, minimiert wird oder es nur so geschieht, wie es dem göttlichen Plan entspricht.

Verwendet gerne eure eigene, persönliche Formulierung. Und wisst, es ist nicht sinnvoll, diese Bitte ganz zu unterlassen.

Eine Verpflichtung, euch vor der dunklen Seite abzuschirmen, besteht niemals, denn jeder Seele wurde von Gott der freie Wille geschenkt.

Wenn ihr in eurem Vertrauen steht, dass euch nichts passieren kann, ihr also vor den niedrig schwingenden Wesenheiten geschützt seid, wird dem auch so sein.

Aber es ist wichtig, dass ihr das Wissen darum in euch tragt, denn nicht jeder besitzt die Fähigkeit, damit umzugehen.

Eine Seele, die noch nicht in ihrer Kraft steht, kann diesem leichter ausgesetzt sein. Wenn ihr daher in eurer Stärke und im Vertrauen steht, dass Gott, der Große Vater, für euch sorgt, ist es nicht notwendig, dieser Seite zu viel Aufmerksamkeit zu widmen. Sinnvoll ist es für jene, die nicht darin stehen. Insoweit besteht eine Verpflichtung, sich zu schützen, wenn ihr fühlt:

„Heute ist ein Tag, an dem ich leicht aus der Mitte zu fallen drohe, da ich mich schwach und kraftlos fühle und dadurch leicht angreifbar bin."

Das wäre durchaus eine sinnvolle Situation, um euch zu schützen. Aber eine Obliegenheit, dies vorzunehmen, besteht niemals, denn ihr alle habt den freien Willen.

Manches Mal verspürt ihr sogar in diesen Zeiten das Gefühl, von Gott getrennt zu sein.

Was steckt dahinter?

Der eine Aspekt ist, ihr werdet geschult. Das bedeutet, dass wir bemüht sind, die hohen göttlichen Energien, die derzeit in alle Lichtarbeiter eingespeist werden möchten, in euch zu verarbeiten.

Oft ist es uns leichter möglich, das umzusetzen, wenn wir einen Teil eures Bewusstseins aus euch herauslösen. Das kann zwischenzeitlich zu einer gewissen Schwere, Traurigkeit oder Depression führen. Damit meinen wir insbesondere auch das Gefühl des Getrenntseins von Gott oder von uns, der Geistigen Welt, ja, von der allumfassenden Liebe.

Es kann sogar einige Zeit lang andauern, damit meinen wir Wochen oder gar Monate, aber wisst, das wird vorübergehen.

Es hängt insbesondere mit dem Umschwung der diversen Energien und Schwingungen zusammen. Das Gleichgewicht verschiebt sich momentan auf eurer Erde. Es werden nochmals negative Energien aus dem gesamten Planeten und Universum herausgerüttelt und -geschüttelt. Ein großes Aufbäumen vollzieht sich im Moment. Das ist noch einmal der Versuch der dunklen Seite, sich gegen das Licht und die Bewusstseinsanhebung zu wehren.

Das verspürt insbesondere ihr, die ihr als Lichtarbeiter über diesen Planeten wandelt. Ihr nehmt das wahr und transformiert eine Unmenge von diesen alten, nicht mehr im Sinne des Lichts und der Liebe schwingenden Energien.

Wenn dieses Ritual des Aufbäumens sein Ende gefunden haben wird, wird es für euch alle wieder leichter. Dann werdet ihr erneut intensiver die Verbindung zu Gott, dem Großen Vater, spüren.

Wenn ihr diesen Prozess unterstützen möchtet, damit es euch persönlich leichter fällt, probiert Folgendes aus:

Bevor ihr in eure Arbeit eintretet, sucht euch ein ruhiges Plätzchen, an dem ihr euch wohlfühlt. Zieht euch zurück. Schließt die Augen und atmet einige Male bewusst weißes Christuslicht ein und aus.

Spürt den Herzschlag, wie er in euch pulsiert. Anschließend nehmt wahr, wie eine göttliche Wesenheit, nämlich Jesus, der Christus, an eure Seite tritt, seine Hände auf euer Herz legt und seine allumfassende Liebe in euch einfließen lässt.

Es mag eine gewisse Zeit lang dauern, bis ihr das Gefühl habt: „Jetzt spüre ich die Verbindung."

Aber es ist eine Möglichkeit, um die allumfassende Liebe wie eine Art stetigen Impulsstrom durch euch fließen zu lassen.

Es ist wie ein Verbindungskabel, das ihr zwischen euch und Gott, dem Großen Vater, aufbaut. Probiert aus, wie sich das anfühlt. Variiert gerne diese Meditation. Nehmt noch weitere Engelwesen hinzu, die ebenfalls ihre Hände auf die von Jesus, dem Christus, legen. Ruft einen Teil eurer Seelenfamilie. Testet es einfach aus.

Ihr befindet euch bereits in den Anfängen der „Kämpfe" zwischen der lichten und der dunklen Seite. Das bedeutet, nicht nur hier auf dem Planeten wird immer mehr herausgerüttelt und -geschüttelt, was nicht im Sinne der Liebe ist. Das geschieht durch die gelebten Feindseligkeiten, durch Streitereien und alles, was jetzt gelöst wird, durch die Meinungsverschiedenheiten im Bereich Politik, Wirtschaft, Familie, Soziales, wo auch immer – da könnt ihr vom Großen bis ins Kleine gehen.

In der Geistigen Welt sieht es derzeit nicht ganz so aus, aber doch ähnlich. Das bedeutet, hier befinden sich verschiedene Wesenheiten, beispielsweise verstorbene Seelen, die noch nicht in das Licht und in die Liebe zurückkehren möchten, die versuchen, über den einen oder anderen Weg das Steuer herumzureißen und den Bewusstseinssprung zu verhindern. Das heißt, einige von ihnen bemühen sich, über die Menschen anzusetzen, indem sie manipulieren, zuflüstern und mit euch nicht zuträglichen Energien arbeiten, die euch beeinflussen könnten. Auf diese Art und Weise greifen sie an. Oder sie schüren Ängste, auch in Form von Albträumen, wenn ihr euch nicht genügend geschützt habt. Daher bittet gerne abends, wenn ihr zu Bett geht, oder direkt morgens mit dem Erwachen Erzengel Michael um Folgendes:

„Erzengel Michael, ich bitte dich darum, dass ich heute ausschließlich mit positiven Energien, Schwingungen und Wesenheiten umgeben bin."

Nehmt das insbesondere dann vor, wenn ihr euch zum Schlafen ins Bett begebt. Das wird er gerne für euch tun.

Eine weitere Möglichkeit ist, dass auch Wesenheiten von außerhalb eures Planeten auf energetischer, spiritueller Ebene versuchen, über Energiefelder zu manipulieren und zu verändern.

Insbesondere Lichtarbeiter nehmen durch ihre Feinfühligkeit vermehrt ein Ziehen und Zerren wahr, das unter anderem damit zusammenhängt. Ein weiterer Grund hierfür sind das negative Gedankenkreisen der Menschen oder Emotionen, die aus den Krisengebieten gelöst werden.

All das könnte euch in einem schwachen Moment in den Zweifel führen oder unsicher werden lassen. Das bedeutet, ihr Lichtarbeiter seid beständig gefragt:

„Wie gehe ich damit um?"

Bittet um Reinigung und leichte, beschwingte Energien oder schützt euch erneut. Das wird helfen. Ersucht ebenso regelmäßig für euch um Schutz, denn alle diese Geschehnisse können einige Jahrzehnte andauern.

Wenn jeder einzelne Lichtarbeiter von euch beständig im Vertrauen steht, seinem Herzen folgt und unermüdlich um Frieden, Einigkeit und Lichtvolles im Sinne des Lichts und der Liebe bittet, trägt er dazu bei, diese Prozesse abzumildern und den Frieden zu manifestieren.

Wisst, wir, die Geistige Welt, sind immer an eurer Seite, genauso Gott, der Große Vater. Wir lassen euch niemals im Stich und halten stets Obacht über euch. Denn wir lieben euch über alle Maßen.

Schutzmechanismen

Ihr könnt uns, die Geistige Welt, täglich mehrmals um Schutz ersuchen. Dann werden wir das gerne für euch in Angriff nehmen. Ihr müsst also im Grunde genommen nichts weiter tun, als euren Wunsch zu entsenden:

„Ich bitte euch, die Geistige Welt, um einen ganzheitlichen Schutz für mich und mein Sein"

oder

„Gott-Vater, Gott-Mutter, hohe Geistige Welt, ich erbitte um Schutz für mich und mein Sein."

Das wäre die kürzeste und effektive Variante.

Ihr könnt ebenso andere Worte verwenden. Haltet euch also bitte nicht an konkreten Formulierungen fest. Das ist nicht von Belang. Das Wichtigste ist: Ihr sollt frei sein in dem, was ihr ausdrückt. Hier hört bitte stets auf euer Herzensgefühl.

Parallel dazu könnt ihr insbesondere Erzengel Michael und seine Legionen anrufen und ihn um solches bitten. Dann stellt euch vor und verfahrt spielerisch damit, wie er euch in eine blau- oder goldfarbene Lichtkugel hineinstellt oder, wenn es euch lieber ist, in eine Lichtsäule.

Testet auch hier aus: Wie dick ist diese Schutzwand? Ist sie einige Zentimeter dünn oder vielleicht sogar einen halben oder einen Meter breit? Füllt diese Glocke mit einem Blau, Gold oder Weiß aus. Es kann sein, dass es jeden Tag variiert, mal wird es vielleicht ein hellerer Blauton, mal ein dunklerer sein. Aber es ist eine wunderbare Möglichkeit.

Die dritte Option ist, wenn ihr spürt:

„Hier befinden sich Menschenkinder oder Energien, die aus Mutter Erde gelöst werden, die mir nicht zuträglich sind. Ich fühle mich unruhig."

Dann beginnt damit, um euren Solarplexus herum einen Schild aufzubauen. Stellt euch vor, wie sich zum Beispiel vor diesem Nervengeflecht ein goldenes oder weißes gleichschenkliges Kreuz befindet, ein Christuslichtkreuz sozusagen. Das wird ebenfalls negative Fremdenergien abwehren.

Die einfachste Methode ist, zu erklären:

„Ich öffne mich ausschließlich den hohen geistigen Schwingungen der göttlichen Seite des Lichts und der Liebe und bitte um Schutz für mich und mein Sein."

Augenblicklich erscheinen viele Engelwesen bei euch, um euch nicht nur im Hier und Jetzt zu unterstützen, sondern ebenso in der nächsten Zeit, denn es wird weiterhin immer wieder zu kleineren oder größeren Lichtstürmen kommen. Das bedeutet, es werden Vorkommnisse eintreten, die euch aus der Mitte werfen könnten. Und diese Begleiter sind euch an die Seite gestellt worden, um euch in eurer Stabilität zu halten.

Bittet einfach darum, dass euch diese Engel jetzt anheimgestellt werden dürfen, euch beistehen und helfen. Mehr müsst ihr nicht in die Wege leiten.

Dann werden sie um euch einen Schutzkreis aufbauen wie eine starke, feste Mauer, durch die kein Lüftchen mehr hindurchkommen oder euch umwehen kann. Es ist ein starkes, undurchdringliches Bollwerk, errichtet aus dem Band der Liebe, das nicht zerstört werden kann.

Führt euch dieses Bildnis dann vor Augen, wenn ihr meint, ihr befindet euch in einer Situation, die euch aus der Bahn werfen könnte. Damit solltet ihr postwendend wieder in eure innere Mitte finden.

Sollte das jedoch noch immer nicht ausreichen, ihr geliebten Kinder des Lichts und der Liebe, dann zögert nicht, Gott, den Großen Vater, darum zu bitten, eure Hand in SEINE zu nehmen, euch zu lieben und zu herzigen, zu umarmen und euch an SEINE Brust zu legen, denn auch das wird euch viel Kraft, Schutz und Liebe geben.

Diese göttlichen Werkzeuge sind euch an die Hand gegeben worden, um euch zu helfen und zu unterstützen.

Es ist wichtig, dass ihr lernt, in großer Ruhe und in starkem Vertrauen auf einem Weg zu wandeln, der vielleicht an einer Klippe entlangführt. Das verdeutlicht euch, dass es nun darum geht, Gegen- oder Seitenwinde auszugleichen und die Balance, das innere Gleichgewicht zu halten.

Betrachtet es als Spiel:

„Ich kann noch etwas Großartiges bewirken. Ich kann diesen Lichtweg mit großer Leichtigkeit beschreiten."

Ihr solltet beständig üben und lernen, eure Pfade in Mühelosigkeit entlangzuschreiten und nicht zu denken:

„Oh je, es herrscht Gegenwind. Ich könnte umfallen oder über die Klippe in den Abgrund stürzen."

Nein! Es ist immer bedeutungsvoller, euch in Leichtigkeit, in einer gewissen kindlichen Unschuld an ein solches Abenteuer heranzuwagen und nicht ängstlich zu sein, sondern vielmehr mutig und neugierig auszuprobieren:

„Was geschieht, wenn ich diesem Weg folge und nicht daran denke, dass er schwierig sein könnte?"

Je mehr ihr auf diesem in Sorglosigkeit entlangwandelt, desto mehr Mühelosigkeit werdet ihr fühlen, denn was ihr denkt, zieht ihr an. Dieses Gefühl gilt es, anwachsend in euer Leben zu integrieren. Ihr sollt euren Weg in Leichtigkeit und in sanften Schritten bewältigen, ohne Furcht, dafür in unbändiger Freude.

Solche Gegebenheiten werden auf euch zukommen, um eben genau dieses zu lernen. Die Engel wandeln stets an eurer

Seite, um euch zu unterstützen, und sind euch gegeben, damit ihr es einfacher vollführen könnt. Niemals werdet ihr in eine Situation geraten, die ihr nicht meistern könnt.

Vielleicht habt ihr manchmal das Gefühl, eine Herausforderung nicht meistern zu können, aber so ist es nicht. Zu jeder Zeit habt ihr alle notwendigen Werkzeuge an der Hand, um es euch so gut wie möglich zu erleichtern.

Die geistigen Wesenheiten sind eure Hilfe oder auch Gott, der Große Vater. ER wird euch ebenfalls unterstützen, wenn ihr nach IHM ruft. Dann wird ER dies mit SEINER immens großen Liebe für euch gewähren, mit einem Lächeln und aus SEINEM Herzen heraus, denn ER weiß, wenn ihr willens seid, euch an diesen doch im ersten Augenblick vermeintlich schwierigen Weg zu wagen, dass ihr bereit seid, für euch und somit für die gesamte Menschheit und das Universum einzutreten.

ER wird euch immer zur Seite stehen, euch unterstützen und euch die Hilfe zusenden, die ihr im jeweiligen Moment benötigt.

An diese Worte, an diese Bildnisse denkt, wenn ihr möchtet, von nun an permanent, auch dann, wenn es euch gut geht. Je öfter ihr euch vor Augen haltet, dass euch immer ein solcher Beistand zur Verfügung steht, desto einfacher wird es euch fallen, diese selbst dann hervorzurufen und euch vorzustellen, wenn ihr euch Schwierigkeiten ausgesetzt fühlt.

Davon abgesehen, können eure Schutzmechanismen von Tag zu Tag verändert werden, weil ihr stetig an Kraft gewinnt und dadurch altbekannten, euch nicht zuträglichen Energien keinerlei Stärke mehr entgegensetzen müsst, euch jedoch wegen anderer, die ihr durch eure neugewonnene Leistungsfähigkeit erstmals spüren könnt, eine Art von erstmaligem, ungeläufigem Schutzmechanismus werdet erschaffen müssen. Das ist notwendig, weil alles, was ihr derzeit wahrnehmt, für euch scheinbar Unbekanntes darstellt.

Es gilt, spielerisch an diese Situationen heranzugehen. Arbeitet vor allem mit lichtvollen, positiven Energien und mit Erzengel Michael. Stellt euch beispielsweise vor, wie er sich schützend vor euch stellt. Dann legt seine Hand, die sein Schwert der Wahrheit hält, in die eure und zieht mit diesem einen Schutzkreis um euch herum.

Wenn ihr möchtet, testet eine weitere Variante aus und versinnbildlicht euch, wie dessen Legionen euch in einen Kreis und damit gleichzeitig in einen Art Schutzschild stellen, in dem sich alle an ihren Händen halten, und wie kristallines, weißes Christuslicht durch sie hindurchfließt. Dieses breitet sich in ihnen aus und bildet eine immens hohe Lichtsäule, die sich weit in das Universum hinaus ausdehnt.

Alternativ lasst eine blaue Lichtflamme zwischen ihnen entstehen, die bis ins Unendliche anwächst und euch dadurch vor schädlichen Energien, Schwingungen und Wesenheiten abschirmt.

Es obliegt euch, ob ihr das regelmäßig anwenden möchtet oder vielleicht in Situationen, die euch besonders schwer fallen.

Eine weitere Variante ist, dass ihr etwa mit Worten arbeitet, indem ihr wiederholt sprecht:

„Ich öffne mich nur dem, was mein Wohl fördert, eben jenen Energien, Schwingungen und Wesenheiten, die im Sinne des Lichts und der Liebe sind."

Daraufhin stellt euch vor, wie sich um euch herum eine Art feinstofflicher Schutzpanzer gebildet hat, und alles, was euch nicht zuträglich ist, wird sofort wieder daran abperlen, oder aber einen blau- oder goldfarbenen Lichtmantel, der von Kopf bis Fuß reicht.

Solches könnt ihr ebenfalls in Angriff nehmen.

Es ist immens wichtig, dass ihr euch noch eindringlicher bemüht, euch abzugrenzen. Oft seid ihr sehr offene, äußerst feinfühlige Menschen, und im Grunde genommen sogar dermaßen empfänglich, dass ihr alles, was euch beispielsweise euer Gegenüber an Kraft, Emotion und Sonstigem präsentiert, aufnehmt. Aber ihr habt teilweise noch nicht gelernt, das zum einen abzuleiten, und euch zum zweiten davor abzuschirmen. Gerade dieser Schutz möchte noch intensiver von euch aktiviert werden.

Wir möchten euch ein weiteres Beispiel geben:

Bevor ihr in ein Gespräch tretet, stellt euch in eine blaue Lichtsäule hinein. Testet statt dieser Farbe einmal Silber aus und findet heraus, was sich für euch effektiver anfühlt. Das baut bitte täglich auf, sowohl morgens, als auch abends.

Sprecht außerdem ganz klar aus:

„Ich öffne mich ausschließlich dem, was im Sinne des Lichts und der Liebe ist. Alles andere hat keinen Zutritt zu mir."

Das wird ebenfalls helfen, die ersten negativen Energien und Schwingungen, die vielleicht an euch herangetragen werden könnten, abzublocken.

Hin und wieder verspürt ihr darüber hinaus das Gefühl, andere Menschen würden euch Kraft und Lebensstärke entziehen. Damit liegt ihr durchaus richtig. Es handelt sich um sogenannte „Energiefresser", so möchten wir es einmal ausdrücken, was diesen oft gar nicht bewusst ist. Es bedeutet lediglich, dass sie euer Licht, eure Energien spüren und diese folglich anzapfen.

In solchen Situationen bindet euch zunächst an Gott, den Großen Vater, an, ersucht IHN oder auch uns darum, dass wir euch die abgezogene Kraft wieder zur Verfügung stellen. Stellt euch weiterhin vor, wie zwischen euch und denjenigen, die euch diese abziehen, eine blaue Panzerwand errichtet wird. Diese ist unendlich weit, so groß, wie ihr es benötigt. Das wird dazu führen, dass solches unterbunden wird. Ebenso könnt ihr verkünden: „Ich verbinde mich jetzt mit Gott-Vater, Gott-Mutter."

Das Wichtigste ist, zuerst permanent um Schutz zu bitten, wie bereits empfohlen, mit Hilfe von Erzengel Michael und seinen Legionen. Nehmt das bitte jeden Morgen und jeden Abend vor. Seid ihr der Meinung, es auch tagsüber nochmals vornehmen zu wollen, dann folgt diesem Impuls.

Zahlreiche Möglichkeiten stehen euch zur Verfügung. Aus diesen wählt euch die aus, mit der ihr euch wohlfühlt, zum Beispiel, indem ihr in einer blauen oder goldfarbenen Lichtkugel oder -säule steht. Beides dient eurer Abschirmung.

Tragt ihr den inneren Impuls in euch, einmal keine Nachrichten zu hören oder einen Zeitungsartikel zu lesen, dann folgt diesem, denn alles, was ihr fühlt, sind eure göttlichen Impulse.

Bedenkt, über das geschriebene oder gesprochene Wort wie über elektronische Geräte nehmt ihr sowohl positive als auch negative Energien auf, vor allem dann, wenn ihr sehr feinfühlig und sensibel seid. Daher sollte es euch nicht wundern, wenn ihr emotional darauf reagiert.

Überlegt euch stets, ob ihr beispielsweise einen bestimmten Zeitungsartikel lesen oder einen gewissen Teil der Abendnachrichten hören möchtet, und legt zuvor eine blaue Lichtsäule um jene Informationen oder um euer Fernsehgerät. Dieses Blau wird dazu führen, dass die niedrigen, euch abträglichen und Lebenskraft raubenden Schwingungen abgemildert werden, und ist automatisch ein Übungsfeld für euch.

Abgesehen davon ist es nicht notwendig, täglich alle Nachrichten zu verfolgen oder sich diese anzuhören. Hierbei handelt es sich um ein altes, nicht mehr zeitgemäßes Muster.

Reinigt euch regelmäßig jeden Tag, sooft es euch ein Bedürfnis ist. Eine kurze Bitte von euch genügt. Stellt euch zum Beispiel vor, wie ihr durch lilafarbenen Regen schreitet oder Erzengel Michael mit seinen Legionen in eurem energetischen Umfeld arbeitet, herumwirbelt und alles, was euch aus der Mitte wirft und in Emotionen führt, herauslöst.

Baut diesen Schutz auch dann auf, wenn ihr euch erschöpft fühlt. Gerne könnt ihr hierbei wieder Erzengel Michael und seiner Gefolgschaft den Auftrag um Hilfe und Unterstützung erteilen. Ersucht in einem weiteren Schritt um Reinigung, damit das, was ihr energetisch aufgenommen habt, von euch abgezogen wird.

Letztendlich entsendet euren Wunsch:

„Ich bitte um Kraft, um Stabilität, damit es mir wieder besser geht."

Das wären weitere Werkzeuge, die ihr anwenden könnt.

Verdeutlicht euch: Jedes Mal, wenn ihr mutig seid und eurer inneren Stimme folgt, werdet ihr automatisch wieder ein Stück weit mehr in eure Stärke geführt. Demzufolge wird es immer schwieriger werden, euch anzugreifen oder euch zu beeinflussen.

Solltet ihr beabsichtigen, eine Großveranstaltung zu besuchen, wie etwa ein Fußballspiel oder ein Popkonzert, dann ist es wichtig, dass ihr euch schon vorab schützt, indem ihr einige Tage zuvor damit beginnt, diesen Schutz aufzubauen.

Seid auch hier kreativ. Vielleicht ist die blaue Lichtsäule für dieses spezielle Ereignis besonders dick, möglicherweise mehrere Meter. Womöglich befindet sich darin ein besonderes Schutzsymbol. Ein sehr kräftiges ist ein 5-zackiger Stern, mit einer Spitze nach oben, je einer nach links und rechts, und zwei zeigen nach unten. Diesen könnt ihr beispielsweise in euer Gefäß einbauen oder euch stattdessen vorstellen, wie ihr ihn in einer Art gedanklichen Kette um euren Hals oder euer Handgelenk tragt. Das ist eine weitere Möglichkeit, die ihr ausprobieren könnt.

Bitte denkt daran, gerade weil ihr offen und sensibel seid, ist es wichtig zu lernen, mit euch unzuträglichen Energien umzugehen. Daher übt, übt, übt. Trainiert, diese Schutzmäntel anzuwenden, und verändert sie gegebenenfalls. Hierbei gibt es kein Falsch und kein Richtig, sondern handelt nach euren Herzensimpulsen und so, wie es sich für euch stimmig anfühlt.

Ihr könnt des Weiteren täglich darum bitten, dass auch eure Räumlichkeiten mit Hilfe von Erzengel Michael und seinen Legionen gereinigt werden.

Wenn ihr möchtet, nehmt mit geschlossenen Augen wahr, wie diese in ein Lila eingetaucht werden, vielleicht in einen lilafarbenen Regen. Oder ihr pinselt gedanklich die Wände mit einem solchen Farbton an. Wie auch immer ihr das vornehmen möchtet, ist nicht wichtig. Anschließend beobachtet, wie diese Räume mit Weiß oder Gold geflutet werden. Das bringt euch Besserung und mehr Wohlbehagen.

Was euch gleichfalls Linderung und Hilfe zuteilwerden lässt, ist Folgendes:

Entrichtet euren Wunsch, dass die Menschen, die euch weniger zuträglich sind, von euch abgeschirmt werden, und zwar auf energetischer Ebene.

Wir möchten euch ein weiteres Beispiel nennen:

Stellt euch vor, wie ihr euch gegenüber steht und eine goldfarbene Acht auf den Boden zeichnet. Ihr stellt euch in den einen Kringel derselben und die andere Person oder Personen in den anderen, wobei das Gold zirkuliert. In der Mitte überkreuzt sich dieses Symbol. Gerne könnt ihr beide Kreise hochziehen, sodass sie wie zwei goldene, runde Lichtsäulen wirken, die euch umschließen.

Die Konsequenz wird sein, dass sich Emotionen, die euch gegenüber von jenen ausgelebt werden, nicht mehr an euch anheften oder euch beeinflussen können. Es dient dem Schutz, den ihr darüber aufbauen könnt.

Erteilt gerne Erzengel Michael den zusätzlichen Auftrag, zwischen euch eine blaue Panzerwand zu errichten. Diese wird gleichfalls dafür Sorge tragen, dass nur die Gedanken und Energien an euch herangetragen werden, die vorteilhaft für euch sind, also liebevolle und aufbauende Gedanken. Das könnt ihr euch auch jeden Tag gedanklich vorstellen.

Eine weitere Möglichkeit ist, dass ihr genau die Personen immer wieder segnet, indem ihr aussprecht oder denkt:

„Ich segne dich."

Stellt diese Seele kraft eurer Vorstellung außerdem in eine rosafarbene Lichtsäule oder ersucht darum, dass sie in eine solche gestellt werden. Das führt dazu, dass ihr ihnen Licht und Liebe sendet und ihr Gemüt ein- oder aufgeweicht wird, soweit sie dieses zulassen. Auch das gilt es, in Gottes Hände zu legen.

Letztendlich solltet ihr euren Wunsch entrichten, dass sie in die Erkenntnis geführt werden und bereit sind, ihre Herzen zu öffnen, aus ihrem Ego und großen Wollen herauszufinden und zunehmend auf ihr inneres Bauchempfinden zu hören und dem zu folgen. Das sind sehr wertvolle Arbeiten, die ihr anwenden könnt.

Wenn ihr möchtet, drückt gerade jenen, die euch gegenüber besonders emotional reagieren, positive Worte aus. Das könnt ihr beispielsweise in Gedanken vornehmen, indem ihr ihnen für ihren weiteren Lebensweg alles Gute wünscht. Dankt ihnen für ihren Liebesdienst.

Sinn und Zweck ist nicht, euch zu denunzieren, sondern euch zu verinnerlichen, dass ihr in einer besonderen Kraft steht und weder alleine noch hilflos seid. Im Grunde genommen neiden sie euch. Das ist das eigentliche Thema. Sie fühlen eure enorme Stärke und ebenso das göttliche Licht, das ihr ausstrahlt, und wissen damit nicht umzugehen.

Indem ihr ihnen also Positives per Gedanken wünscht, etwa eine wundervolle Lebensreise, angenehme Weggefährten, alles Liebe und Gute für die weiteren Wege, können hierüber ihre Emotionen abgeschwächt werden, und ihr findet gleichzeitig in euren inneren göttlichen Frieden.

Auch hier spielt und variiert. Prüft, wie oft ihr das vornehmen möchtet, vielleicht sogar 2- oder 3-mal täglich oder nur ein einziges Mal.

Das sollte es euch ermöglichen, in recht kurzer Zeit wieder große innere Ruhe und stark ausgeprägte Kraft in euch wahrzunehmen.

Euren Kraftpanzer vermögt ihr am ehesten dadurch aufzubauen, indem ihr unentwegt mutig seid und euren Entscheidungen und inneren Impulsen Folge leistet.

Als weitere Alternative bittet parallel täglich Gott, den Großen Vater, um einen wundervollen Kraft- und Schutzpanzer, gerne auch mehrmals am Tag.

Probiert die verschiedenen, euch übermittelten göttlichen Hilfswerkzeuge und Methoden aus. Spielt mit den Variationen, die wir euch genannt haben. Es ist lediglich wichtig, euren eigenen Rhythmus zu finden.

Entrichtet täglich euren Wunsch um einen besonderen Schutz und füttert ihn permanent mit positiven Energien und Gedanken, beispielsweise mit folgenden:

„Ich werde behütet, sicher und geborgen sein. Gott hält meine Hand und ist an meiner Seite. Nichts Ungutes, nichts Negatives wird durch diesen Schutz- und Kraftpanzer hindurchdringen können."

Erschafft euch eine blaue oder weiße Kugel, einen Mantel, was auch immer.

Euch stehen unzählige Möglichkeiten zur Verfügung. Genauso könnt ihr für andere, euch am Herzen liegende Menschen um Abschirmung bitten oder eine solche um sie herum errichten.

Etwas anderes gilt es im Blick zu behalten:

Ein Mensch, der eventuell labil ist und von dem Spirituellen wenig weiß, wird in der Regel nicht selbst darum bitten können, geschützt zu sein. Jedoch existiert die Möglichkeit, dass die Seele desjenigen darum oder um Kraft ersucht, was häufiger der Fall ist. Dann ist es unsere Aufgabe in der Geistigen Welt, ihr das zur Verfügung zu stellen. Das kann natürlich nur in dem Maß erfolgen, wie es mit Gott, dem Großen Vater, abgesprochen ist. Vielleicht ist es die Aufgabe dieses Menschen, so weit ungeschützt zu sein, bis er mutig wird und es selbst in die Hand nimmt – entweder durch eine Bitte an uns oder, wenn er nicht weiß, dass wir existieren, über das Hilfegesuch an einen anderen Menschen.

Es ist euer Auftrag, ihr großen Lichtarbeiter, die ihr seid, immer mehr in Aktion zu treten – zuerst im Stillen, indem ihr ausprobiert und handelt und um Diverses bittet, zum Beispiel um Schutz, Reinigung und Klärung. Dann wird die Zeit reif sein, in der ihr gefragt sein werdet, hierüber mutig mit den Menschen zu sprechen.

Wenn jemand jedoch nicht weiß, dass es neben positiven, aufbauenden Prozessen und Energien ebenfalls negative gibt, die ihn beeinflussen können, könnt ihr beispielsweise für diesen um eine besondere Obhut bitten. Bittet, und euch wird gegeben. Das ist das Versprechen der Liebe.

Hierbei ist es für euch außerordentlich wichtig, euch beständig zu überprüfen, ob ihr diese Möglichkeit so anwenden oder hier lieber kreativ und spielerisch tätig werden möchtet. Das bedeutet, probiert das eine oder andere von den euch übermittelten Informationen selbst aus und verändert sie.

Für andere um Abschirmung zu ersuchen, wäre die einfachste Option und damit uns, der Geistigen Welt, überlassen, wie diese geartet sein soll. Im Grunde genommen genügt euer Gedanke des Morgens und des Abends:

„Ich bitte um ganzheitlichen Schutz für mich, meine Familie oder meinen Arbeitsplatz."

Dann wird dieser aufgebaut werden.

Andererseits hängt es wiederum davon ab, wie sehr ihr im Vertrauen und im Glauben steht und wie stark dieser verankert ist. Wenn ihr das über Monate oder Jahre hinweg fortwährend denkt, fällt es euch in der Zukunft sehr leicht, diesen zu errichten und zu stärken.

Ein Mensch, der sich jedoch mit solchem noch nicht allzu viel beschäftigt hat und gerade erst damit beginnt, diesen zu erschaffen, wird feststellen, dass er ihn etwas häufiger wird aufbauen müssen.

Solltet ihr ängstlich sein und das Gefühl verspüren, euer Schutzpanzer ist durchbrochen, weil ihr zu sehr in der Emotion verfangen seid, dann erklärt:

„Ich bin bereits in dem Moment geschützt, in dem ich darum bitte."

Dieses Ansinnen genügt, um ausreichend abgeschirmt zu sein.

Steht euch eine Konfrontation bevor, kann es geschehen, dass ihr euch in der Emotion verfangt und unsicher werdet. Über diese Unsicherheit ist es möglich, dass euer Schutzpanzer brüchig wird, so möchten wir es einmal ausdrücken. Das bedeutet aber keineswegs, dass er deswegen nicht mehr vorhanden ist. Vielmehr kann es in einem solchen Moment dazu führen, dass ihr möglicherweise angreifbarer seid, als das normalerweise der Fall wäre. Aber sicher seid ihr in jedem Fall.

Wenn ihr ein solches Gefühl in euch tragt oder eine solche scheinbare Schwachstelle entdeckt, bittet Erzengel Michael und seine Legionen darum, diese zu beseitigen. Stellt euch vor, wie sich eine weitere isolierende Schicht aufbaut. Nehmt vielleicht eine goldfarbene Lichtkugel oder einen goldfarbenen Lichtschild hinzu. Das wäre eine weitere Möglichkeit einer Panzerung. Oder spielt mit einem Blau. Betrachtet euch, wie diese Bruchstelle oder dieses Loch geflickt wird. Das nehmt bitte so lange vor, bis sich das neue Muster in euren Gedanken formiert hat:

„Auch wenn ich vielleicht eine Schwachstelle in meinem Schutzschild vorfinde, sorgt Gott, der Große Vater, dafür, dass diese direkt wieder geschlossen wird."

Das ist wie eine Art Mantra, eine göttliche Schablone, das es dann einzuarbeiten gilt und die das alte ersetzt. Das könnt ihr genauso gut dadurch austauschen, indem ihr den Wunsch entrichtet:

„Ich bitte darum, dass alles Alte, das noch in mir vorhanden ist, aufgelöst und durch das ersetzt wird, was mir förderlich und im Sinne des Lichts und der Liebe ist."

Nachdem ihr eure energetische Konstruktion aufgebaut habt, drückt sofort aus:

„Ich danke dir, Gott, dafür, dass DU dafür Sorge trägst, dass dieses undurchdringliche Gewand rundherum perfekt ist."

Dadurch vermögt ihr schneller zu manifestieren, sodass sich das nach und nach bessern darf.

Beachtet: Baut ihr euch einen mehrfachen Schutzpanzer auf, kann es geschehen, dass ihr wiederholt in Situationen hineingestellt werdet, bis ihr erkannt habt:

„Ich benötige diesen zwei- oder dreifachen Schutz nicht, denn Gott, der Große Vater, passt auf mich auf."

Und jedes Mal, wenn ihr denkt:

„Ich bin zu hundert Prozent sicher",

wird sich auch das als neues Muster in euch manifestieren.

Sicherlich werdet ihr hin und wieder das Gefühl haben, ungeschützt zu sein. Aber in diesem Moment bittet um Reinigung, um Transformation all der unguten, negativen Energien, und dann aktiviert mittels eines kurzen Gedankens erneut dessen Funktion. Mehr müsst ihr nicht leisten.

Ersucht uns, die Geistige Welt, darum, dass wir euch bei einem solchen Thema unterstützen und ebenso Gott, den Großen Vater, dieses für euch zu erlösen.

Das sind Mittel und Wege, mit denen ihr arbeiten könnt. Durchaus wird das ein wenig Zeit in Anspruch nehmen, denn wie alles im Leben möchte auch das Stück für Stück erlernt werden, ist jedoch eine wundervolle Möglichkeit, wie ihr solches auf Dauer in den Griff bekommt.

Wichtig ist, ihr geliebten Gotteskinder, dass ihr auf eure eigene Art und Weise für euch herausfindet, welches göttliche Werkzeug sich für euch gut und stimmig anfühlt, denn jeder Mensch auf diesem Planeten reagiert anders. Probiert aus und lasst euch gerne Neues einfallen. Hier gibt es keine bestimmten Strukturen und Muster, die ihr anwenden müsst.

Im Grunde genommen reicht es bereits aus, wenn ihr wisst, dass ihr durch IHN geschützt seid. Aber ihr seid Mensch. Das bedeutet, es ist natürlich, dass ihr oft in den Zweifel und die Angst verfallt, und folglich ist euer Schutz dann schwächer, so möchten wir es beschreiben. Wenn ihr also daran glaubt und darauf vertraut, dass ihr durch Gott abgesichert seid, reicht dieser Gedanke aus. Doch in dem Moment, in dem euch Zweifel überfallen, wäre es sinnvoll, euch dieses immer wieder vorzusprechen oder um eine weitere abschirmende Maßnahme zu bitten oder sich diese vorzustellen. Das hängt jeweils von euch und eurer Persönlichkeit ab.

Bei all den Informationen vergesst bitte nicht, für Mutter Erde um Kraft und besonderen Schutz zu bitten. Je mehr ihr diesen in Mutter Natur einfließen lasst, desto kräftiger können sozusagen Naturgewalten abgemildert und zurückgehalten werden, und desto mehr können Stürme gelindert und Bäume umfassendere Stärke in ihren Wurzeln finden.

Wenn ihr möchtet, kommt diesem Ansinnen um ein undurchdringliches Energie- und Kraftgitter für die Erde tagtäglich nach. Hört auf euer Gefühl. Seid ihr der Meinung, dieses öfter an Gott, den Großen Vater, vortragen zu wollen, dann folgt eurem Herzensgefühl, damit euren göttlichen Impulsen, und handelt entsprechend.

Bittet ebenso um Abschirmung für das gesamte Universum und darum, dass alle unguten, negativen Energien in positive, aufbauende, im Sinne des Lichts und der Liebe umgewandelt werden dürfen, damit wieder Gleichgewicht und Harmonie hergestellt werden.

Auch eure Tiere bedürfen dessen, denn sie sind in ihrem Sein besonders feinfühlig und nehmen niedrige, abträgliche, Lebenskraft raubende Schwingungen sehr intensiv wahr.

Das bedeutet, gerade dann, wenn Emotionen gelebt worden sind oder aus Mutter Natur zum Beispiel Altes, Karmisches gelöst worden ist, spüren sie das sehr deutlich. Darüber hinaus nehmen sie die verschiedenen Seelen wahr, die sich in dieser Umgebung aufhalten, die nicht so sehr im Sinne des Lichts und der Liebe sind. So versuchen sie, diese weniger förderlichen Energien und Schwingungen, möglicherweise durch Kratzen und Scharren, in euren Räumlichkeiten zu beseitigen und euch darauf aufmerksam zu machen.

In solchen Fällen solltet ihr gedanklich am besten ein ganzheitliches Schutzsymbol in Form eines 5-zackigen Sterns unter das gesamte Grundstück platzieren, auf dem ihr euch (und eure Tiere) aufhaltet. Das wäre eine wunderbare Option.

Bittet außerdem regelmäßig darum, dass dieses gereinigt wird von allem, was nicht im Sinne des Göttlichen ist. Damit sollte sich das ungewöhnliche Verhalten eurer Haustiere deutlich verbessern und das Kratzen, das Schaben oder Scharren gänzlich aufhören.

Wisst, ihr geliebten Kinder des Lichts und der Liebe, ihr seid allseits geführt und geleitet von Gott, dem Großen Vater. Zahlreiche geistige Wesenheiten haben sich zu jeder Zeit eures Lebens um euch versammelt, um euch zu beschützen und zu begleiten. Sie bieten euch einen großartigen Schutz, den ihr jedes Mal in Anspruch nehmen könnt, wenn ihr der Meinung seid:

„Ich bin nicht genug abgeschirmt."

Gebt alles in die Hände dieser geistigen Wesenheiten ab und vertraut darauf, dass sie euch diesen gewähren, um ruhig und gelassen eurer weiteren Wege ziehen zu können. Das werden sie gerne für euch übernehmen. Es ist ihre Aufgabe, vor allem aber ihr Wunsch, den sie zu erfüllen bereit sind, aus ihrer großen Liebe heraus, die sie für euch empfinden.

Das solltet ihr wissen, damit ihr euch von Ängsten befreien und euch mühelos eurem Alltag stellen könnt.

Nehmt zur Kenntnis, dass in eurem Leben noch viel Wundervolles geschehen wird. Es genügt bereits eure Bereitschaft, euch der lichten, der Geistigen Welt des Lichts und der Liebe, hinzugeben. Das öffnet uns Tür und Tor, um euch in eurem göttlichen Sein zu erreichen. Bereits wenn ihr ausgesprochen habt:

„Ich öffne mich der göttlichen Seite des Lichts und der Liebe",

dürfen wir das zum Anlass nehmen, an eurer Göttlichkeit zu arbeiten. Das heißt, wir lösen Altes, was ihr nicht mehr benötigt, aus euch und eurem Zellerinnerungssystem heraus, damit Platz geschaffen werden kann für Neues, Lichtvolles, Freudiges. Wir nutzen es natürlich auch, um euch in eurer Feinfühligkeit noch mehr zu trainieren.

Das Wichtige für euch ist, ihr geliebten Herzenskinder, dass ihr niemals mehr vergesst, wer ihr seid, nämlich überaus göttliche Seelen, geboren, um herauszufinden, wer ihr seid und woher ihr stammt, nämlich aus Gott selbst. Denn ER ist euer Vater, ER ist eure Mutter. Und SEIN Wunsch ist es, dass ihr eure Göttlichkeit immer mehr wahrnehmt und zum Leuchten bringt.

Das bewirkt ihr jedes Mal, wenn ihr ihr selbst seid, euch also so lebt und das umsetzt, sprecht und denkt, was euch wichtig ist und ihr mit eurem Herzen vereinbaren könnt.

Ihr solltet euch nicht länger damit beschäftigen, allzu viel für andere zu leisten, sondern vielmehr: Setzt euch für euch selbst ein! Es ist ein altes Muster:

„Erst muss ich mich für andere einbringen, bevor ich mich um mich kümmern kann."

Das gilt es zu verändern, denn ihr tragt die Eigenverantwortung für euch selbst. Das führt euch vor Augen.

Ihr müsst nicht die Bedürfnisse der anderen befriedigen. Werdet euch bewusst, wer ihr seid, nämlich göttliche Kinder Gottes, des Großen Vaters.

Ihr seid SEINE Töchter, SEINE Söhne und ausgestattet mit wundervollen, ja, mit einzigartigen Qualitäten, des Weiteren mit der einer einzigartigen Liebe, die ihr für Gottes Schöpfung in euch tragt, vor allem natürlich auch für unzählig viele Seelen. Diese Liebe schenkt euch! Das vergesst niemals mehr, denn ihr seid es wert!

Gott, der Große Vater, liebt euch über alle Maßen. ER segnet euch und eure weiteren Lebenswege.

Kinder der Neuen Zeit

Kinder der Neuen Zeit sind weit entwickelte Seelen, die erkannt haben, dass auf diesem Planeten viele Strukturen nicht mehr im Sinne des Lichts und der Liebe sind. Teilweise handelt es sich insbesondere um sehr alte, weise, reife Seelen, die schon eine große Anzahl an Inkarnationen auf diesem Planeten verbracht haben, um zu lernen, zu wachsen und Erfahrungen zu sammeln und daher dieses Wissen mitbringen. Das bedeutet, sie sind aufgrund dessen sehr weit in ihrem Bewusstsein vorangeschritten.

Darunter zählen auch Erwachsene, die bereit sind, die Nächstenliebe und die spirituelle Seite zu leben, das Ego immer mehr hintanzustellen und das umzusetzen, was sich in ihrem Herzen stimmig anfühlt.

Diese Seelen sind oft bereit, Erwartungshaltungen oder Muster abzulegen, ebenso Verhaltensweisen, die ihnen oder anderen nicht zuträglich sind, um sie dann durch etwas Neues zu ersetzen, das im Sinne des Lichts und der Liebe ist.

Viele Strukturen sind aus alten Traditionen erwachsen, dienen aber nicht länger eurem Seelenwachstum. Wir möchten euch ein Beispiel nennen:

In der Regel wurdet ihr derart erzogen, dass ihr lieb, nett und höflich sein müsst und eure Meinung nicht zum Ausdruck bringen dürft, gerade dann, wenn es eine scheinbar negative ist. Stattdessen ist es eure Pflicht, ausnehmend positiv, freundlich und entgegenkommend zu antworten.

Doch was geschieht? Euch wird ein Muster anerzogen, nämlich:

„Ich darf nicht wahrhaftig sein, vor allem darf ich nicht mitteilen: Ich bin wütend", oder *„Das gefällt mir nicht."*

Die Kinder der Neuen Zeit wissen sehr gut, dass das für euch, euren Körper und euer Seelenwachstum nicht immer positiv und förderlich ist. Gerade dort, wo ihr eure Ansichten herunterschluckt und sie nicht ausdrückt, manifestiert ihr eine Energie, die euch nicht zum Wohle gereicht.

In solchen Situationen zögert und hadert ihr, weil ihr wisst: *„Ich durfte jetzt meine Sichtweise nicht darstellen."*

Diese euch unzuträgliche Energieschwingung manifestiert sich sodann in eurem Körper. Wiederholt sich das ständig, können dadurch körperliche Symptome bis hin zu Krankheiten entstehen. Das hat zur Folge, dass ihr euer Denken und Handeln umstrukturieren müsst, was oft nicht leicht ist.

Diese besonderen Seelenwesenheiten haben vor allem mit dem Schulwesen Probleme, weil es sich hier um alte, festgefahrene Strukturen handelt und nach Schema F verfahren wird. Sie sind sehr freiheitsliebend und wollen nach und nach diese Systeme sprengen, um sie durch Neues zu ersetzen. Vor allem haben sie ein sehr feines Gefühl und Gespür dafür, was nicht mehr im Sinne des Lichts und der Liebe ist.

Betrachtet euch einmal die Verhaltensweisen eurer Mitmenschen, wie wenige bereit sind, über ihre Gefühle offen zu sprechen, oder wie viele der Meinung sind: *„Ich muss arbeiten und funktionieren."*

Dabei vergessen sie, dass sie selbst auch einmal etwas Gutes für sich tun müssen.

Die Kinder der Neuen Zeit sind so weit entwickelt, dass sie häufig den Kontakt zur Geistigen Welt wahrnehmen, oft intensiver als andere. Der Grund liegt darin, dass sie sehr sensibel und feinfühlig sind und womöglich Gedanken lesen und Verstorbene wahrnehmen können. Alles, was ihr als übersinnliche

Fähigkeiten bezeichnet, zeichnet sie aus. Im Großen und Ganzen handelt es sich bei ihnen um Seelen, die auf diesem Planeten zunehmend das Christusbewusstsein manifestieren möchten, die Liebe, die Wahrhaftigkeit leben und große Klarheit mit sich bringen.

Zum anderen werden insbesondere die Indigokinder, oft ebenso Erwachsene, immer feinfühliger. Sie alle – und damit auch ihr, die ihr diese Worte lest – werden immer mehr dahingehend trainiert und ausgebildet, dass sie Hellhören, Hellsehen, feinfühlige Wahrnehmungen in sich spüren können und somit wissen, wie es einem Menschen geht, noch bevor sie ihn gesehen oder mit ihm darüber gesprochen haben. Sie können zudem ihre geistige Führerschaft oder die Engelwesen wahrnehmen und vieles andere mehr.

Es sind also Wesenheiten, Menschen unterschiedlichen Alters, die in ihrem Bewusstsein sehr weit entwickelt sind, hohe ethische und moralische Werte leben und im Sinne des Lichts und der Liebe arbeiten.

Hier können wir den Begriff des Dritten Auges mit ins Spiel bringen. Damit ist gemeint, diese Seelenwesenheiten sind in ihren Wahrnehmungen sehr fortschrittlich und verspüren oft:

„Ich fühle mich allein, und obwohl jemand neben mir steht, dennoch alleingelassen."

Das zeichnet sie ebenfalls aus.

Begreift, was das bedeutet! Sie können sich in einer großen Menschenmenge aufhalten und sich dennoch einsam und hilflos fühlen, weil sie instinktiv spüren:

„Ich bin anders. Ich gehöre nicht hierher."

Im Grunde genommen haben sie auch Heimweh nach ihren anderen Planeten- und Sternensystemen, auf denen sie waren, bevor sie auf diesen Planeten inkarniert sind. Häufig fühlen sie sich mit Sternen- und Planetengeschwistern oder mit geistigen Wesenheiten, zum Beispiel mit den Erzengeln oder Jesus, dem Christus, inniger verbunden als mit irdischen Geschwistern, Freunden und Bekannten.

Aber das gilt es zu akzeptieren, denn jedes dieser Kinder hat eine besondere Aufgabe, wir möchten sagen, einen Auftrag von Gott-Vater, Gott-Mutter erhalten. Dieser Auftrag lautet: Sei, wer du bist!

Ihr alle seid göttlich! Ihr alle seid Lichtträger Gottes, des Großen Vaters! Es ist nur noch von Wichtigkeit zu erkennen:

„Auch wenn ich anders bin, ich trage diese Individualität mit hoch erhobenem Haupt in diese Welt hinein. Denn ich weiß, wer ich bin: Ich bin göttlich! Ich bin einzigartig! Und ich bin geliebt von IHM selbst. Und diese Liebe, die ER mir schenkt, trage ich nun an alle anderen weiter."

Das bedeutet, auch hier ist wieder der höhere Sinn enthalten: Zu sein, wer ihr seid. Seid wahrhaftig! Seid göttlich! Seid die Liebe selbst! Drückt immer mehr eure Wahrhaftigkeit aus. Setzt anderen eure Grenzen auf – nicht um zu verletzten, sondern um euch selbst gut zu sein. Das ist besonders wichtig, denn damit zeigt ihr eure Selbstliebe.

Niemals seid ihr verpflichtet, anderen Menschenkindern etwas leisten zu müssen. Wenn ihr das aus eurem Herzen heraus vornehmen möchtet, handelt entsprechend. Dann ist das etwas überaus Wundervolles. Wenn ihr euch jedoch dazu gedrängt und verpflichtet fühlt, dann ist das nicht im Sinne des Lichts und der Liebe. Demzufolge solltet ihr in diesem Fall euer klares Nein sprechen.

Ein Kind der Neuen Zeit lässt sich weder manipulieren, noch beeinflussen, sondern es weiß, wohin sein Weg es zu führen hat. Es weiß, was gerecht und rechtens ist und was nicht. Es trägt die sichere Kenntnis in sich, wann oder ob sein Gegenüber lügt oder die Wahrheit spricht. All das kann es wahrnehmen.

Begreift, ihr Kinder der Neuen Zeit, eure Aufgabe ist es, zu sein, wer ihr seid!

Lichtarbeiter und ihre Aufgaben

Ein Lichtarbeiter lebt die Bereitschaft, seine Liebe, Fähigkeiten und Weisheiten mit anderen zu teilen. Und so soll es sein.

Lichtarbeiter stehen teilweise sehr hoch in ihrem Bewusstsein. Das führt hin und wieder dazu, dass ihr euch nicht mehr mit allen Menschen angeregt unterhalten könnt, jedenfalls nicht in der Art und Weise, dass es euch als ein tiefgreifendes Gespräch vorkäme. Die Folge daraus könnte sein, dass ihr euch manches Mal alleine und einsam fühlt, weil ihr genau wisst:

„Wenn ich diese oder jene Person einlade oder mich mit ihr unterhalte, befriedigt mich das nicht."

Genau in diesen Situationen werdet ihr gefragt sein zu überprüfen, was euer vordergründiger Wunsch ist. Ist es der, ein Gespräch führen zu wollen, oder möglicherweise einfach zufrieden zu sein, euch glücklich zu schätzen?

Wisst, euch werden stets Menschen an die Seite gestellt, die auf euch abgestimmt sind, bei denen ihr euch wohl und geborgen fühlt.

Ein Lichtarbeiter hat mannigfache Aufgaben zu erledigen. Er hat sich aus freien Stücken dazu bereit erklärt, Gott, dem Großen Vater, zu dienen, mag dies nun im Großen oder im Kleinen sein.

Ein solcher streut das neue Muster:

„Halte nicht am Vergangenen fest und an dem, was nicht vorteilhaft verlaufen ist. Freue dich vielmehr über das, was im Sinne des Lichts und der Liebe ist, und konzentriere dich auf das Freudvolle, das dich noch erreichen wird."

Jeder Mensch auf diesem Planeten hat das Anrecht auf Lebensfreude und Lebensqualität. Wenn ihr bereit seid, euch auf dieses Positive zu besinnen, euch stets darauf zu fokussieren und es in euer Leben einzuladen, wird dem auch so sein.

Daran haltet euch fest, ihr geliebten Herzenskinder, denn das ist ein kosmisches Gesetz, das Gott, der Große Vater, euch überbringen lässt, nämlich:

„Seid ihr bereit und offenen Herzens, euch auf das Freudige, Aufbauende zu konzentrieren, wird euch dieses erfüllt. Das ist ein Versprechen der Liebe."

Gott bedeutet: Hingabe, Demut, Liebe.

Die Aufgabe eines Lichtarbeiters bringt zum Ausdruck:

„Ich gebe mich IHM hin, was auch immer SEIN Wille ist. Und wenn es SEIN Wunsch ist, dass ich jetzt über eine Pfütze springe, dann tue ich das, gleichgültig, ob ich dahinter möglicherweise in eine Grube fallen könnte, oder ob der anschließende Weg vielleicht begrünt ist, ob er mit Steinen gepflastert ist oder derlei mehr. Ich bin mir sicher, wenn ER das so von mir einfordert, liegt darin ein höherer Sinn."

Es gilt, die Angst loszulassen, dass euch etwas Negatives widerfahren könnte, denn diese tragt ihr alle noch im Großen oder im Kleinen in euch.

Löst euch ebenso von folgender Furcht:

„Wenn ich SEINEM Ruf folge, könnte mir ein finanzieller oder immaterieller Verlust in dem Sinne drohen, dass sich Menschen von mir abwenden, weil mich mancher vielleicht für vollkommen verrückt hält."

Genau darum geht es, alle diese Ängste loszulassen.

Gott ist allumfassende Liebe! ER ist euer Schöpfer und Erschaffer! ER kennt den allumfassenden Plan, euren Seelenplan, das Große Ganze! Und da ER um alles weiß, wird ER euch nicht in das Verderben stürzen, sondern lediglich einen Plan für euch bereithalten, der euch in die Freude, in die Leichtigkeit und in das Wachstum führt. Warum solltet ihr also nicht wagemutig springen?

Das ist sozusagen das erste Mal, dass ihr eure Ängste verabschieden müsst.

Der zweite, nächste Schritt des Loslassens betrifft eure Erwartungshaltungen, beispielsweise jene, wie etwas zu sein hat oder eben nicht, oder wie sich andere Menschen verhalten müssen, wie bestimmte Schritte in Angriff genommen werden oder weil etwas gesprochen wird oder nicht.

Es gilt, diese Forderungen zunehmend auszumerzen, denn je mehr ihr diese aufgebt, desto freier könnt ihr euren Weg entlangschreiten. Damit seid ihr nicht nur freier in eurem Denken, Handeln und Wirken, sondern auch in euren Entscheidungen, weil ihr die Angstlosigkeit lebt. Ihr seid somit insgesamt freier.

Was ihr weiterhin loslassen könnt, sind Wünsche und Bedürfnisse, die ihr aus eurem Ego heraus glaubt, ausleben zu müssen. Stellt euch zum Beispiel das Begehren vor:

„Ich möchte königlich sein."

Seid ihr nicht der Meinung, dass Gott euch in das Glück führen wird, da ER euren Weg vorbereitet hat? Macht euch keinerlei Gedanken, habt keine Erwartungen dahingehend, wann dieser Zeitpunkt einzutreten hat.

Glaubt nicht daran, dass ihr in einer Skala von 1 bis 10 oder im Maße 5 oder 9 glücklich sein müsst. Lebt einfach! Lebt nicht mehr die Emotionen!

Hier habt ihr gleichermaßen zu lernen, alles loszulassen, was euch hindert und behindert. Das können Partnerschaften oder sonstige Abhängigkeiten sein, auch in Bezug auf Materielles, da ihr beispielsweise das Gefühl in euch tragt:

„Ich bin auf meinen Arbeitsplatz oder auf mein Auto angewiesen."

Überlegt, was ihr euch damit Unerfreuliches zufügt. Ihr verbaut euch auf diese Weise den Weg, wieder mannigfaltig zu denken und frei in euren Entscheidungen zu sein.

Lasst doch los! Prüft, ob ihr nicht lieber den Zug nehmen oder das Fahrrad nutzen könnt.

Es ist nicht wichtig, diese Möglichkeiten auszunutzen, sondern euch all dessen bewusst zu werden und zu erkennen, welch zahlreiche Varianten euch Gott an die Hand gegeben hat, um euer Ziel zu erreichen. Hierbei handelt es sich um Loslösungsprozesse.

Zu diesen zählen solche, die über die Geistige Welt vorgenommen, teilweise von Gott gelöst werden, wie etwa bei Krankheiten oder bei sonstigen unguten Zell- und Erinnerungsstrukturen, die ihr in euch tragt. Das liegt nicht grundsätzlich in eurer Hand, und sicherlich müsst ihr euch für derartige Prozesse öffnen.

Es gilt vor allem für die Lichtarbeiter und letztendlich natürlich für die gesamte Menschheit, pausenlos und umfassender die Angst loszulassen, denn diese ist das größte Problem, das ihr mit euch tragt. Sie hindert euch am Wachstum und daran, allzu schnell in das Licht und in die Liebe zu gelangen.

Wie grandios könnte diese Welt schon jetzt sein, würde sich auch nur ein Drittel der Menschheit trauen, ihre Ängste zu überwinden, aber genau diese behindern sie.

Wahrlich, ihr könnt gar nicht ermessen, wie viel lichtvoller die Welt in diesem Fall bereits wäre.

Ein Lichtarbeiter hilft, unterstützt, gibt Ratschläge und Empfehlungen, aber er überfordert sich nicht. Es ehrt ihn sehr, dass er sich für andere einsetzt, ihnen Hilfe gewährt, aber er führt sich genauso vor Augen und spricht aus, ohne ein schlechtes Gewissen zu haben:

„Hier stoße ich an meine Grenzen. Das schaffe ich jetzt nicht. Deswegen benötige ich einige Stunden Zeit für mich, um wieder in meine innere Ruhe und Balance zu finden."

Ihr geliebten Kinder, ihr als Lichtträger Gottes, des Großen Vaters, seid ebenfalls gefragt, immer weitreichender die Führung zu übernehmen, da ihr eine leitende Funktion innehabt. Das bedeutet, ihr seid aufgefordert, eure Werte zunehmend zu offenbaren und stets aufs Neue klar, aber in vorsichtiger und sensibler Art und Weise Grenzen aufzuzeigen und zu setzen.

Nicht immer ist es angeraten, unmissverständlich und direkt auszusprechen:

„So geht das aber nicht",

sondern werft vielmehr solcherlei Fragen auf:

„Hast du dir vielleicht überlegt, diese Thematik auf diese oder jene Weise in Angriff zu nehmen oder womöglich eine andere Methodik, einen alternativen Lösungsweg zu versuchen? Eventuell wäre folgender Ansatz empfehlenswert..."

Es ist wichtig, zum einen weiterhin euer Feingefühl auszutesten und auszuloten, und zum anderen, vermehrt euren Raum einzufordern. Wir möchten es wie einen Tanz beschreiben. Lasst euch hierbei von der Geistigen Welt führen. Ihr werdet alles wissen, was für euch von Bedeutung ist. Hört permanent auf eure inneren Impulse. Seid mutig und tut eure Meinung kund. Euch wird noch manches begegnen, da ihr erkennen werdet:

„Hoppla. Was ist mir gerade zu Ohren gekommen? Das hört sich aber nicht stimmig an."

Dann lasst es zunächst stehen, überlegt, wie ihr vorgehen und ob ihr einige Tage später darauf zurückkommen möchtet, ob ihr diese Person eventuell zur Seite nehmen, eure Ansichten darlegen und anschließend stehen lassen möchtet, wie sie darauf reagiert.

Wisst, ihr geliebten Kinder Gottes, des Großen Vaters, auch dann werden wir mit diesem Menschen arbeiten. Welche Konsequenzen er daraus ziehen wird, liegt in seiner alleinigen Verantwortung.

Verschiedentlich werdet ihr gefragt sein, euch diese Situation als Spiegelbild zu betrachten, um sie stehen zu lassen und damit euch die verschiedensten Lernthematiken aufgezeigt werden können, sie teilweise ruhen zu lassen, in mancher Hinsicht jedoch mutig zu sein und zu variieren oder diese Veränderungen zumindest in die Wege zu leiten.

Richtet bei allem, was euch noch begegnen möchte, euer Augenmerk darauf, auf eure innere Stimme zu hören, denn das ist für euch ein weiteres bedeutendes Trainings- und Übungsfeld.

Habt ihr euch schon einmal gefragt, ob ein Lichtarbeiter, egal, wie er agieren würde, nicht gleichzeitig auch ein Heiler ist?

Oft wird ein Heiler von euch Menschenkindern als jemand beschrieben, der Energien weiterleitet, an Krankheiten arbeitet und diese in die Veränderung, in die Heilung führt.

Aber wie wirkt denn ein Lichtarbeiter? Er heilt! Das vollführt er zwar nicht auf die gleiche Art wie ein geistiger Heiler, sondern oft alleine dadurch, indem er strahlt, indem er ist und die Liebe predigt. Durch das gesprochene Wort kann ebenfalls geheilt werden, auch in dem Augenblick, in dem ihr einem fremden Menschen begegnet und ihm aus eurem Herzen heraus euer Lächeln schenkt. Das kann in gleichem Maße für den anderen Heilung bedeuten, denn ihr könnt niemals ermessen, was ihr damit Positives bewirkt.

Im Grunde genommen könnten wir sagen: Ein Heiler ist ein Teilaspekt eines Lichtarbeiters. Und ein Lichtarbeiter ist jemand, der im Sinne des Lichts und der Liebe wirkt, egal, wie sehr das Auswirkungen haben wird oder wie oft er handelt. Aber in dem Moment, in dem ihr, ihr geliebten göttlichen Kinder, aus eurem großen Herzen heraus bereit seid, etwas in Angriff zu nehmen, seid ihr automatisch Lichtarbeiter im Sinne des Lichts und der Liebe. Das wiederum führt in die Heilung, egal, ob für euch oder für andere.

Werdet euch dessen bewusst, dass ihr allezeit tatkräftige Hilfe und Unterstützung nicht nur an eurer Seite habt, sondern diese anderen Menschen zur Verfügung stellt, weil ihr in diesen Momenten ein Werkzeug Gottes, des Großen Vaters, seid. Wie immens groß ist SEINE Freude zu erkennen, mit welch beachtlichem Tatendrang ihr stets aufs Neue eure täglichen Aufgaben anpackt und mit welch großer Liebe ihr eurer Wege zieht.

Unterschätzt niemals mehr eure enorme innere Kraft, die von Tag zu Tag wächst. Wir, die Geistige Welt, sind euch behilflich, damit ihr auf euren weiteren Lebenswegen in größtmöglicher Sicherheit und Leichtigkeit voranschreiten könnt.

Alle körperlichen Symptome, die euch derzeit hin und wieder begleiten, dienen nicht dazu, euch gewisse Lernthematiken aufzuzeigen, sondern sind lediglich Beiwerk all des Rüttelns und Schüttelns, das mit diesen Umwandlungsprozessen verbunden ist. Diese sind notwendig, um euch immer mehr in eure großartige Göttlichkeit hineinzuführen, sodass ihr eure täglichen Aufgaben locker und leicht erledigen könnt, ohne zweifeln zu müssen, ob euer Handeln und Wirken, eure gesprochenen Worte ihre Richtigkeit haben, bei den Menschen Früchte tragen werden oder ob euer Einsatz im Sinne der Göttlichkeit ist. Seid mit eurem Herzen und eurem Geist völlig offen.

Unentwegt werdet ihr auf die Feinfühligkeit, das Hellsehen und Hellhören trainiert, denn ihr seid Lichtarbeiter Gottes, die bereit sind, in SEINEM Auftrag auf diesem Planeten zu wandeln und den großen Bewusstseinssprung mit einzuläuten.

Daher wundert euch nicht, wenn ihr das eine oder andere Mal körperliche Symptome verspürt, wenn Knochen schmerzen, ihr euch matt oder kraftlos fühlt. Wisst, das sind Transformations-, Veränderungsprozesse, die euch dabei helfen, den Lichtweg noch leichter zu gehen. Sorgt euch deswegen nicht, denkt nicht zuviel darüber nach, das ist nicht notwendig. Wisst, ihr seid geschützt durch Gott, den Großen Vater!

Führt euch vor Augen, es ist nun an der Zeit, euch alle vorzubereiten auf diese Zeit der Wandlung, denn ihr Lichtarbeiter sollt mit den gröbsten Prozessen euren Abschluss gefunden haben, sobald alle anderen Menschenkinder beginnen, in diese einzutreten. So mag es momentan vielleicht nicht immer leicht für euch sein, aber alle diese Herausforderungen und Geschehen werden sich lohnen, und ihr werdet feststellen:

„Jetzt weiß ich, warum ich all das durchlaufen musste. Endlich ergibt es einen höheren Sinn und Zweck. Es mag nicht angenehm für mich gewesen sein, aber ich begreife, es war wichtig, es war gut so, denn so kann ich nun anderen Menschenkindern dabei helfen, ihren Seelenfrieden zu finden."

Seid daher noch mutiger und wahrhaftiger! Seid bereit, euer Herz jederzeit dem Göttlichen zu öffnen, indem ihr eure Bereitschaft dazu erklärt. Handelt ausschließlich aus eurem großen Herzen heraus, womit ihr euch auf einem wundervollen Weg befindet, den wir mit unbändiger Freude unterstützen und begleiten.

Zahlreiche Wesenheiten, aber auch mannigfache Geschenke warten auf euch. Ihr werdet viel Frohsinn in eurem Leben erfahren dürfen, denn ihr seid wahrlich göttliche Kinder Gottes, des Großen Vaters, und unermesslich von IHM geliebt.

ER liebt euch nicht nur über alle Maßen, sondern begleitet euch auch auf allen euren Wegen. Es ist SEIN Wunsch, dass ihr glücklich seid. Daher lebt die Freude und alles, was euch guttut.

Es ist unbedeutend, was andere von euch oder eurem Handeln denken. Wichtig ist ausschließlich die Frage:

„Bin ich bereit, das umzusetzen, womit ich mich wohlfühle, was mir zuträglich ist? Oder lasse ich mich von meinen Ängsten, Sorgen und Zweifeln lenken?"

Ihr solltet ausschließlich aus eurem Herzen heraus handeln. Wenn ihr das immerzu umsetzt, befindet ihr euch wahrlich auf dem göttlichen Weg.

Wisst zudem, Deutschland übernimmt eine bedeutende Rolle in der zukünftigen Entwicklung Europas und der Welt, ebenso bezüglich des Erlangens von Freiheit und Unabhängigkeit und der Schritte in die Neue Welt. Das ist der Fall, weil insbesondere in diesem Staat sehr viele Lichtarbeiter angesiedelt sind, die zunehmend die göttlichen, wir möchten sagen, im Sinne des Lichts und der Liebe die christlichen Werte leben.

Jedes Mal, wenn ihr Lichtarbeiter bereit seid, für das Positive, den Frieden, das Licht oder was auch immer zu beten, bedeutet das, dass ihr hierdurch erneut einen Lichtfunken platziert. Damit wird bezweckt, dass etwas, das weniger im Sinne des Lichts und der Liebe war, in Aufbauendes, Förderliches und Lichtvolles umgewandelt wird.

Folglich vermögt ihr kraft eurer Gedanken und Gebete einen scheinbar negativen Zustand in einen wohltuenden umzuwandeln.

Ihr seid ein Volk, das mit großem Fortschritt voranschreitet. Ihr habt wunderbare Ideen, die ihr stets bereit seid, anderen als Innovation zu präsentieren und zu verbreiten. Leider werden diese Ideen nicht immer umgesetzt. Aber in diesem Land befinden sich immens viele Lichtarbeiter, die diese neuen Inspirationen, insbesondere jene, die im Sinne des Lichts und der Liebe sind, in die Führungspositionen weitertragen, die dann gefragt sind, ob sie die Bereitschaft leben, diese auch umzusetzen.

Ihr seid durchaus Vorreiter der neuen göttlichen Strukturen, die viel Förderliches im Sinne des Umweltschutzes und der grünen Politik vollbringen können.

Aber nicht nur hier liegt nicht immer alles in unserer Hand oder in der der Lichtarbeiter, denn es gibt Mächte, die versuchen, diese technologisch zukunftsweisenden Innovationen zu stoppen. Manches Mal existiert eine Energieform, die euch nicht wohlgesonnen ist. Es herrschen nämlich ebenso andere Mächte, die versuchen, das Steuer herumzureißen, um die Bewusstseinsanhebung zu vereiteln. Aber damit werden sie grundsätzlich keinen Erfolg erzielen.

Ihr seid durchaus sehr fortschrittlich und verfügt über die Möglichkeit, vieles zu eurem Wohl zu verändern.

Jeder einzelne Lichtarbeiter bewirkt schon Mannigfaches für einen lichtvollen Umbruch, wenn er bereit ist, für das Positive zu bitten, beispielsweise dass alle alten Strukturen und Muster, die nicht dem Sinn des Lichts und der Liebe entsprechen, gelöst und durch neue ersetzt werden dürfen.

Verdeutlicht euch bitte zudem, dass jede Bitte, die ihr entrichtet, durchaus Konsequenzen nach sich zieht. Wenn ihr euch gemeinsam mit anderen im Gebet an Gott, den Großen Vater, oder an die Geistige Welt wendet, manifestiert ihr damit. In euren Gebeten und Gedanken liegt eine enorme Kraft. Das vergegenwärtigt euch. Eure Gedanken sind Energie. Jeder Gedanke, den ihr formuliert, verwandelt sich in eine solche, die sich mehr und mehr verdichtet, und wenn sich davon genügend angesammelt hat, bedeutet das, dass sich dieser Gedanke, diese Energieform manifestieren wird.

Wenn ihr jeden Tag das Gebet hegt:

„Ich wünsche mir für mich, für mein Herz und für dieses Land, für die Menschheit und die Erde Frieden",

bedeutet das, dass es einen Zeitpunkt geben wird, an dem ihr diesen tatsächlich erlangen werdet.

In der Welt wird es künftig manche Umbrüche geben, zum einen, weil ihr das auf unterbewusster Ebene kraft eurer Seele entscheidet. Das wird euch oft gar nicht bewusst sein.

Aber es kann ebenso dazu führen, dass insbesondere ihr Lichtarbeiter plötzlich das Gefühl verspürt:

„Ich empfinde gerade eine unbändige Freude. Ich weiß überhaupt nicht, wie mir geschieht, warum ich mich so sehr freue oder worüber."

Hierbei handelt es sich dann um Impulse, die ihr erhaltet, weil sich abermals ein Lichtkind dazu entschieden hat:

„Ja, ich bin bereit, Gottes Wegen zu folgen."

Genau dieses Wissen wird euch in diesem Moment vermittelt. Ihr erkennt: Noch eine Seele hat sich für den Lichtweg entschieden.

Wenn ihr möchtet und uns einmal einen kleinen Gefallen erweisen wollt, setzt euch in der nächsten Zeit einmal hin, wenn ihr eine ruhige Minute zur Verfügung habt, legt eure Hände auf euer Herzchakra, verbindet euch mit Gott, dem Großen Vater, lasst eure Göttlichkeit fließen und segnet alle Lichtarbeiter, die für IHN arbeiten. Auf diese Weise erweist ihr auch uns, der

Geistigen Welt, einen großartigen Gefallen, weil ihr hierdurch Friedensenergien in uns alle, die wir für Gott, den Großen Vater, wirken, einsetzt. Damit meinen wir nicht nur uns, die Geistige Welt, sondern ebenso die Menschen und Tiere auf diesem Planeten, die Liebesdienste übernehmen, sowie außerplanetarische Wesenheiten, die energetisch arbeiten oder sich auf anderen Planeten- und Sternensystemen befinden.

Ihr lasst all diesen Wesenheiten Friedensenergien zukommen und spendet ihnen wieder neuen Mut und neue Hoffnung. Ihr setzt also das Samenkorn der Göttlichkeit in jeden einzelnen dieser Lichtarbeiter hinein. Das vermag ebenfalls viel Positives zu bewirken. Es ist wie ein Lichtfunke, der in die Welt hinaus entsendet wird, in jedem leuchtet und zum Funkeln gebracht wird. Das ist wiederum ein Hoffnungsschimmer für alle, die im Sinne des Lichts und der Liebe im gesamten Universum wirken.

Wenn ihr möchtet, setzt das um und leitet diese Botschaft gerne weiter. Segnet alle Lichtarbeiter auf diesem Planeten sowie im gesamten Kosmos. Damit könnt ihr dazu beitragen, die Energieschwingungen, das Bewusstsein überall in dem Maße in Gottes Schöpfung anzuheben, wie es in jenem Moment geschehen darf. Auch dafür gebührt euch unser Dank.

Ihr geliebten Kinder Gottes, des Großen Vaters, die ihr seid, lest und vernehmt die Botschaft, die nun folgt, denn es ist eine einzigartige, geboren aus der göttlichen Essenz und weitergetragen in die tiefste Tiefe eures Selbst, auch in euer Seelenbewusstsein. Diese lautet wie folgt:

Geboren seid ihr aus dem göttlichen Sein.
Existierend seid ihr im göttlichen Fluss.
Und ihr wirkt im Sinne des Göttlichen.

Eure göttliche Aura sowie eure göttliche Aufgabe zunehmend in eurem Leben nicht nur zu integrieren, sondern auch anwachsen zu lassen und nach außen zu tragen, ist euer Auftrag. Eure Göttlichkeit, ihr geliebten Herzenskinder, ist bereits immens groß. Diese bedeutet für euch nicht nur, dass ihr als Lichtarbeiter Gottes, des Großen Vaters, über diesen Planeten wandeln sollt, sondern ebenfalls, Vertrauen zu fassen, auch darauf, dass euer Schöpfervater alle eure Schritte für euch lenkt, eure Wege ebnet und euch Herausforderungen erlässt.

Dieses göttliche Vertrauen setzen wir in diesem Augenblick noch intensiver in euch ein. Auch Gott-Vater, Gott-Mutter, sowie Jesus, der Christus, und eure geistigen Meister begleiten diesen Prozess und fördern ihn. Denn ihr als göttliche Lichtarbeiter Gottes, des Großen Vaters, die ihr seid, sollt mehr und mehr erkennen, welch wundervollen Früchte eure Göttlichkeit mit sich bringen wird. Es werden solche der materiellen wie der immateriellen Art sein. Ihr werdet in eure Kraft und Stärke hineinwachsen, ebenso in den Mut und in das Vertrauen in euch. Ihr werdet Menschenkindern begegnen, die eure Ausstrahlung als solche wahrnehmen und erkennen, wer ihr seid. Sie werden euch anblicken und sprechen:

„Was auch immer du hast, du hast etwas an dir, das ich auch gerne leben möchte. Wie schaffst du das?"

Sie werden eure Worte in sich aufsaugen und versuchen, eure Weisheiten, die ihr ihnen übermittelt, gleichfalls anzuwenden.

Unterschätzt eure Kraft und Göttlichkeit nicht, denn diese sind schon enorm angewachsen, und manches habt ihr bereits für euch im Sinne des Lichts und der Liebe an Wunderbarem manifestiert.

Bleibt weiterhin vertrauensvoll auf euren göttlichen Wegen, denn wahrlich Wundervolles wartet noch auf euch.

Erklärt gerne anderen Menschenkindern:

„Ich habe erfahren, wenn ich bereit bin, meinen inneren Herzensimpulsen zu folgen und auch einmal mutig mein Ja und mein Nein zu sprechen, dann wird mir ein fulminantes, neues energetisches Lichtkleid geschenkt. Es existieren Wesen, die genau dieses für mich vornehmen und dann den Frieden, die Leichtigkeit, die Barmherzigkeit in mich einweben. Ich bin mir sicher, wenn du mutig bist und deinen Wünschen und Bedürfnissen folgst, wirst auch du dieses Geschenk erhalten."

Es ist eine Zeit der Liebe. Es ist eine Zeit der Gnade. Gott, der Große Vater, liebt euch unermesslich und unterstützt euch. Uns, der Geistigen Welt, ergeht es nicht anders, ihr geliebten göttlichen Kinder.

So wandelt weiterhin unbesorgt auf euren weiteren göttlichen Wegen mit Gottes Segen, denn ER segnet euch mit all SEINER grenzenlosen Liebe.

Lichtarbeiter erkennen

Wisst, nicht jeder Mensch ist ein Lichtarbeiter. Ihr habt hier zu differenzieren. Lichtarbeiter sind Seelen, die vor der Inkarnation erklärt haben:

„Ja, lieber Gott, ich bin bereit, mich für den Bewusstseinssprung einzusetzen."

Hier gibt es unterschiedliche Arten und Weisen, wie das geschehen kann. Natürlich handeln die meisten Lichtarbeiter im Sinne des Lichts und der Liebe, und zwar offiziell, indem sie dieses nach außen hin zum Ausdruck bringen, beispielsweise als Heiler, Therapeuten, Ärzte, Kindergärtner, Lehrer, in den Medien usw. Alle, die sich für die Gemeinschaft, für das Wohl anderer Lebewesen einsetzen, handeln als Lichtarbeiter.

Es gibt aber auch Seelen, die entschieden haben:

„Auch ich möchte im Sinne des Lichts und der Liebe etwas beitragen. Aber ich bin mir nicht sicher, was wäre denn für mich geeignet? Wo würde noch ein Lichtarbeiter gebraucht?"

Wir möchten euch das anhand eines machtstrebenden, vielleicht eines diktatorisch ausgerichteten Staatsmanns erläutern. Hier hat die Seele mit Gott abgesprochen, dass ER sagte:

„Weißt du, mein geliebtes Kind, ich brauche jemanden, der noch alte, verkrustete Strukturen vorlebt, um damit die Menschen zum Umdenken anzuregen. Wenn alles im Sinne des Lichts und der Liebe verläuft, können sie nicht wachsen, nicht begreifen, dass sie noch in vergangenen, überholten Mustern verhaftet sind. Also bräuchte ich jemanden, der eine gewisse Machtposition innehat und die negativen, altverhafteten und verkrusteten Werte vorlebt, um damit die Gemeinschaft aufzurütteln, dass das nicht mehr sinnvoll ist. Bist du bereit, das auszuführen?"

Und dann antwortete jenes Lichtkind:

„Ja, sehr gerne. Dann möchte ich ein Staatspräsident eines Landes sein, um mehr und mehr die Macht in mir zu vereinen und damit das Land aufzurütteln, aber vor allem auch die Staatengemeinschaft."

Begreift, gerade darüber können alte, verkrustete Muster und Strukturen aufgebrochen werden.

Wisst darum, ihr könnt nicht immer erkennen, wer ein Lichtarbeiter ist oder nicht. Aber das ist auch nicht notwendig.

Segnet jede Seele, die euch unangenehm ist, und zwar gleichgültig, ob sie ein Lichtarbeiter ist oder nicht. Alles, was geschieht, ist im Sinne des Lichts und der Liebe, selbst die Seelen, die erklären:

„Gott-Vater, Gott-Mutter, ich möchte nicht dem Lichtweg folgen. Mir ist es lieber, ich lasse noch einmal die Sau raus. Ich möchte meinem Ego frönen, finanziellen Gewinn anstreben und die Macht ausleben. Mir ist es unwichtig, ob die Menschen daran wachsen und lernen können. Ich möchte einfach, dass es mir gut geht."

Auch sie sorgen dafür, dass der Lichtweg angekurbelt wird, aber nicht durch ihr Wissen oder ihr Wollen, sondern es geschieht einfach.

Wir ehren euch, ihr geliebten Gotteskinder, und wir schätzen euch über alle Maßen wert. Weshalb ist dem so?

Wir ehren und schätzen euch, weil ihr ganz besondere Lichtkinder Gottes, des Großen Vaters, seid. Nicht zum ersten Mal habt ihr hier auf Erden in dieser Inkarnation den Lichtweg beschritten, sondern schon einige Male zuvor. Und es zeugt von großer Stärke und Weisheit, in diesem Zeitgeschehen zu inkarnieren und zu erklären:

„Ja, ich bereite gemeinsam mit vielen anderen Lichtarbeitern die Wege des Goldenen Zeitalters vor."

Das nehmen nur die stärksten Seelen unter euch in Angriff.

Daran denkt, ihr geliebten Lichtkinder. Nur die allerstärksten Seelen befinden sich hier auf diesem Planeten. Und ihr zählt dazu. Das bedeutet gleichsam, dass ihr von Gott, dem Großen Vater, auserwählt worden seid, um dieses Goldene Zeitalter einzuläuten. Und verinnerlicht, wenn ER genau dieses entschieden hat, wird ER euch auch niemals im Stich lassen.

Das heißt, weil es eure Aufgabe ist, die Liebe unter die Menschen zu bringen, das Licht unter ihnen zu verbreiten, werdet ihr alles an notwendiger Hilfe sowie Kraft, Stärke und Stabilität erhalten und was ihr sonst benötigt, um euer Leben immer gelassener annehmen und meistern zu können. Es ist unabdingbar, durch manche Prozesse und Herausforderungen zu schreiten. Das durchaus. Aber das Ziel wird sich in jedem Fall für euch lohnen.

Und dann, wenn es notwendig ist, für andere Menschenkinder da zu sein, werdet ihr auch in der Lage sein und euch in der Kraft fühlen, das bewältigen zu können. Ihr werdet zurückblicken und berichten:

„Ja, die Zeit war wahrlich nicht immer leicht oder angenehm für mich. Doch jetzt begreife ich, es war wichtig. Es war gut so."

Wir, die Geistige Welt, gemeinsam mit Gott, dem Großen Vater, unterstützen euch dabei. Habt den Mut, zu euch und zu dem zu stehen, was ihr euch wünscht, was ihr fühlt und denkt. Damit manifestiert ihr auch ein Stück weit nicht nur die Göttlichkeit in euch, sondern werdet euch selbst auch zunehmend sicherer dessen, was euch wichtig ist und auf dem Herzen liegt und fungiert gleichzeitig anderen Menschenkindern gegenüber als Vorbild und begleitet sie in die Neue Zeit des Goldenen Zeitenalters mit hinein.

Das ist eine bedeutende Aufgabe von euch in diesem Leben: Seid, wer ihr seid!

Lasst andere Menschenkinder an euren Weisheiten teilhaben. Bedient sie in dem Sinne, dass ihr ihnen Hilfe anbietet, aber übernehmt nicht für sie die Verantwortung. Leistet ihnen Hilfe zur Selbsthilfe. Dann zieht euch wieder zurück, wenn ihr merkt, dass es euch zu anstrengend wird. Auch das dürft ihr, ihr geliebten göttlichen Kinder.

Eure Priorität sollte zuallererst bei euch selbst liegen. Gott, der Große Vater, liebt euch von ganzem Herzen, und SEIN innigster Herzenswunsch ist es, dass es euch gut geht.

Damit sich das immer mehr in euch ausdrücken und vervielfältigen kann, verankert ER nun SEINE Liebe tief und fest in eurem Herzen. ER verbindet euch mit der göttlichen Quelle. Lasst es in euch wirken. Es könnte sein, dass ihr in den nächsten Wochen und Monaten auch Bildnisse wahrnehmt. Sorgt euch nicht darüber. Lasst es einfach geschehen. Das bedeutet gleichzeitig, dass wir eure Hellwahrnehmungen wieder eintrainieren können, euch der Göttlichkeit in euch anpassen.

Wann immer ihr das Gefühl habt, euch fehlt die Kraft, dann verbindet euch mit allen Lichtarbeitern, die existieren, nicht nur mit den Lichtarbeitern auf diesem Planeten oder die ihr kennt. Ruft eure Seelengeschwister, ruft in Gedanken alle Lichtarbeiter, die nun die Zeit für euch finden. Verbindet euch mit ihnen. Dann stellt es euch vor wie ein gewaltiges Gitternetz, das aufgebaut wird. Alle verknüpfen sich mit euch. Alle lassen ihr Licht, ihre Liebe und ihre Kraft in euch einfluten. Das wird euch stärken und kräftigen.

Alles, was euch belastet, gebt in dieses Lichtgitternetz ab, denn dort wird es aufgelöst und transformiert. Das möge ein weiteres göttliches Werkzeug sein, das ihr jederzeit anwenden könnt.

Aber wisst und begreift: Niemals seid ihr allein! Niemals seid ihr hilflos, denn Gott, der Große Vater, weilt stets an eurer Seite. SEIN Wunsch ist es, dass es euch gut geht.

Also blickt hinauf zum Sternenzelt. Begreift, dass ihr göttlich seid, und wisst, dass ihr noch Wundervolles in eurem Leben erfahren werdet.

Seid gesegnet, ihr geliebten göttlichen Lichtkinder Gottes, des Großen Vaters. Seid gesegnet in dem Wissen, euer Licht und eure Liebe, ja, eure Göttlichkeit strahlt hinaus, bis in das Universum hinein.

Schulung der Lichtarbeiter

Seid bitte völlig unbesorgt bei all den Lichtprozessen. Wisst, ihr werdet eingestellt.

Was meinen wir damit?

Ihr seid Lichtarbeiter Gottes, des Großen Vaters. Das heißt, gerade weil ihr bestrebt seid, Tag für Tag in die Göttlichkeit hineinzuwachsen, und euch bemüht, diese zu leben, bedeutet das, eure Energieschwingungen werden angepasst. Damit einhergehend wird euer Bewusstsein angehoben.

Als Konsequenz ergibt sich daraus, dass wir, die Geistige Welt, zeitweise einen Teil eures Bewusstseins aus euch herauslösen müssen, um es anzupassen und anzuheben an die Göttlichkeit, die euch zuträglich ist. Das führt dann zu gewissen Einschränkungen im Denk- und Konzentrationsvermögen oder dass ihr das Gefühl verspürt:

„Ich bin hier und doch nicht hier. Ich fühle mich nicht hier in der Welt. Es ist alles surreal."

Das sind Begleiterscheinungen des Bewusstseinsanhebungsprozesses, und wir können das nutzen, um euch als Lichtarbeiter auszubilden und eure geistige Schulung zu aktivieren.

Solches nehmt folglich bitte nicht allzu ernst. Das wird immer wieder einmal eine gewisse Zeit andauern.

Aber wisst, wenn der Zeitpunkt gekommen ist, dass ihr eure geistigen Kapazitäten zu hundert Prozent benötigen solltet, wird euch das auch gewährt werden. Habt hier also keine Furcht.

Seid ihr der Meinung:

„Jetzt steht eine Arbeit an, bei der ich mich besonders auf meinen Kopf und mein Denkvermögen verlassen muss",

dann bittet uns, die Geistige Welt, einige Stunden oder Tage vorher, diesen Bewusstseinsanpassungsprozess bei euch für eine gewisse Weile zu unterbrechen, damit ihr im Vollbesitz eurer geistigen Kräfte seid. Mehr steckt nicht dahinter.

Ihr könnt diesen Vorgang unterstützen, ihn gewissermaßen nutzen, um ein wenig klar Schiff zu machen, also um Klarheit in euren Kopf zu bringen. Wenn ihr daher spürt:

„Ich bin gerade nicht tragfähig für das, was mir begegnet, und nicht in der Lage, den gleichen Prozess zu durchlaufen, wie es noch vor einiger Zeit war",

dann schließt für einen Moment die Augen und baut um euren gesamten Kopf herum, parallel dazu als Alternative auch um euer Gehirn und die Nervenbahnen, eine Art feinmaschiges, goldfarbenes Gewebe. Dieses wird dann dafür Sorge tragen, dass eure Neuronen aktiviert werden und die Leitungsfähigkeit aufgebaut, also gestärkt und gekräftigt wird.

Stellt euch vor, wie euer gesamtes Gehirn, alle Neuronen, die Nervenbahnen, die Synapsen mit goldenem Licht, wie eine Art zusätzlicher Isolationsschicht, ummantelt werden, um diesen Neuronenprozess zu stärken und zu kräftigen.

Probiert das gerade dann aus, wenn ihr wisst:

„Heute ist es wichtig, dass ich bei klarem Verstand bin."

Das wird nicht ausnahmslos funktionieren, weil wir diese Prozesse nicht zu jeder Zeit unterbrechen oder in dem Maß anpassen können, wie ihr es euch wünscht. Dann seid, wie bereits berichtet, bitte nicht beunruhigt, sondern wisst:

„Aha! Die Geistige Welt arbeitet gerade wieder an einem Teil meines Bewusstseins. Selbst wenn ich jetzt gerade nicht klar denken kann, weiß ich doch, Gott, der Große Vater, schützt mich. ER überwacht diesen Prozess und sorgt dafür, dass alles seine rechte Ordnung hat."

Wie dargestellt, hängt das auch mit eurer Schulung als göttliche Lichtarbeiter zusammen und wird in der künftigen Zeit noch hier und da vorgenommen werden, denn ihr werdet gebraucht, ihr geliebten Kinder SEINER selbst. Nutzt diese Phase, um durch diese Prozesse in dem Wissen hindurchzuschreiten, es wird ein Zeitpunkt kommen, an dem ihr wieder zu eurer bisherigen klaren Denkweise und Struktur zurückgefunden haben werdet. So ist es durchaus für euch vorgesehen.

Lichtarbeiter, die Vorbilder

Ihr geliebten Gotteskinder, ein hochherrschaftliches göttliches Licht strahlt in euch. Dieses dehnt sich mehr und mehr in euch aus. Damit meinen wir nicht nur, dass ihr zunehmend in dieses hineingestellt werdet, dass ihr es lebt, sondern mehr wie eine Laterne, die angezündet und beständig heller wird, scheint es weit über euch hinaus und erhellt eure Umgebung. Euer Glanz, eure Göttlichkeit manifestieren sich. Dort, wo ihr wandelt, hinterlasst ihr strahlende Funken, Hoffnung, Zuversicht, Heilung und derlei mehr.

Begreift, wie wichtig euer göttliches Wirken, Handeln und das Entscheiden aus dem Herzen heraus sind. Werdet also zu dem Menschen, wir möchten sogar sagen, zu der göttlichen Wesenheit, die euch vorherbestimmt ist.

Ihr müsst kein bestimmtes Ziel verfolgen, das soll damit keinesfalls zum Ausdruck gebracht werden. Doch erkennt, von welch enormer Bedeutung es ist, die Emotionslosigkeit zu leben, euch den höheren Sinn und Zweck aller Begebenheiten vor Augen zu halten und stets das göttliche Ziel im Blick zu behalten. Dieses heißt:

„Alles, was mir im Leben begegnet, gilt es, zu durchlaufen. Es mag vielleicht eine Übungsmöglichkeit für mich sein, um in die Ruhe und Gelassenheit, in meine Göttlichkeit zu finden oder ein Trainingsfeld für das andere Menschenkind, das darin einbezogen ist."

Es existieren unzählige Alternativen, weswegen es solche Geschehnisse gibt.

Hadert nicht, wenn es nicht so verläuft, wie ihr es euch wünscht, sondern bedenkt, immer verbirgt sich darin ein höherer Sinn und Zweck. Wenn ihr diesen nicht begreifen, nicht erkennen könnt, dann ist es sinnvoll, euch mit anderen auszutauschen, euch wieder auf den Boden der Tatsachen zurückzuführen und womöglich zu vermitteln:

„Gott-Vater, Gott-Mutter, ich weiß nicht, was DU mir oder dem anderen hast aufzeigen wollen. Aber ich bin mir sicher, so war es von DIR geführt. Führe DU weiterhin meine Wege. Ich bin DIR sehr dankbar und wünsche mir von Herzen, dass DU mich begleitest und mir immer wieder die Lebensfreude, die Leichtigkeit zur Verfügung stellst."

Dieses in euch strahlende göttliche Licht wird also nicht nur heller in euch und scheinbar unangenehme Situationen, Herausforderungen, Widrigkeiten und Themen präsentieren, sondern ebenfalls dafür Sorge tragen, dass ihr beständig leichter und schneller in euren inneren Herzensfrieden findet.

Bedenkt bitte auch die Nebenwirkungen des Hineinwachsens in euer göttliches Sein.

Ihr mögt zwar hin und wieder das Gefühl haben, die Probleme reihen sich aneinander, aber das geschieht nur aus dem Grund, weil ihr stetig in eurer Göttlichkeit und Kraft angehoben und stärker zu göttlichen Lichtarbeitern ausgebildet werdet. Ihr werdet nach wie vor von uns, der Geistigen Welt, vor allem des Nachts geschult. Und ihr als Kinder Gottes, des Großen Vaters, seid in der Lage, die damit verbundenen Prozesse zu durchlaufen und unter anderem zu transformieren.

Doch die wichtigste Botschaft, die wir euch in diesem Moment übermitteln möchten, lautet:

Lasst euer göttliches Licht strahlen! Seid einfach, wie ihr seid, und erkennt, dass ihr mit jedem Funken, den ihr entsendet, etwas Positives bewirkt. Womöglich fällt euch das nicht auf, doch indem andere mit eurem Licht, eurer Göttlichkeit, eurer Wahrhaftigkeit in Berührung kommen, müssen sie entscheiden:

„Bin ich bereit, zu meinen Lernthemen hinzublicken? Erkläre ich meine Bereitschaft, mich zu verändern und mich damit auch für mein eigenes Wohlbefinden einzusetzen oder nicht?"

Solches vermag bereits einiges für den Bewusstseinssprung in Bewegung zu bringen. Denn wo euer himmlisches Sein erstrahlt und die allumfassende Liebe gelebt wird, ist Veränderung, ist Gott.

Das ist ein Teil eures Seins. Es geschieht einfach. Denn ihr wart bereit, zu erklären:

„Gott-Vater, Gott-Mutter,
ich bin bereit, mich für DICH
und im Sinne des Lichts und der Liebe einzusetzen.
Ich sende mein göttliches Licht auf jene, die bereit sind,
sich diesem zu widmen."

Erinnert euch, ihr geliebten Söhne und Töchter SEINER selbst, auch Begebenheiten, bei denen ihr euch nicht immer sicher seid:

„Was soll mir das nun aufzeigen?",

weisen auf einen höheren Sinn und Zweck hin. Aber das wisst ihr ja bereits. Gerade in solchen Situationen ist es von Bedeutung, euer göttliches Vertrauen in euch selbst zu stärken und zu kräftigen. Denn ihr seid wundervolle Lichtarbeiter Gottes, des Großen Vaters.

Eure Herzensleichtigkeit, wie auch das Licht und die Liebe, die ihr für IHN und SEINE Schöpfung in euch tragt, mögen noch vehementer nach außen getragen werden. Lasst die anderen Menschenkinder daran teilhaben.

Das nehmt ihr vor, indem ihr genau das vorlebt, was ihr euch für euch selbst wünscht.

Bereits als Vorbilder, die ihr seid, vermögt ihr viel Positives in Bewegung zu bringen. Auch den Frieden, nach dem ihr euch sehnt, werdet ihr fest in euch verankern und leben können und diesen anwachsend bei anderen Menschenkindern feststellen, nämlich dann, wenn der Zeitpunkt dazu gekommen ist.

Noch ist es notwendig, ein großes Rütteln und Schütteln auf eurem Planeten wahrzunehmen, um den Frieden und die Brüderlichkeit, also das Licht und die Liebe Gottes, in den Herzen der Menschen und damit wieder auf der Erde manifestieren zu können.

Euren Teil mögt ihr durch eure Gebete und Meditation dazu beitragen, alleine dadurch, indem ihr euch selbst das gönnt, was euch in die Freude führt.

Seid gut zu euch. Setzt Grenzen. Lebt eure Kraft und innere Stärke, denn ihr, ihr geliebten Kinder des Lichts und der Liebe, seid es wert, diese Göttlichkeit in euch noch stärker zum Ausdruck zu bringen.

Gott, der Große Vater, wie auch wir, die Geistige Welt, sind immens stolz auf eure göttlichen Wachstumsfortschritte. Glaubt an euch! Glaubt vor allem an eure ganz eigene innere Gotteskindschaft, denn ihr seid Gottes Töchter, Gottes Söhne. Ihr seid SEINE Kinder und von ganzem Herzen geliebt von IHM selbst, wie auch von uns.

Nehmt dieses Wissen tief in euch, in eurem Herzen auf und erinnert euch gerade in den Augenblicken daran, in denen ihr euch einsam und verloren fühlt. Diese sollen euch lediglich aufzeigen, dass wir an eurem Bewusstsein arbeiten und es in die allumfassende Liebe emporheben, in dem Maße, wie es euch zuträglich ist.

Dann verbindet euch gedanklich mit euren Seelengeschwistern, mit uns, der Geistigen Welt, mit Jesus, dem Christus, oder auch mit anderen Wesenheiten. Wir verankern in diesem Moment die Liebe und die Brüderlichkeit in euch. Denn ihr seid es wert, alle diese Geschenke zu erfahren.

So aktivieren wir jetzt das Licht, die Liebe sowie den tiefen, allumfassenden Frieden in euch, denn ihr seid wundervolle Lichtarbeiter Gottes, des Großen Vaters. Sehr viele freudvolle Augenblicke werden euch noch erreichen.

Freut euch auf diese Zeit, denn ihr und euer göttliches Vorleben werdet von den Menschen gebraucht, weil ihr es wert seid, aber auch, weil ihr die Fähigkeit und alle göttlichen Anlagen in euch tragt, um dieses göttliche Licht und die göttliche Liebe nicht nur in euch selbst zu aktivieren, sondern ebenso in anderen Menschenkindern zu entzünden.

Daher seid, wer ihr gerne sein möchtet. Lebt die Liebe! Lebt den Frieden und die Kraft! Mehr ist nicht erforderlich, um eure Göttlichkeit zunehmend zum Ausdruck zu bringen.

Seid gesegnet, ihr geliebten Kinder, im Namen Gottes, des Großen Vaters, mit SEINER allumfassenden Liebe. Ihr seid gesegnete Lichtkinder SEINER selbst.

Eure Göttlichkeit in euch zum Ausdruck zu bringen ist hier auf Erden eure göttliche Aufgabe.

Lebt eure inneren Herzensimpulse. Seid gut zu euch und sorgt euch immer weniger um das, was andere darüber denken mögen. Es sollte euch nicht weiter irritieren, wenn sie beispielsweise stur, wütend, verletzt oder abwehrend reagieren. Nutzt solche Momente und freut euch über ihre Emotionen, denn diese zeigen euch auf, ihr habt ihnen einen Liebesdienst erwiesen, nämlich ein Lernthema aufgezeigt, zum Beispiel jenes: Sei gut zu dir und kümmere dich um dich!

Wisst, wundervolle göttliche Wege des Lichts und der Liebe liegen noch vor euch. Nicht alle werden leicht sein, doch ihr verfügt jederzeit über die Kraft und die Fähigkeit, diese mit Bravour zu meistern. Und dort, wo ihr nicht wisst:

„Trage ich die notwendige Stärke wirklich in mir?",

wendet euch an uns. Wir reichen sie euch sofort dar, mit all unserer Liebe und großer Freude. Niemals seid ihr allein oder hilflos.

Wichtig ist vor allen Dingen: Hört auf euer Herz! Das wird euch zu keiner Zeit fehlleiten.

Die Menschen mögen zwar versuchen, euch auf ihre eigenen Wege zu bringen, euch anderes einzureden. Doch einzig und allein ihr selbst könnt entscheiden, was für euch richtig, stimmig und von Bedeutung ist. Dabei werden wir, die Geistige Welt, euch allseits unterstützen.

Wisst, egal, was ihr vornehmt, wie auch immer ihr euch entscheiden werdet, stets wird Gott, der Große Vater, dafür Sorge tragen, dass dabei ein Pfad herauskommt, der euch in das Wachstum führen wird, der für euch positiv ist und euch zum Wohl gereichen wird. Denn ausschließlich ihr solltet euch selbst gut sein. Also übernehmt eure Eigenverantwortung und handelt aus eurem großen Herzen heraus.

Jederzeit werdet ihr von IHM, wie auch von uns, der Geistigen Welt, unterstützt. Denn ihr, ihr geliebten Herzenskinder, seid es wert. Und wir, wie auch Gott, der Große Vater, lieben euch von ganzem Herzen.

Immens groß ist unsere Freude, euch weiterhin begleiten und unterstützen zu können. Aber vor allem stärken wir das göttliche Vertrauen in euch selbst, denn ihr tragt eine enorme Kraft in euch, um die Göttlichkeit in euch nicht nur zum Ausdruck zu bringen, sondern auch zu begreifen, dass ihr niemals getrennt wart von Gott-Vater, Gott-Mutter, dass ER allseits euch und eure Schritte führt und lenkt.

Ihr seid es wert, ihr geliebten Lichtbringer, die allumfassende Liebe in all eurem Sein zu erfahren. So setzen wir diese erneut in euch ein. Wir aktivieren dieses Muster in euch, dass ihr in all eurem Sein göttlich sein dürft.

Seid behütet, aber auch gesegnet, ihr geliebten Gotteskinder, im Sinne des Lichts und der Liebe. Seid gesegnet mit der allumfassenden Liebe SEINER selbst. Denn ER ist allseits bei euch.

So umhüllen wir euch, jeden Einzelnen, mit SEINER innigen Zuneigung. Seid gesegnet.

Kraftanhebung der Lichtarbeiter

Vernehmt, ihr geliebten Lichtarbeiter Gottes, des Großen Vaters, dass wir, die Geistige Welt, derzeit eure göttliche Kraft etwas anheben, um euch auf das Neue Goldene Zeitalter des Lichts und der Liebe vorzubereiten. Alle Menschen, die bereit sind, an sich zu verändern und mit in diese neue Welt, die Ära des Friedens und der Brüderlichkeit hineinzuschreiten, werden nun darauf vorbereitet. Das bedeutet für euch, für jeden Lichtarbeiter, ihr werdet unentwegt geschult und trainiert.

Welche Konsequenzen ergeben sich für euch daraus?

Wir möchten damit vermitteln, dass wir euch insbesondere des Nachts schulen und euch neues Wissen implantieren. Darüber hinaus werdet ihr zusätzliche Trainingseinheiten absolvieren, um weitere Informationen zu sammeln. Hierdurch wird das Lernen von solchem im Wachzustand vermieden. Die Folge ist, ihr könnt euch tagsüber mehr Ruhe gönnen und durchlauft eure täglichen Wachstumsprozesse schneller.

Ihr alle werdet einen Zeitpunkt erreichen, an dem ihr in eure innere Kraft und Mitte gefunden habt. Und alles, was euch noch im täglichen Leben an Herausforderungen begegnen möge, wird euch nicht mehr so stark aus der Bahn werfen können, sondern ihr werdet dabei ruhig und gelassen bleiben. Das ist ein überaus kostbares, göttliches Geschenk, über das ihr euch schon jetzt freuen könnt.

Sicherlich mag euch der Weg bis dahin nicht immer leicht fallen, aber die Kraft dazu tragt ihr alle sehr wohl in euch. Also behaltet weiterhin eure göttlichen Marschrichtung bei. Erkennt, dass ihr in einer enormen Gotteskraft steht, um das bewältigen zu können. Und verinnerlicht euch stets und zu jeder Zeit, euch steht jedwede Hilfe an eurer Seite, denn wir, die Geistige Welt, wie auch Gott, der Große Vater, unterstützen euch dabei.

Euer Ziel und euer Augenmerk sollten ab sofort permanent darauf gerichtet sein, euch in euer inneres Wohlbefinden zu führen. Also seid gut zu euch selbst. Sorgt für euch. Liebt euch. Nehmt euch so an, wie ihr seid. Das schließt ebenfalls ein, euch von Menschen und Situationen zurückzuziehen, die euch nicht zuträglich sind, und euch beständig zu fragen:

„Was führt mich in die Lebensfreude?"

Darüber findet ihr in euer seelisches Gleichgewicht und vermögt euch gleichfalls in eure Göttlichkeit hinein zu katapultieren. Sobald ihr gut zu euch selbst seid, lebt ihr die Eigenliebe und setzt damit eure Göttlichkeit um.

Also seid diejenigen, die ihr gerne sein möchtet. Setzt um, was eurem Herzen entspricht, und zeigt vor allem anderen Menschenkindern noch klarer eure Grenzen auf.

Großartiges habt ihr bereits in diesem Sinne in eurem bisherigen Leben gemeistert und seid in all eurer Entwicklung gewachsen. Aber dieses Wachstum wird noch zunehmen. Ihr gelangt von der einen Stufe zur nächsten, ähnlich einer Schulklasse, die ihr nach und nach durchlauft. Es mag euch zwar manches Mal schwerfallen, aber es lohnt sich, durch diese Situationen hindurchzuschreiten.

Gott, der Große Vater, möchte euch alle wissen lassen, dass er immens stolz auf euch und euer stetes Bemühen ist. Denn ihr wart wahrhaft immer wieder wagemutig. Daher zögert nicht, alles in die Wege zu leiten, was euch auf dem Herzen liegt. Wir ebnen diese Wege für euch.

Und wo ihr feststellt:

„Hier befindet sich ein Hindernis. Es läuft nicht so rund, wie ich mir das vorgestellt habe",

dient das oft dazu, euch in eure Kraft, die Gelassenheit und das göttliche Vertrauen hineinwachsen zu lassen. Haltet euch also auch hier bewusst vor Augen, es hat einen höheren Sinn und Zweck, selbst wenn ihr ihn nicht immer zu erkennen vermögt. Aber über alles, was euch im Leben begegnet, hat Gott, der Große Vater, stets die Obacht und führt, leitet und lenkt euch. Denn es ist SEIN Wunsch, dass ihr mehr und mehr in eure innere Göttlichkeit hineinfindet.

Das ist der Weg, auf dem ihr euch derzeit befindet. Daher hadert nicht mit dem, was euch scheinbar an Unangenehmem, an Widrigkeiten oder Schwierigkeiten widerfährt, sondern verinnerlicht euch permanent:

„Diese Herausforderung führt mich in die Stärke, in den Frieden, in die allumfassende Liebe und in die Göttlichkeit."

Denkt bitte daran, wir lösen gleichzeitig Altes aus euch heraus. Also sorgt euch nicht über innere Unruhe, Angespanntheit oder manche Angst. Dieses sind oft Loslösungsprozesse. Lasst es stehen, so gut ihr könnt. Lenkt euch in solchen Momenten konsequent ab und führt etwas aus, das euch erfreut und auf andere Gedanken bringt. Wir, die Geistige Welt, werden diese Gelegenheiten nutzen, um in euer feinstoffliches Energiekleid neue, lichtvollere und besonders hochwertige Energien einzuweben und es anzupassen, sodass es für eure göttlichen Energieschwingungen wieder angemessen ist.

Wisst, stets wandeln wir, die Geistige Welt, an eurer Seite. Wir unterstützen euch. Und schon manches Positive habt ihr kraft eurer Bitten an uns in Bewegung gebracht.

Unterschätzt eure göttlichen Gebete niemals, sie bergen eine immens große Kraft. Und dieses Wissen verstärken wir in euch, damit ihr voller Vertrauen und unbekümmert in die Neue Zeit hineinschreiten könnt, denn diese wird eine großartige sein.

Nicht immer wird der Weg leicht verlaufen, aber seid euch gewiss, dass er geführt und ebenso begleitet ist von Gott, dem Großen Vater. Er wird geebnet werden. Und ihr werdet das großartige Ziel der allumfassenden Liebe und des inneren Friedens erreichen. Dessen seid euch gewiss.

Also bleibt eurem Weg treu. Vertraut euren göttlichen Impulsen, handelt danach und wisst, hierdurch könnt ihr ausschließlich gewinnen.

Gott, der Große Vater, führt und leitet euch, weil ER euch von ganzem Herzen liebt. So seid unbekümmert und wagemutig und stellt euch jeglichen Lebensherausforderungen, denn sie führen euch in eure innere Göttlichkeit. Ihr seid es wert, genau diese nicht nur zu leben und zu aktivieren, sondern sie kraft eurer Ziele, Wünsche und Bedürfnisse zu manifestieren. Denn genauso ist es.

☆ ☆

Ihr geliebten Gotteskinder, wir hüllen euch jetzt in die göttliche Kraft und in die allumfassende Liebe ein. Fühlt, wie in diesem unmittelbaren Augenblick eine Handvoll Engelwesenheiten an eure Seite treten. Sie sind in ein goldfarbenes Lichtgewand gekleidet, heben ihre Arme und Hände an und lassen die allumfassende Liebe darüber in euch einfließen. Spürt gleichzeitig, wie über die Erde Lebensenergie in euch eingespeist wird, wie ihr von der Fußspitze bis zum Kronenzentrum mit dieser göttlichen, allumfassenden Kraft gefüllt werdet. Diese nähren und stärken wir in euch und schirmen euch für den Moment von all dem ab, was euch Vitalität, Lebensgeister und Energie rauben könnte. Und wir bauen um euch einen Schutzpanzer, der genau dieses für euch aktiviert. Nutzt diesen gleichfalls als göttliches

Werkzeug, um euch zu stärken und in dieser Empfindung zu belassen. Stellt euch also dieses Bildnis regelmäßig vor. Diese geistigen Wesenheiten werden euch begleiten, sie stehen an eurer Seite und werden jederzeit aktiv, wenn ihr sie darum bittet.

Wir stärken euch mit dieser Gotteskraft. Wir umhüllen euch mit SEINER allumfassenden Liebe. Und so intensivieren und aktivieren wir auch die Göttlichkeit in euch. Diese zu leben, ihr geliebten Lichtkinder, ist für die weiteren Zeiten eure Aufgabe.

Seid wahrhaftig! Lebt euren Mut und erinnert euch stets daran, ihr seid Gottes Kind, SEIN Sohn, SEINE Tochter! Ihr steht IHM in nichts nach! Das heißt nichts anderes, als dass ihr gut zu euch selbst sein dürft, das in die Wege leiten sollt, was euer Herz beglückt, und euch vor allem auf das freuen mögt, was ER euch noch präsentieren möchte. Ihr wandelt auf überaus göttlichen Wegen, die sich wahrhaft lohnen werden.

Freut euch auf die Früchte, die ihr noch erntet, die da heißen werden:

„Ich stehe in meiner Kraft. Ich lebe die allumfassende Liebe und befinde mich im Frieden mit mir selbst."

Diese innere Harmonie aktiviert, indem ihr darum bittet!

Wir, die Geistige Welt, unterstützen euch zu jeder Zeit dabei. Bleibt ruhig und gelassen ob all der aktuellen und künftigen Begebenheiten und verinnerlicht, alles wird sich für euch fügen. Die Klarheit, nach der ihr sucht, sowie die Sicherheit und den Frieden werdet ihr in euch vorfinden.

Aber jetzt aktuell verändern und erhöhen wir eure Energieschwingung und passen euch und euer göttliches Energiekleid den Schwingungen an, die euch zuträglich sind. Freut euch auf das, was noch auf euch zukommen möge, denn wahrhaft Göttliches wird darunter sein.

Wir lieben euch über alle Maßen, ihr geliebten Kinder des Lichts und der Liebe. Wir ehren und schätzen euch für euer göttliches Bemühen. Auch das möchten wir euch wissen lassen.

Lichtnahrung

Ihr geliebten Kinder Gottes, des Großen Vaters, das Thema der Nahrungsmittel ist etwas umfangreicher. Es ist denkbar, dass wir euch jetzt hiermit ein wenig in Erstaunen versetzen. Spürt einfach in diese Worte hinein und beobachtet, was dies in euch anklingt.

Folgendes können wir euch dazu berichten:

Ihr befindet euch in einer Zeit, in der ihr unentwegt auf den Weg des Lichts und der Liebe eintrainiert und ausgerichtet werdet, nämlich die Göttlichkeit zu leben. Damit ist das wertfreie Leben gemeint, in dem Sinne, dass ihr zunehmend die Liebe lebt und vorlebt, folglich immer feinfühliger und sensibler für all die Läuterungsprozesse werdet, die derzeit stattfinden. Diese schließen ebenfalls ein, dass vieles an Altlasten, an Karmischem aus eurem Planeten gelöst wird. Doch da dies noch nicht abgeschlossen ist, sind auch bis jetzt in der Erde all die Emotionen gespeichert, die von euch Menschen nach wie vor gelebt werden.

Die Früchte, gerade die natürlichen Nahrungsmittelprodukte, die ihr esst, nehmen jene Altlasten über die Erde auf. Gleiches gilt für Tiere, die später zu Speisen verarbeitet werden. Somit sind euch manche Lebensmittel nicht mehr zuträglich.

Ihr Menschenkinder lebt schon seit Abermillionen Jahren hier auf diesem Planeten. Ihr wart nicht immer in eurem Frieden, sondern habt oft Emotionen gelebt, Kriege abgeleistet und derlei mehr. All das sind Energien, die ihr aussendet und die Mutter Natur aufgenommen hat.

Das heißt, eure Erde trägt alle eure jemals gelebten Emotionen in sich: Hass, Wut, Neid, Gier, Egogebaren, was auch immer.

Das ist dann natürlich in ihr, wie auch beispielsweise in Pflanzen und Tieren abgespeichert. Wenn es nun also einen Obstbaum oder vielleicht Pflanzen gibt, die das Wasser, die Nährstoffe aus Mutter Erde aufnehmen, dann ist darin selbstverständlich ebenso die energetische Zellerinnerung von diesen Emotionen, den abgeleisteten Kriegen enthalten, weil all das gespeicherte Energie ist.

Das bedeutet, ein Apfel enthält sozusagen ebenfalls diese Informationen, weil er ein natürliches Produkt ist, das die Natur hervorgebracht hat.

Was könnt ihr also tun?

Je weiter ihr in eurem Bewusstsein voranschreitet, desto sensibler reagiert ihr auf solche enthaltenen Zellinformationen in den Nahrungsmitteln.

Ihr habt für euch herauszukristallisieren:

„Tut mir das noch gut, oder nicht?"

Es wird Menschen unter euch geben, die überhaupt nicht darauf reagieren. Andere wiederum, die sehr weit in ihrem Bewusstsein entwickelt sind, können immer weniger dieser natürlichen Lebensmittel zu sich nehmen.

Das liegt an den karmisch enthaltenen Strukturen, an den Emotionen, die Mutter Natur so lange in sich gespeichert trug.

In diesem Moment ist es dann wichtig, dass ihr diese natürlichen Produkte entweder segnet, zum Beispiel den Apfel, das Fleisch, denn auch die Tiere fressen ja das, was Mutter Erde hervorgebracht hat. Wie gesagt, über das Segnen könnt ihr die euch abträglichen Informationen bereinigen, herauslösen.

Oder ihr könnte natürlich darum bitten, dass Erzengel Michael beispielsweise diese Speisen reinigt und die karmischen, negativen Energien transformiert und mit lichtvollen Energien auffüllt.

Wenn ihr spürt, ihr reagiert noch immer negativ darauf, beispielsweise allergisch oder bekommt Sodbrennen oder Verdauungsprobleme, dann wäre es sinnvoll, auf euer Körpergefühl zu achten und zu sagen:

„Nun gut, dann esse ich eben Produkte, die nicht ganz so natürlich sind, zum Beispiel abgekochte." Über das Abkochen werden ebenfalls diese schädlichen Energien herausgelöst.

Das Wichtigste ist: Achtet auf euren Körper! Esst, wonach euch ist, worauf ihr Lust habt.

Das bedeutet: Sobald ihr Gelüste auf etwas Bestimmtes verspürt, hört bitte darauf, denn euer Körper signalisiert euch damit, was er benötigt. Das sollte für euch keinerlei Prob-lem darstellen, denn wichtig ist, dass ihr verstärkt auf euer Gefühl achtet. Euer Körper weiß schon, was gut für ihn ist, und es ist weniger empfehlenswert, all den medizinischen oder fachlichen Ratschlägen zu folgen, die euch beispielsweise Diäten empfehlen oder euch zur Aufnahme einer bestimmten Menge an Kohlenhydraten raten oder derlei mehr. Euer Körper weiß und signalisiert euch, was er in jenem Moment braucht.

Habt ihr das Bedürfnis, auf gewisse Lebensmittel zu verzichten, dann solltet ihr das beherzigen, weil euer Körper euch Zeichen setzt, bestimmte Produkte abzusetzen, selbst wenn es nur für eine begrenzte Zeit ist, oder er euch wissen lässt, welche ihr vorübergehend vorrangig zu euch nehmen solltet.

Unterschätzt nicht den Lichteinflussprozess, der auf eure körperlichen Wünsche oder eure Vorlieben in Bezug auf Nahrungsmittel Auswirkungen hat, die sich das ein oder andere Mal verändern könnten. Aber es ist nicht notwendig, zwanghaft auf bestimmte Lebensmittel zu verzichten, weil es vielleicht in der Wissenschaft so erwähnt worden ist oder ein Produkt gewisse schädliche Stoffe oder sonstiges enthält.

Wenn ihr möchtet, segnet eure Speisen. Im Grunde genommen könnt ihr alles zu euch nehmen, worauf ihr Lust habt.

Tiere sind eure Wegbegleiter. Oft habt ihr diese auch als Partnerersatz an eurer Seite. Da gibt es die unterschiedlichsten Liebesdienste, die sie hier auf dem Planeten namens Erde leisten.

Die Tiere, die sich quasi als Nahrung für euch zur Verfügung stellen, erweisen euch damit einen Liebesdienst, denn derzeit ist es noch nicht möglich, dass sich die komplette Menschheit gänzlich ohne tierische Nahrungsmittelprodukte ernähren kann. Manches Mal ist es gerade sehr sinnvoll, deren Fleisch zu essen, weil es euch Menschen erdet und ihr derzeit daraus noch gewisse Inhaltsstoffe braucht.

Demzufolge handelt es sich um einen Liebesdienst, zu dem sich die Tiere bereit erklärt haben.

Wir sagen: Ihr müsst keine Vegetarier sein, erst recht nicht, um nur den Tieren helfen zu wollen.

Wenn ihr beschließt:

„Ich bin Vegetarier aus Überzeugung. Ich habe kein Bedürfnis nach Fleisch",

dann ist es zu 100 Prozent in Ordnung, das auch so zu leben. Aber habt kein schlechtes Gewissen, wenn ihr tierische Produkte zu euch nehmt, gleichgültig, welcher Art.

Denkt immer daran, diese Wesen sind euch nicht nur als Lebensbegleiter an die Seite gestellt worden, sondern Gott, der Große Vater, hat sich schon etwas dabei gedacht, dass es verzehrbare Tiere gibt. Das heißt, es ist ein Liebesdienst, den sie euch erweisen.

Ihr müsst nicht auf Fleisch verzichten! Das muss nicht sein. Aber es wäre eine fabelhafte Option, wenn ihr ausdrückt:

„Ich bin achtsam mit dem, was ich kaufe und wie viel Fleisch ich verzehre. Ich achte darauf, dass die Tiere möglichst liebevoll und artgerecht gezüchtet werden, sie vielleicht nicht in Schlachtbetrieben zu Tode kommen, wo alles sehr negativ verläuft, und sie nicht unter schlechten Lebensbedingungen herangezogen werden."

Ihr müsst auch nicht unbedingt Biofleisch kaufen, aber legt euer Augenmerk auf Produkte, die ihr mit gutem Gewissen kaufen könnt. Wenn ihr diese dann zubereitet, was hält euch denn davon ab, auszusprechen:

„Ich segne dieses Tier, das diesen Liebesdienst erbracht hat. Ich segne es von ganzem Herzen, denn ich kann mich dadurch ernähren und werde in die Lebensfreude gestellt, weil mir das schmeckt."

Damit entsendet ihr der Seele dieses Tieres positive, aufbauende Energien. Vor allem seid euch gewiss, diese fördernden, liebevollen, göttlichen Gedanken erreichen jene Seele. Das ist auch dort, bei ihnen in der Geistigen Welt, mit einer großen Freude verbunden. Habt also nicht das Gefühl, um den Tieren etwas Gutes erweisen zu wollen, auf Fleisch gänzlich verzichten zu müssen, denn das kommt von ganz alleine. Geht lieber achtsam und bewusst mit der Art und der Menge eurer tierischen Einkäufe um. Das nehmt dann mit positiven Gedanken vor.

Aber wisst, das wird sich mit der Zeit ändern.

Beachtet, es kann nicht erzwungen werden, denn je nachdem, wie weit der Mensch in seinem Bewusstsein entwickelt ist, wird er von ganz alleine das Gefühl haben:

„Ich möchte nichts Tierisches mehr zu mir nehmen."

Wenn ihr daher beständig bemüht seid, an euren Themen zu arbeiten und in die Erfahrung einzutreten, euch dem Leben zu stellen und mehr und mehr in die Göttlichkeit findet, wird sich eure Ernährung von ganz alleine umstellen. Dann werdet ihr zuerst die tierischen Lebensmittelprodukte nicht mehr zu euch nehmen wollen, weil ihr zudem erkennt:

„Das ist eigentlich ein Weggefährte von mir. Auch er hat die Daseinsberechtigung, hier auf Erden zu leben."

Genauso wird es dann nach und nach mit den Pflanzen sein, denn auch diese haben Empfindungen und Wahrnehmungen, können teilweise Schmerzen erleiden.

Aber derzeit ist es nach wie vor wichtig, dass ihr diese irdischen Nahrungsmittel zu euch nehmt. Ohne diese könnte der Mensch teilweise noch nicht überleben.

Je weiter ihr jedoch vergeistigt seid, also die allumfassende Liebe lebt, die Göttlichkeit in euch entdeckt, desto weniger werdet ihr auf diese irdische Nahrung angewiesen sein. Das ist ein natürlicher Prozess, der sich von ganz alleine entwickelt. Hierbei könnt ihr nichts forcieren, nichts beeinflussen oder beschleunigen, sondern es geschieht einfach.

Jene tierischen Produkte sind also im Grunde genommen Liebesdienste eurer Tiere. Das bedeutet, jedes, das geschlachtet wurde, hat sich aus seiner Liebe heraus dazu bereit erklärt, den Menschen am Leben zu erhalten.

Diesen Liebesdienst führt euch vor Augen! Das bedeutet, jedes Mal, wenn ihr solche Produkte kauft, stellt euch die pure, reine göttliche Liebe vor, die dieses Tier empfunden hat.

Wichtig ist für euch, was empfindet ihr? Und wenn ihr möchtet, dann sprecht immer wieder einmal mit den Menschen darüber, ob ihnen denn bewusst ist, was die Tiere für sie tun. Beginnt vor allem jene tierischen Produkte nicht nur zu segnen, sondern ebenfalls das Thema, das hier für euch Menschenkinder dahintersteckt, beispielsweise der Missbrauch der Kreatur. Stellt darüber hinaus diese tierischen Produkte in die

Farbe Blau, um die darin enthaltenen, teils karmischen Energien in positive umzuwandeln.

Davon abgesehen, ihr geliebten Lichtkinder, bewirkt ihr schon sehr viel Positives dadurch, dass ihr über die Tiere und die Fleischproduktion nachdenkt. In diesem Moment erweist ihr jenen, die geschlachtet wurden, über das Segnen eure Ehre und euren Respekt nicht nur den Tieren, sondern ebenfalls Mutter Natur gegenüber.

Wenn ihr Fleischprodukte essen möchtet, dann tut es! In diesem Fall seid ihr euch doch in der Regel eurer Handlungsweise bewusst und wohl auch dessen, wie diese entstanden sind, damit meinen wir zum Beispiel die Massenproduktion. Daher segnet das Fleisch, eure Mahlzeit, oder begebt euch kurz bevor ihr eine solche einnehmt, in das Gebet. Dankt Mutter Natur dafür, dass sie dieses Produkt produziert und euch geschenkt hat. Dankt den Tieren dafür, dass sie sich zur Verfügung gestellt haben, dass ihr etwas essen und hierdurch eure Bedürfnisse, eure Überlebensbedürfnisse, stillen könnt. In jenem Augenblick bewirkt ihr überaus Lichtvolles und Göttliches, denn euer Dank kommt bei den Seelen dieser Tiere an. Gleiches könnt ihr auch bei Pflanzlichem anwenden.

Derzeit ist es notwendig, dass es noch Tiere gibt, die geschlachtet werden. Im Grunde genommen ist es aus unserer Sicht nicht so wichtig, ob ihr ein Fleischprodukt der Bioqualität kauft oder ein normales, denn bedenkt, auch im Bereich des Biohandels wird oft Missbrauch betrieben. Aber das kann der Verbraucher nicht klar erkennen und wahrnehmen.

Überaus wichtig ist, wenn ihr dieses so vornehmen möchtet, dass ihr den Tieren hierfür euren Dank aussprecht. Damit setzt ihr wahrlich viel Positives für diese oder auch für Pflanzen in Bewegung, die bereit waren, sich zu opfern, damit ihr euch ernähren oder überleben könnt.

Von immenser Bedeutung ist es, wenn ihr solche Produkte zu euch nehmt, egal, ob es sich um Obst, Gemüse oder tierische Produkte handelt, sie zu segnen. Segnet das Tier, das sich zur Verfügung gestellt hat, damit es den menschlichen, den irdischen Kreislauf nicht unterbricht, sondern fortführt. Segnet die Hände, die diese Speisen zubereitet haben, vom Gemüsebauer bis hin zum Erntehelfer, zum Verpackungshelfer, zum Hersteller oder demjenigen, der diese Mahlzeit zubereitet hat.

Auch darüber könnt ihr ein Bewusstsein dafür schaffen, was dieses Nahrungsmittelprodukt für euch bedeutet.

Verinnerlicht euch bitte: Selbstverständlich könnt ihr mithelfen, dass all das Karmische, die gespeicherten schädlichen Energien, aus der Erde herausgelöst und transformiert werden. Das ist möglich. Das nehmt ihr vor, indem ihr Mutter Natur Heilenergien zusendet oder darum bittet, dass alle Altlasten, alle karmischen, unguten Energien herausgelöst werden und sie wieder gespeist wird mit lichtvollen, göttlichen.

Aber das benötigt natürlich seine Zeit, bis es vollständig in die Wege geleitet werden kann. Es mag durchaus Jahrzehnte dauern, bis ihr hier eine Besserung bemerken könnt. Aber unmöglich ist es definitiv nicht.

So fangt vielleicht bei den Ziergärten an, die ihr euer eigen nennt. Indem ihr diese täglich beispielsweise mit violettem Licht reinigt oder mit weißem Christuslicht durchflutet, könnt ihr wahrlich Positives in Bewegung bringen.

Aber je weiter ihr, wie gesagt, in eurem göttlichen Bewusstsein voranschreitet, desto mehr werdet ihr diese irdischen Nahrungsmittelprodukte nicht mehr zu euch nehmen. Das wird sich von ganz alleine bei euch entwickeln.

Wir können euch weiterhin berichten, dass die Menge der Nahrungsmittel, die ihr in den Zeiten der Lichtprozesse zu euch nehmt, mit dem Körpergewicht nicht ausnahmslos in Zusammenhang steht.

Gerade dann, wenn ein massiver Lichteinflussprozess stattfindet, werdet ihr häufig feststellen, dass Heißhungerattacken über euch hereinbrechen, oft gerade auf scheinbar ungesunde Produkte. Aber greift zu, wir können es euch nur ans Herz legen.

Wisst darüber hinaus, eure Gewichtsproblematik hängt derzeit damit zusammen, dass ihr bereit seid, Zahlreiches für andere Menschen zu übernehmen. Ihr errichtet dann eine Art körperliche Schutzmauer, Schutzpanzer, um all die Transformationsprozesse zu bewältigen und damit euch diese nicht unverhältnismäßig belasten.

Wie gilt es vorzugehen?

Wenn ihr möchtet, bittet darum, dass sowohl ein energetischer Kraft- als auch ein Schutzpanzer um euch aufgebaut wird. Spielt damit, probiert aus, wie dieser für euch aussehen könnte, wie dick er ist, welche Farbe und Form er aufweist.

Stellt euch diesen ganz bewusst jeden Tag vor und variiert ihn gerne täglich. Hierbei werden sich manches Mal die Einkleidung oder die Kolorierung verändern können.

Es ist weniger wichtig, wie dieser erscheint. Ihr könnt ferner mit einer blauen Lichtsäule oder Lichtkugel arbeiten, in die ihr euch gedanklich hineinstellt. Spielt damit, welche Ausmaße diese annimmt, ob sie ganz dicht an eurem Körper liegt oder möglicherweise sogar einige hundert Meter weit hinausragt, nach links, nach rechts, nach oben oder nach unten. Dann visualisiert diese Lichtkugel oder -säule und begegnet gestärkt unter Anwendung dieses Werkzeugs euren Lebensherausforderungen.

Parallel dazu könnt ihr Erzengel Michael und seine gesamte

Legionenschar darum bitten, euch hierbei zu unterstützen. Sie mögen sich in einem Kreis um euch herum aufbauen, sich an ihren Händen halten und blaues Christuslicht fließen lassen. Dieses göttliche Werkzeug wird euch einen zusätzlichen Schutzpanzer gewähren und euch die notwendige Kraft zur Verfügung stellen.

Wenn ihr euch dieses Schutz- und Kraftpanzers gewahr werdet, könnt ihr feststellen, wie sich nach und nach euer Gewicht von ganz alleine reduzieren wird, weil ihr diesen physischen Schutz anderweitig habt aufbauen können. Das wird euch dabei helfen, all die scheinbaren Schwierigkeiten und Herausforderungen, die euch im Leben begegnen, leichter zu handhaben. Es formiert sich folglich nicht mehr im körperlichen, sondern im energetischen Sinne.

Darüber hinaus wäre es sinnvoll und wichtig, diese besonderen Ummantelungen, die ihr euch bereits des Morgens umgelegt haben solltet, des Abends zu reinigen. Stellt euch vor, wie etwa Erzengel Michael mit seinem Schwert der Wahrheit all das Ungute, das ihr bereit wart aufzunehmen, reinigt und abfließen lässt.

Ihr könnt ebenso andere Bildnisse verwenden. Wichtig ist, euch jeden Morgen dieses besonderen Hilfsmittels zu bedienen und es jeden Abend zu reinigen.

Dann bittet Gott, den Großen Vater, darum, dass ER euch eure Lasten erlässt und sie euch von euren Schultern nimmt.

Seid nicht verwundert, wenn ihr das eine oder andere Mal Lust auf bestimmte Nahrungsmittel oder in undefinierbar großen Mengen verspürt. Das gehört zu dem Prozess dazu, in dem ihr euch befindet, und hängt überwiegend damit zusammen, dass das Licht auf diesem Planeten sozusagen immer mehr angekurbelt wird und ihn flutet. Dadurch wird euer Körper umgestellt und gelegentlich Zellinformationen aus ihm herausgelöst, die ihr nicht mehr benötigt, weshalb er an einem gewissen Mangel leidet, der behoben werden möchte. Aus euch wird in diesen Zeiten mannigfach Altes gelöst, nicht nur aus euren Zellen. Weiterhin transformiert ihr zuhauf für andere. Als Konsequenz verspürt euer Körper:

„Ich stelle eine Mangelerscheinung fest",

denn er fühlt, ihm wurde etwas entzogen. Um das wieder aufzufüllen, habt ihr Menschen oft das Bedürfnis, etwas Süßes zu essen, weil darin sehr viele Glückshormone enthalten sind und ebenso positive Energieschwingungen, reichlich Lebenskraft, Lebensqualität. Das ist eine weitere Ursache, weswegen ihr manches Mal herzhaft zu solchen Nahrungsmitteln greift.

Sobald euch erneut die Lust oder Heißhungerattacken überfallen, setzt hier an, indem ihr in das Gebet tretet:

„Ich bitte darum, dass meinem Körper das zugeführt wird, was er jetzt benötigt, um diese Transformationsprozesse zu unterstützen."

Das sind die Zeitpunkte, in denen ihr das Gefühl oder die Lust verspürt, massenweise zu essen. Befriedigt euer Bedürfnis! Entscheidend ist, dass ihr verzehrt, was euch zuträglich ist, und nicht zögert, diesen Gelüsten nachzukommen.

Manchmal ist es durchaus positiv, diese Nahrungsmittel beziehungsweise Süßigkeiten zu euch zu nehmen, weil es oft genau das ist, was euer Körper benötigt. Hier ist es wichtig, auf euer Herz zu hören und bewusst auszudrücken:

„Ich gönne mir das jetzt! Ich tue mir selbst Gutes!"

Beginnt stets zu differenzieren:

Vor den Lebensherausforderungen baut gemeinsam mit Erzengel Michael und seinen Legionen einen Schutzpanzer auf. Bei Transformationsprozessen hingegen, was in der Regel sehr häufig der Fall ist, bittet darum, dass das, was aus euch gelöst wird, sofort ersetzt wird mit positiven, aufbauenden Energien und Schwingungen des Lichts und der Liebe, sodass ihr kein körperliches Mangelgefühl wahrnehmt. Sollte darüber hinaus ein weiterer Grund vorliegen, aus dem heraus ihr gerne Süßigkeiten verzehren möchtet, dann gönnt euch das, wenn möglich, ohne dagegen Abneigung zu leben.

Seid ihr jedoch der Meinung, dass euch die Nahrungsmittelaufnahme vielleicht nicht allzu zuträglich sein sollte, beispielsweise wegen irgendwelcher Schadstoffe, dann segnet eure Mahlzeit, denn damit führt ihr dieser reichlich Licht und Liebesenergien zu, sodass sie für euch deutlich verträglicher sein wird. Dann erklärt:

„Lieber Gott, ich bin dankbar für die Speise, die ich zu mir nehmen darf."

Im gleichen Moment wird alles, was für euch schädlich sein könnte, neutralisiert. Dann sollte euer Körper keinerlei Probleme mehr mit der Nahrungsaufnahme haben.

Sobald ihr Nahrung zu euch nehmt oder feststellt, vor euch liegt eine Arbeit, die zu erledigen ist und euch anstrengen könnte, beginnt sie oder alles zu segnen. Lasst dort weißes Christuslicht hineinfließen.

Ereignisse, die sich für euch eventuell herausfordernd anfühlen könnten, beginnt mit weißem oder goldenem Christuslicht zu durchfluten und gebt vorab eindeutig kund:

„Ich bin ausschließlich bereit, mich mit positivem Licht, positiven Energien und positiven Schwingungen zu umgeben."

Damit wird sich die Belastung, die ihr möglicherweise verspürt, körperlich nicht mehr so intensiv bei euch manifestieren.

Aber im Grunde genommen könnt ihr ruhig, locker und gelassen bleiben, denn diese körperlichen Symptome werden sich nach einer gewissen Weile wieder auflösen. Führt euch vor Augen, hierbei handelt es sich derzeit lediglich um Umarbeitungsprozesse, die wir, die Geistige Welt, vornehmen, um euch noch umfassender auf das Neue, das Goldene Zeitalter, vorzubereiten.

Ängstigt euch zudem nicht um eure Kinder. Sie sind Kinder der Neuen Zeit. Von daher verweigern sie oft manche Nahrungsmittel oder Speisen. Das bedeutet, sie sind in ihrem Bewusstseinsgrad weit entwickelt und können bereits einen Teil der benötigten Nährstoffe aus dem Feinstofflichen extrahieren und verwenden. Gerade scheinbar gesunde Lebensmittel, selbst biologisch angebaute Obst- und Gemüsesorten, sind euch nicht immer so zuträglich, wie es den Anschein hat, weil auch in ihnen Schadstoffe enthalten sind, denn viele Produkte werden gespritzt, um sie beispielsweise vor Schädlingen zu schützen.

Aber ängstigt und sorgt euch deswegen nicht. Die Ernährung eurer Kinder ist genauso, wie es für sie momentan richtig ist. Alle wichtigen Nähr- und Vitalstoffe werden sie erhalten. Und wenn ihr Körper andere, gesündere Lebensmittel benötigt, werden sie das durchaus als Impuls verspüren und danach verlangen.

Fühlt euch daher bitte nicht dazu genötigt, euch an einen gewissen Ernährungsplan zu halten. Das ist keineswegs notwendig.

Sollten eure Kinder wiederholt die von euch zubereiteten Speisen und Gerichte oder angebotenen Nahrungsmittel ablehnen, drückt ihnen zum Beispiel durchaus das ein oder andere Mal deutlich aus:

„Heute gibt es eine Gemüsesuppe. Diese wird jetzt gegessen. Wenn du das nicht möchtest, dann entscheide dich, ob du stattdessen lieber warten möchtest, bis es die nächste Mahlzeit gibt."

Aber das solltet ihr auf einige wenige Mahlzeiten in der Woche oder im Monat beschränken, denn es ist nicht sinnvoll, es allzu oft anzuwenden.

Nehmt zur Kenntnis, dass eure Kinder die Nährstoffe aus verschiedenen Nahrungsmitteln nicht mehr unbedingt benötigen, einfach weil sie mit der Geistigen Welt und dem Feinstofflichen sehr verbunden sind. Akzeptiert, dass sie über letzteres die notwendigen Stoffe zu sich nehmen.

Euer Leben wird künftig fortwährend auf die Göttlichkeit ausgerichtet sein. Das führt dazu, dass eure Körper, wenn die Zeit dazu reif ist, keine physischen Nahrungsmittel mehr zu sich nehmen müssen. Wisst, ihr könnt diese Prozesse nicht beschleunigen. Akzeptiert das. Es geschieht von alleine und bedarf für die Umstellung genügend Zeit.

Das bedeutet nicht, dass dies innerhalb des nächsten Jahres oder gar der nächsten Jahre oder Jahrzehnte geschehen wird.

Aber der Zeitpunkt, da ihr alle auf Lichtnahrung umgestellt werdet oder sogar seid, wird durchaus kommen.

Bereits jetzt fangen wir damit an, eure Körper sehr achtsam und wohlausgewogen der Lichtnahrung anzupassen, einfach deswegen, weil ihr euch in eurem Bewusstsein fortentwickelt und teilweise sehr hohe, göttliche Energieschwingungen in euch tragt und lebt.

Daher werden eure Körper momentan ein wenig neu ausgerichtet, wodurch ihr das Gefühl verspürt, hin und wieder nicht zu wissen, welche Nahrungsmittel ihr zu euch nehmen möchtet. Das sind Begleiterscheinungen dieser Umstellungsprozesse. Aber wisst, das wird vorübergehen.

Esst, worauf ihr Lust habt! Hierbei gibt es kein Richtig und kein Falsch. Wenn ihr euch gesund ernähren möchtet, achtet im wahrsten Sinne des Wortes unentwegt auf euer Bauchgefühl.

Das bedeutet, wenn ihr das Bedürfnis verspürt, viele Kohlenhydrate zu euch zu nehmen, dann ist das genauso in Ordnung, wie Dinge zu essen, die vielleicht als nicht gesundheitsförderlich beurteilt werden, weil es sich dann um die Inhaltsstoffe handelt, die euer Körper benötigt, um nicht nur die auf ihn einwirkenden Lichtprozesse, sondern daneben die Umstellung auf zukünftige Lichtnahrung zu verarbeiten.

Haltet stets die Balance zwischen dem, was euch wohlbekommt, und dem, was ihr gerne zu euch nehmen möchtet.

Wisst, ihr geliebten Kinder, ihr seid Lichtkinder Gottes, ihr seid Lichtträger und transformiert und arbeitet ohne Unterlass, selbst dann, wenn ihr euch dessen nicht bewusst seid. Das schlägt sich natürlich auf euren Körper nieder. Ihr fühlt euch ab und an schlapp, müde, träge, habt körperliche Symptome, ein Ziehen und Zerren und derlei mehr.

Das bedeutet, wenn ihr auf etwas Lust habt, gerade in Bezug auf Nahrungsmittel, dann zögert nicht, dieser Lust auch nachzugehen.

Wenn euch Ernährungswissenschaftler empfehlen, dass ihr pro Tag eine bestimmte Kalorienanzahl, eine gewisse Menge Vitamine, Obst und Gemüse zu euch nehmen sollt, dann handelt es sich hierbei um alte, überholte Muster und Strukturen.

Wer hat denn solches einst festgelegt? Sind das nicht wieder Muster, die einst erschaffen wurden, um etwas Bestimmtes zu beweisen?

Was tut euch gut? Das sollte grundsätzlich die entscheidende Frage sein, nach der ihr handeln solltet. Und wenn ihr einmal das Gefühl verspürt:

„Jetzt möchte ich einmal kräftig reinhauen und doppelt so viel essen wie sonst",

dann setzt es um. Schließlich habt ihr nicht jeden Tag ein solches Empfinden. Selbst wenn es einmal der Fall wäre, dass ihr euch über einen längeren Zeitraum hinweg scheinbar ungesund oder in überproportionierter Menge ernähren möchtet, dann tut es! Handelt nicht deswegen, weil wir euch das empfehlen, sondern weil euer Körper genau weiß, was für euch notwendig ist.

Führt euch vor Augen, die scheinbar gesunden Nahrungsmittelprodukte, insbesondere gerade die natürlichen wie Obst und Gemüse, sind nicht immer die für euch zuträglichsten, die ihr, davon abgesehen, in der Zukunft zunehmend weniger vertragen werdet.

Das liegt darin begründet, weil sie von Mutter Natur hervorgebracht worden sind. Und weil sie von ihr stammen, sie einiges transformiert und Negatives, Altes, Karmisches aufgenommen hat, tragen sie solches nicht nur in sich, sondern nehmen zudem oft ebenfalls negative Energien und Schwingungen aus eurem Planeten auf und speichern deshalb all dies.

Mutter Erde ist zwar Licht, Liebe, göttlich, eine Lichtträgerin, ein Lichtkind Gottes, aber sie wandelt sehr viel von den Menschen um, und zwar aus allen jemals gelebten Inkarnationen, weil es die Aufgabe der göttlichen Liebe ist. Das bedeutet, in eurem Planeten sind alle eure negativen Gedanken und Emotionen, Ängste, Machtthemen, Altes und Karmisches, was ihr nicht mehr benötigt, enthalten und gespeichert.

Gerade natürliche Lebensmittelprodukte, Obst, Gemüse oder auch anderes, das über die Natur gewonnen wird, tragen diese unguten Schwingungen natürlich ebenfalls als Zellinformation in sich. Deswegen befinden sich in diesen insbesondere auch Energien wie Hass, Wut, kriegerische Emotionen, Ängste, was auch immer, und das wird an all die natürlichen Lebensmittel weitergegeben. Verzehrt ihr diese, nehmt ihr diesen alten Müll abermals in euch und eure Körperzellen auf.

Also wundert euch nicht, dass diese euch nicht länger zuträglich sind, weil sich eure Energieschwingungen beständig anheben und jene Altlasten nicht mehr im Einklang stehen mit euren oft sehr weit entwickelten Energien und hohen Schwingungen. Das führt dazu, dass ihr diese natürlichen Produkte nicht mehr zu euch nehmen könnt.

Ihr werdet feststellen, dass die Menschen im Zuge des Prozesses der Bewusstseinsanhebung bereits im Laufe der kommenden Jahre und Jahrzehnte teilweise Vorlieben für spezielle Nahrungsmittel entwickeln, wie zum Beispiel für Süßigkeiten oder fetthaltige Speisen.

Das hängt mit Folgendem zusammen: In den künstlich hergestellten Produkten sind extrem wenige negative Energien enthalten, gerade deshalb, weil sie künstlich produziert wurden, denn sie haben mannigfache Prozesse nicht nur im klassischen Sinn, etwa durch Erhitzungen, sondern auch im energetischen Sinn, wie Reinigungen, durchlaufen. Durch diese unterschiedlichen Verarbeitungsvorgänge wurden abträgliche Energien und Schwingungen, die eventuell in den ursprünglichen Produkten enthalten waren, herausgelöst. Das ist der Grund, weswegen ihr zunehmend mehr Süßigkeiten zu euch nehmen könnt. Zum zweiten gönnt ihr euch damit gleichzeitig Lebensfreude.

Achtet also auf das, was ihr essen möchtet, und seid gut zu euch. Fühlt euch bitte nicht schuldig, wenn ihr einmal zu viel oder scheinbar Ungesundes zu euch genommen habt. Das ist außerordentlich wichtig.

Wir möchten euch dazu beglückwünschen, denn wie oft handeln die Menschen gemäß der Ansicht:

„Ich muss mich gesund ernähren, weil das die Ernährungs- wissenschaftler berichten."

Aber sie hören nicht auf ihr Gefühl, und das bekommt ihnen dann oft auch nicht.

In jenen natürlichen Lebensmitteln, die ihr durch einen einzigen Prozess in eine neue Nahrungsmittelform bringt, sei es in Form des Kochens, des Grillens oder anderer Vorgänge, sind diese unguten Energien und Schwingungen noch enthalten, was dann eurem Bewusstseinsgrad zunehmend nicht mehr förderlich ist.

Deswegen könnt ihr jene scheinbar natürlichen, „gesunden" Erzeugnisse immer weniger zu euch nehmen als die künstlich hergestellten.

Aber wisst, bei jedem Menschen wird die sanfte und länger andauernde Umstellung des Lichtnahrungsprozesses individuell anders verlaufen. Unter euch Gotteskindern wird es eine geringe Anzahl von Menschen geben, die sich nicht von Süßigkeiten, sondern stattdessen beispielsweise eher von fetthaltigen Produkten ernähren werden. Das wird unterschiedlich sein, je nachdem, welche Strukturen und Muster die Person noch in sich trägt.

Wir empfehlen euch, vor der Nahrungsaufnahme darum zu bitten, dass die euch weniger zuträglichen Energien aus den natürlichen Lebensmitteln herausgelöst und transformiert werden. Segnet und durchflutet sie mit dem Licht und der Liebe Gottes, des Großen Vaters, und dann beobachtet, wie euer Körper darauf reagiert.

Stellt ihr fest, dass es keinerlei Wirkung zeigt, dann beginnt, künstlich hergestellte Produkte zu euch zu nehmen. Solche sind nämlich nicht grundsätzlich schädlich für euch, sondern oft das, was euer Körper benötigt, um wieder zu Kräften zu gelangen.

Unser Fazit lautet daher: Esst, worauf ihr Lust habt! Das ist die wichtigste Priorität, die ihr euch setzen solltet. Kümmert euch nicht mehr so sehr um all die bisher gewohnten Konventionen und Strukturen, die andere meinen, leben zu müssen.

Setzt ihr all dies um, spricht nichts dagegen, euren Körper durch die Aufnahme von Nahrungsmitteln gesund zu erhalten.

Ihr werdet darüber hinaus feststellen, dass ihr hin und wieder nichts werdet essen können. Aber hier gilt es, ein wenig zu differenzieren.

Gerade wenn ihr unter Stress, Druck und Anspannung steht, befinden sich der Magen und der Solarplexus unter Energiebeschuss, so möchten wir es einmal ausdrücken. Dann sammeln sich gerade dort all die durchlebten, unzuträglichen Emotionen in Form von Energien an und formieren sich zu einer feinstofflichen Blockade. Das führt dazu, dass ihr für kurze Zeit keinerlei Nahrungsmittel mehr aufnehmen könnt.

Wichtig ist, bittet darum, dass ihr energetisch gereinigt werdet, zum Beispiel mit violettem Licht. Ersucht Erzengel Michael und seine Legionen um Hilfe. Dann wartet einige Zeit ab. Helfen und unterstützen wird euch in diesem Reinigungsprozess ebenfalls, euch kurze Zeit auszuruhen. Im Anschluss daran werdet ihr wieder problemlos speisen können. Das ist der eine Aspekt.

Die andere Ursache ist durchaus lichtbedingt. Das bedeutet, gerade dann, wenn in euren Planeten viel Licht einfließt und euer Immun- und Nervensystem dadurch besonders angeregt wird, schwingen die Zellen in einem dermaßen hohen Energieniveau, dass ihr keinerlei oder nur in geringem Maße Nahrungsmittel zu euch nehmen könnt. Das hängt damit zusammen, dass die Energieschwingungen der Lebensmittel in solchen Zeiten viel zu niedrig sind im Vergleich zu jenen, die ihr in euch verspürt. Das widerspricht sich dann sozusagen.

Wenn ihr möchtet, beginnt die Speisen zu segnen. Wenn das nicht möglich ist, dann lasst sie bitte stehen. Dann werdet ihr die notwendigen Inhaltsstoffe über das Licht zu euch nehmen können.

Nehmt weiterhin zur Kenntnis, dass es sich in diesem Zeitenumbruch momentan häufig um vorübergehende Nahrungsmittelunverträglichkeiten handelt, sozusagen teilweise um Reaktionen auf die Umwelteinflüsse. Dem Menschen wird damit in gewisser Hinsicht gespiegelt, wie die Menschheit diesen Planeten, Mutter Natur, behandelt und auf die daraus resultierenden Konsequenzen reagiert.

Deshalb ist es wichtig, ohne Unterlass eure Nahrung, die ihr zu euch nehmt, zu segnen.

Des Weiteren handelt es sich zudem um Begleiterscheinungen der Lichtprozesse, durch die die physischen Körper verändert und umstrukturiert werden.

Bittet gerne darum, ihr geliebten Kinder Gottes, des Großen Vaters, dass diese Unpässlichkeiten abgemildert werden und ihr wieder in die Leichtigkeit geführt werdet. Aber eine gewisse Weile lang werden solche hin und wieder einmal verbleiben, sich dann jedoch auflösen dürfen.

Verinnerlicht ferner, so lange ihr euch auf diesem Planeten in Menschenform befindet, wird es nicht anders funktionieren können, als dass die Babys wenigstens in den ersten paar Monaten Muttermilch zu sich nehmen und benötigen. Das ist für sie wichtig, auch um die Bindung zwischen Mutter und Kind aufzubauen.

Es wird in der Zukunft durchaus der Fall sein, dass die Kleinkinder im Laufe ihrer weiteren Lebensjahre dann Stück für Stück auf Lichtnahrung umgestellt werden können, und somit bereits im Alter von zwei bis drei Jahren nur noch Lichtnahrung zu sich nehmen, jeweils abhängig vom Bewusstseinsgrad dieser Seele.

Bei der einen schreitet dieser Prozess schneller voran als bei der anderen.

Forciert nichts! Geht aus eurem großen Wollen heraus! Lasst einfach geschehen! Alles braucht seine Zeit, um sich zu entwickeln. Hinter allem steckt ein höherer Sinn und Zweck. Das behaltet im Auge.

Die Umstellung auf Lichtnahrung gilt ebenfalls für die Tiere. Es wird zwar noch eine lange Zeit so sein, dass sie sich gegenseitig jagen sowie Fleisch fressen werden, aber letzten Endes, wenn dieser gesamte Bewusstseinswerdungsprozess abgeschlossen sein wird, wird es nicht mehr notwendig sein, dass sie überhaupt noch etwas zu sich nehmen werden müssen, weil sie ebenfalls auf die feinstoffliche Nahrung umgestellt werden. Diese Umstellung von ihnen ist ein großer Liebesdienst, den sie euch Menschen aus ihrer großen Liebe heraus erweisen.

Bis dahin gilt es, die Ernährung bei euren Tieren anders zu handhaben und vielmehr deren Besitzer etwas zu beruhigen. Sie befinden sich in der Regel eher in der Angst, dass künstliche Produkte für ihre tierischen Begleiter nicht optimal sind.

Bei den Tieren ist es weniger dramatisch, wenn sie eher biologische oder natürliche Stoffe zu sich nehmen als künstliche, einfach deswegen, weil sie quasi einen natürlichen Schutzmechanismus gegen die negativen Energien eingebaut haben.

In dem Moment, in dem sie diese aufnehmen, werden sie sofort umgewandelt und transformiert. Insofern könnt ihr die übliche Ernährungsweise bei euren Tieren weiterhin anwenden. Stellt ihr jedoch fest, dass es nicht funktioniert, dann bittet darum, dass die biologischen Lebensmittelprodukte noch mehr angereichert werden mit dem, was sie benötigen. Das genügt bereits, damit wir alles, was vielleicht nicht im Sinne des Lichts und der Liebe ist, transformieren und umwandeln können.

Eure Tiere, die Lichtarbeiter

Tiere sind Lichtarbeiter Gottes, des Großen Vaters, und in ihrem Bewusstsein spirituell sehr weit entwickelte Wesenheiten, die schon häufig hier auf Erden inkarniert waren. Sie haben sich aus ihrer großen Liebe heraus dazu entschlossen, sozusagen als Liebesdienst, manche Lernthemen in Form von Krankheiten, Krankheitssymptomen von euch oder anderen Menschen zu übernehmen. Das hängt zum einen damit zusammen, dass sie überaus feinfühlig und sensibel sind, mit einem sehr liebevollen, großen und weichen Herzen, und auch das Geschick der Menschen in sich spüren können und diesen gewaltigen Umwandlungsprozess, der bereits im Gange ist, auf ihre ganz eigene Art und Weise unterstützen möchten.

Wisst, alle Tiere leben die pure, reine, göttliche Liebe!

Diese weisen, alten Seelen, die eure Haustiere sind, haben sich aus ihrer grenzenlosen Liebe, aus ihrem Herzen heraus, dazu bereiterklärt, vieles von den Menschen zu übernehmen, beispielsweise bedrückende Sorgen, Stress, Traurigkeit oder Schmerz. Um darüber hinaus die Transformationsprozesse etwas zu beschleunigen, haben sie gleichfalls ihr Einverständnis erteilt, zu erkranken, weil sie dadurch Altes, Karmisches sowie Lebensthemen von euch oder eurer Familie übernehmen und transformieren.

Das bedeutet, sie lieben euch so sehr, dass sie aus ihrem großen Herzen und ihrer innigen, allumfassenden Liebe heraus erklären:

„Ich möchte den Menschen etwas abnehmen, damit sie sich wieder wohl fühlen und es ihnen besser geht. Ich möchte dieses Thema für sie übernehmen. Also bin ich bereit, die Symptome

für mein Herrchen, mein Frauchen oder für andere, die dies betrifft, an ihrer statt zu erlösen, damit sie das nicht erleben müssen."

Bedenkt, eine Bitte um Unterstützung, insbesondere durch Erzengel Raphael, wird ihnen helfen und Erleichterung bringen. Aber diese liebevolle Sturheit eures Hundes, eurer Katze, eures Vogels oder anderer Geschöpfe führt dazu, dass sie kundtun:

„Nun gut, hier wird mir Hilfe zuteil. Also kann ich noch etwas mehr übernehmen."

Das wiederum führt dazu, dass diese Beschwerlichkeiten weiterhin bestehen.

Akzeptiert die Entscheidung eurer Haustiere. Seid dankbar für ihren Liebesdienst, den sie euch erweisen. Sie würden diesen nicht erbringen, wenn sie nicht die Kraft in sich tragen würden. Außerdem ist alles mit Gott, dem Großen Vater, abgesprochen. Und begreift, ihr unterstützt sie, indem ihr zuerst euch selbst helft und eure Lebensthemen mutig und noch beherzter anpackt.

Überlegt, welch unvergleichliche Liebe diese Geschöpfe euch durch ihr selbstloses Verhalten entgegenbringen.

Fordert sie dazu auf, euch nicht mehr alles abzunehmen, was sie aus ihrer Liebe heraus bereit waren, zu übernehmen.

Beginnt, mit euren Tieren zu kommunizieren, sei es direkt oder in Gedanken, indem ihr ihnen beispielsweise mitteilt:

„Mein lieber Hund, meine liebe Katze, mein lieber Vogel, du weißt, ich liebe dich von ganzem Herzen und bin dir unendlich dankbar, dass du bereit bist, Lernthemen an meiner statt zu erlösen, damit es mir besser geht. Aber es sind meine. Ich bin erwachsen und kräftig genug, das für mich selbst bewerkstelligen zu können. Du musst das nicht tun! Es ist mein Wille, diese Aufgaben selbst zu lösen und meine Themen von dir zurückzuneh-

men. Ich danke dir dafür, dass du dich aus deiner innigen Zuneigung heraus dazu entschlossen hast, mir dieses abzunehmen. Aber mein Wunsch ist es, dass es dir gut geht und du rundum glücklich, gesund und zufrieden bist. Wenn du dem folgst, dann freue ich mich unsagbar darüber!"*

Teilt ihnen mit, dass ihr euch selbst um euch kümmern könnt. Ob ihr allerdings Erfolg damit erzielen werdet, liegt nicht in eurer Hand, sondern in der Entscheidung eurer Tiere, denn diese, und das gilt für alle von ihnen, die sich in eurer Obhut befinden, lieben euch über alle Maßen und aus ganzem Herzen, sodass sie oft derart stur sind, dass sie eure Lebensthemen aus ihrer einzigartigen Liebe heraus für euch erlösen wollen, unabhängig davon, ob ihnen das eventuell Schmerzen bereitet oder nicht.

Daher sprecht immer wieder in Gedanken mit euren Haustieren. Erklärt zum Beispiel:

„Ich danke dir dafür, dass du bereit bist, mir manches abzunehmen. Aber schau, ich habe ein eigenes Leben und bin stark und kräftig genug, meine Herausforderungen selbst zu bearbeiten und zu erlösen. Ich danke dir, mein geliebter Begleiter, für diesen wundervollen Liebesdienst, den du mir erweisen möchtest. Dafür liebe ich dich von ganzem Herzen. Aber ich bitte dich darum, dich von deinem bisherigen Verhalten zu lösen, denn ich bin bereit, meine Themen eigenständig zu meistern."

Und so stur sie dann auch sind, so grenzenlos ist ihre Verbundenheit mit euch.

Wenn ihr permanent dergestalt mit ihnen sprecht und sie spüren, dass ihr es ernst meint und ihr eure Herausforderungen in der Tat selbstständig bearbeiten und verändern wollt, dann bietet sich durchaus die Möglichkeit, dass sie gesund werden. Diese Option besteht immer! Es ist niemals festgeschrieben, dass eure tierischen Begleiter aufgrund solcher Gegebenheiten auf Dauer krank bleiben oder gar sterben müssen. Das ist damit niemals ausgedrückt.

Sofern es euer Wunsch ist, könnt ihr gerne mit ihnen darüber sprechen, dass ihr bereit seid, euch selbst euren Aufgaben zu stellen. Aber wie auch immer ihre Entscheidung ausfallen wird, ihr werdet sie akzeptieren müssen.

Übt, euch mit euren Tieren gedanklich zu unterhalten. Trainiert immer wieder, indem ihr sozusagen in die Gedankensprache eintaucht.

Nehmt euch hierfür genügend Zeit. Es wird nicht ausreichen, sich fünf oder zehn Minuten dafür hinzusetzen. Gönnt euch 30 bis 60 Minuten. Begebt euch in das Gebet, in die Meditation, und nach einer gewissen Weile, nach ungefähr fünfzehn bis zwanzig Minuten, solltet ihr damit beginnen, das Gedankengespräch zu suchen. Übt immer wieder! Sendet beständig eure Gedanken oder eine Frage aus und seid offen, auf welche Art und Weise ihr eine Antwort erhaltet. Diese muss euch nicht unbedingt in Gedankensprache erreichen. Es kann genauso der Fall sein, dass ihr sie mittels Formen, Farben oder eines Gefühls am eigenen Körper wahrnehmt. Das gilt es zu trainieren.

Eure Tiere haben sich sozusagen aus ihrer großen Liebe heraus ausgesucht, für euch da zu sein, euch Zuneigung zu schenken und Zeit mit euch zu verbringen, oder es ist sogar ihr Wunsch, Krankheiten zu erfahren, um zu wissen, wie sich das anfühlt.

Begreift, wenn ihr ein solches Geschöpf aufnehmt, habt ihr nicht nur ein Tier, sondern einen Partner an eurer Seite, der einem Menschen in nichts nachsteht und die Bereitschaft lebt, gewisse Thematiken auf sich zu nehmen, um euch einen Liebesdienst zu erweisen und euch darüber hinaus euer Leben erträglicher zu gestalten. Sie lieben euch innig. Und wenn sie gewisse Krankheitssymptome aufweisen, lebt die Bereitschaft, euch nicht weiter zu sorgen und es zu akzeptieren. Das übernehmen sie aufgrund ihrer überaus tiefgreifenden Verbundenheit heraus für euch.

Zwei Gründe liegen vor, wenn eure Haustiere derzeit mit Problemen belastet sind:

Zum einen sind sie, wie bereits berichtet, sehr sensitiv, spüren aber zudem die Lichtenergien und Lichtprozesse, die momentan extrem und intensiv sind, und sie reagieren darauf. Außerdem transformieren sie massenhaft für diesen Planeten. Das hängt aber oft davon ab, wie es ihren Besitzern geht. Haben diese viele eigene Themen zu bearbeiten, dann übernehmen die Tiere häufig einige davon. Handelt es sich jedoch um Tierhalter, die relativ wenige Themen zu erlösen haben, nehmen sie vielmehr den Schmerz der Menschen und des Planeten auf sich.

Eine gewaltige Menge an positiven, göttlichen Energien strömt derzeit auf euren Planeten, um einen Bewusstseinswandel herbeizuführen. Dabei handelt es sich um sehr lichtvolle, hohe Energien, die bedingen, dass aus der Erde, aus dem Planeten und aus allen Wesen, die sich darauf befinden, Altes herausgelöst wird. Stellt es euch vor wie ein Wissen, das jetzt nicht mehr benötigt wird, Vergangenes, Karmisches, das ohne weiteres herausgelöst werden darf, weil ihr euch nun in der Zeit der Gnade befindet. Teilweise handelt es sich hierbei um recht niedrige Energien, manches Mal auch solche, die nicht im Sinne des Lichts und der Liebe schwingen, welche diesen jetzt verlassen dürfen und herausgelöst werden, damit neue, lichtvollere an dessen Stelle treten dürfen. Damit das noch zügiger vonstattengehen kann, haben sich eure Tiere bereit erklärt, einige solcher Prozesse auf sich zu nehmen, wie ein Kanal oder ein Kabel, das diese in göttlichere umwandelt.

Das wiederum bedeutet, dass sie das Negative vorübergehend aufnehmen, das sich dann natürlich auf ihren Körper und seine Funktionen auswirken kann.

Fühlen sie sich erschöpft, ist das oft ein Zeichen dafür, dass sie sich wieder einmal in Transformationsprozessen befinden und zusätzlich den Lichteinfluss verkraften müssen. Das ist für die Tiere manchmal kräftezehrend. Sorgen müsst ihr euch deswegen jedoch nicht. Vergesst nicht, dass noch immer viele unangenehme Energien auf diesem Planeten vorherrschen, die gelöst werden. Eure Begleiter sind derart feinfühlig und empfindsam, dass sie diesem Ansturm zeitweilig nicht unbedingt gewachsen sind, was gelegentlich ihr Immunsystem schwächt.

Nehmt zur Kenntnis, manche Krankheiten werden sie in diesen Zeiten der Umbrüche noch erreichen können. Es wird für sie vielleicht nicht immer einfach sein, aber sie tragen durchaus die Kraft in sich, diese zu überstehen.

Unterschätzt niemals, dass die Bitten, die ihr für eure liebsten Zwei- und Vierbeiner an Gott, den Großen Vater, oder auch an uns, die Geistige Welt, richtet sowie die Schutzmöglichkeiten, die ihr für sie ergreift, ihnen durchaus zuträglich und erfolgreich sind und helfen.

Wir arbeiten bereits ohne Unterlass mit euren Tieren, sofern sie ihr Einverständnis hierzu erteilt haben. Vergesst niemals, auch sie haben einen freien Willen. Was sie sich im Geistigen als Seele ausgesucht haben, entspricht nicht immer dem, was dann im Irdischen verändert werden kann. Und wenn euer Begleiter weiterhin solche Energien transformieren möchte, dann sind uns im Geistigen die Hände gebunden.

Aber bittet beständig für sie um Hilfe, Erleichterung und Unterstützung. Lasst nicht nach, dieses Ersuchen auszusprechen und zu formulieren, denn es ist wie so oft: Je öfter ein Wunsch entsendet wird, desto eher besteht die Wahrscheinlichkeit, dass diesem Ansinnen entsprochen wird, denn es ist eine Zeit der Gnade und der Geschenke, die Gott momentan mit euch durchläuft. ER ist stets aufs Neue bereit, wenn es ihrem Seelenplan entspricht und sie hierzu ihre Bereitschaft erklärt haben, für eure Lieblinge ungute, unzuträgliche Energien abzumildern oder ihnen gar ganz abzunehmen.

Aber lernt auch hier, in die Demut zu gehen, dass alles, was ihnen widerfährt oder was Gott für sie entscheidet, seine Richtigkeit, seinen höheren Sinn und Zweck hat.

Bittet für eure Tiere um Hilfe. Baut für sie einen energetischen Schutz auf oder legt eine blaue Transformationskugel um sie. Wir, die Geistige Welt, setzen für sie um, was uns möglich ist und was wir vornehmen dürfen. Doch bisweilen gilt es, ihre Erkrankung zu akzeptieren. Im Grunde genommen genügt es, wenn ihr für eure tierischen Lebensbegleiter um eine Transformationskugel bittet, dann wissen wir bereits, was in die Wege geleitet werden muss.

Ersucht fortlaufend Gott, den Großen Vater, darum, dass eure Lieblinge in eine solche hineingestellt werden und ihnen dann alles, was sie zu übernehmen bereit sind, erlassen und in Liebe aufgelöst wird. Legt parallel dazu gedanklich um sie eine blaue Lichtkugel. Spielt auch hier, seid kreativ. Vielleicht möchtet ihr sogar eine blaue Lichtsäule ausprobieren, oder ihr legt ihnen eine Art Wollmantel in einem zarten Blau um.

Wenn ihr euren Wunsch entrichtet, dass diese energetische Transformationskugel, etwa in einem wunderschönen Azurblau, um sie gelegt wird, werden die weniger zuträglichen, negativen Energien und Schwingungen zum größten Teil abgemildert und erreichen euer Tier nur noch in geringer Form und Dosis. Das wird viel Positives in ihm bewirken dürfen.

Dieses Hilfsmittel könnt ihr nicht nur in einem Blau, in Blautönen, sondern gleichfalls in einem Violett oder Weiß, wenn ihr möchtet, auch gerne in einem Gold zur Anwendung bringen. Hier handelt und verwendet Farben, die sich für euch stimmig anfühlen. Diese können von Tag zu Tag von der Struktur oder der Nuance her ein wenig wechseln und sich verändern, je nachdem, wie viel göttliches Licht euch erreicht. Spielt damit und bittet darum, dass dieses Hilfsmittel derart beschaffen ist, dass die nicht zuträglichen, dunklen Energien, die euer Haustier zu transformieren bereit ist, bereits dadurch abgemildert werden. Das wird in der Regel zur Folge haben, dass sie nur noch einen geringen Teil umwandeln müssen und sie sich alsbald wieder wohler fühlen.

Zweifelsohne wäre es sinnvoll, um eure Lieblinge eine komplette Kugel zu legen. Probiert aus, wie es sich für euch anfühlt, wenn ihr diese vielleicht um ein, zwei oder drei Meter vergrößert. Solltet ihr das Gefühl haben, dass gewisse Organe besonderen Schutz benötigen, dann arbeitet zusätzlich mit einer zweiten oder dritten Lichtkugel, die sich um sie schmiegt. Entscheidet dann aus eurem Herzen, ob ihr hier möglicherweise zusätzlich ein Weiß oder Gold mit einarbeiten möchtet. Wenn es euer Wunsch ist, bittet beispielsweise ebenfalls den Schutzhund eures Hundes, die Schutzkatze eurer Katze oder den Schutzvogel eures Vogels hinzu, denn auch die Tiere haben einen Schutzengel an ihrer Seite, der sie unterstützen wird.

Vor allem ersucht stets aufs Neue darum, dass diese Prozesse für sie abgemildert werden dürfen.

Beginnt damit, eine Art Zeitkugel zu erschaffen und Gott euren Wunsch zu übermitteln:

„So oft diese Schutzkugel, diese Transformationskugel bei meinem Haustier benötigt wird, bitte ich DICH darum, sie schon jetzt dafür bereitzustellen."

Dann ladet sie mit all euren wohlwollenden, positiven Gedanken und Energien auf. Lasst euren Impulsen freien Lauf. Gelegentlich werdet ihr diese Arbeiten verändern und variieren, vielleicht wird sich die energetische Kugel in eine Lichtsäule umwandeln. Beginnt zu spielen, zu experimentieren, und ihr werdet euren eigenen Rhythmus finden. Auch das wird eurem Tier helfen.

Zudem könnt ihr in einem kurzen Gebet um Reinigung mit violettem Licht bitten. Das wird ihnen ebenso förderlich sein, da sie häufig zahlreiche ungute Energien der Menschen wahrnehmen, was sie bisweilen zu sehr belastet.

Darüber hinaus könnt ihr sie unterstützen, indem ihr sie regelmäßig in einen Licht- und Schutzmantel hineinstellt. Das sollte helfen, die extremsten Lichtprozesse von ihnen fernzuhalten, damit sie vor ihnen besser abgeschirmt sind.

Da sich eure Weggefährten dazu bereiterklärt haben, vieles an Altlasten, die sich auf und in diesem Planeten befinden, zu tragen und zu transformieren, ist hierin häufig der Grund dafür zu finden, weshalb sie scheinbar immer kränker werden.

Für euch bedeutet das in solchen Fällen:

Stellt sie nicht nur jeden Tag in eine energetische, blaue Transformationskugel, denn das wird ihnen dabei helfen, jene Prozesse etwas leichter zu bewältigen, sondern unterhaltet euch des Weiteren im Geistigen oder auch über das gesprochene Wort mit ihnen. Vermittelt ihnen, dass es ihre Aufgabe ist, das Hund-Sein, das Katze-Sein, das Vogel-Sein, wie auch immer, zu genießen, jedoch nicht, all diesen Schmerz und die negativen Energien zu transformieren. Betont zugleich, dass es sie ehrt, wenn sie diese Verantwortung übernehmen, aber auch andere Mittel und Wege zur Verfügung stehen, wie die Menschen lernen können, damit sich dieser Planet verändert.

Dankt ihnen dafür, dass sie bereit sind, euch eure Lernthemen abzunehmen. Aber verdeutlicht ihnen gleichzeitig, dass die Menschen ihr eigenes Leben haben und stark und kräftig genug sind, um ihre Aufgaben selbständig zu bearbeiten und zu erlösen.

Übermittelt ihnen für diesen wundervollen Liebesdienst, den sie euch erweisen, eure Wertschätzung. Dann beobachtet, was daraus erwächst.

Bittet des Weiteren regelmäßig für eure Haustiere um Gnade, wenn sie Schmerzen erleiden, weil es sich dabei ebenfalls häufig um Themen handelt, die sie aus ihrer großen Liebe heraus von euch und andere Menschen übernommen haben.

Sprecht beständig mit ihnen, dass sie diese nicht tragen müssen. Parallel dazu könnt ihr immer wieder, wie bereits beschrieben, einen energetischen blauen Mantel um sie legen, wie eine Art zweite Haut, die sie dann tragen. Vermittelt ihnen insbesondere, dass auch sie selbst das vornehmen können, denn es wird ihnen Linderung verschaffen.

Ihr könnt weiterhin darum ersuchen, dass sie in die Heilung geführt werden. Doch überlasst Gott, dem Großen Vater, in welchem Maße ihnen diese gewährt werden darf.

Aber wisst, viel Positives könnt ihr hierdurch für eure Haustiere bewegen.

Widmet euch dem spielerisch und locker. Probiert aus und betrachtet, wie stimmig es sich für euch an jedem Tag anfühlt. Experimentiert mit den Farben. Stellt euch gerne vor, wie diese Transformationskugel eine Säule sein wird oder wie ihr euer Haustier in einen blauen Mantel einpackt. Eurer Fantasie sind keinerlei Grenzen gesetzt.

Wichtig ist, dass ihr darum bittet und ausschließlich den Impulsen eures Herzens folgt.

Sicherlich habt ihr bereits festgestellt, dass manche Tiere oder Tiergattungen aggressiv reagieren.

Das ist nicht nur durch den extremen Lichteinfall bedingt, sondern hängt auch mit dem Verschieben der Energieströme, der Magnetpole, zusammen. Zwar mag es nur ein marginaler Unterschied sein, für euch Menschen nicht so sehr wahrnehmbar oder messbar, aber die Tiere reagieren darauf extrem feinfühlig und können das noch nicht so verarbeiten. Das bedeutet, aufgrund des verschobenen energetischen Umfelds reagieren sie äußerst intensiv auf den Lichteinflussprozess. Bereits angesprochen wurde, eure tierischen Begleiter transformieren beziehungsweise übernehmen sehr viele Emotionen, ungute Energien, Altlasten und Karmisches von den Menschen, aus dem Planeten und aus den verschiedenen Ländern, um all das umzuwandeln, weil dort mitunter sehr viele Kriege und Schlachten stattgefunden haben. So mag beispielsweise der Angriff von Möwen für die Menschen zwar nicht unbedingt angenehm sein, aber so ist es nun einmal.

Ihr könnt bei diesen Prozessen unterstützend mitwirken, aber viel werdet ihr hier nicht vornehmen können, denn ihr wisst ja, die Tiere sind oft sehr stur, was ihren Lebenswillen und das Transformieren für die Menschen betrifft. Und wenn sie das Gefühl haben:

„Jetzt haben wir hier in diesem Land unsere Arbeit erledigt",

werden sie vielleicht aus einem weiteren Land diese unguten Energien übernehmen.

Viele Werkzeuge haben wir euch bereits genannt, um zu helfen. Bittet weiterhin für sie um Reinigung, gerade in Gebieten, in denen sich diese Seelen aggressiv verhalten. Hier könnt ihr etwa mit Erzengel Michael und seinen Legionen arbeiten. Das wird ebenfalls viel Positives beitragen können. Eine weitere Möglichkeit ist, bittet Gott, den Großen Vater, darum, dass ER all die verstorbenen Seelen, die sich in diesen einstigen Kriegs- oder Schlachtengebieten befinden, nach Hause, in die Geistige Welt, zurückführt.

Ersucht darum, dass gerade dort, wo diese energetischen Verschiebungen stattgefunden haben, viele Liebesenergien, sehr hochschwingende Energien einfließen dürfen, damit sich die Tiere wieder an den energetischen Umschwung gewöhnen können.

Was hindert euch daran, ihnen eine weitere gedankliche Schutzschicht um ihr Gefieder, in goldfarbenen, schillernden Tönen, verwoben mit Rosa oder Grün, umzulegen?

Überall dort, wo ihr feststellt, die Routen der Tiere verlagern sich, insbesondere bei Zugvögeln, da sie nicht mehr den Weg in den Süden finden oder teilweise nicht mehr dorthin ziehen, hängt das mit der Erderwärmung des Planeten und der Verschiebung der magnetischen Felder zusammen, denn das energetische Feld wird dadurch verändert. Und auf die energetischen Umwälzungsprozesse reagieren Tiere äußerst feinfühlig.

Ein weiteres wundervolles Werkzeug wäre die Bitte, dass das energetische Gitter so angepasst wird, dass sie sich daran gewöhnen und sie es in ihre weiteren Lebenswege einbauen können, damit sie sich nicht mehr verirren, nicht mehr stranden. Bittet sozusagen den „Tiergott" Schaphniel darum, damit meinen wir eine sehr weit entwickelte Seelenwesenheit, die eine besondere Macht- und Schutzposition für die Tiere einnimmt, dass sich dieser mit seinen Gefolgschaften um jene Tiere oder vor allem um Tiergruppen kümmert, die auf dieses energetische Feld angewiesen sind. Wenn wir von Schaphniel, dem Tiergott, sprechen, ist das eine Bezeichnung, die dazu dienen soll, den Obersten zu nennen, der für die Tiere zuständig ist. Diese Bezeichnung hilft euch dabei, euch leichter ein Bild von ihm zu machen.

Auch das wird zur Besserung beitragen. Aber zur Gänze werdet ihr nicht alles verhindern können, denn viele Tiere haben sich in ihrem Lebensplan ausgesucht, beispielsweise durch Strandungen, insbesondere der Wale, zu Tode zu kommen, um auch hier wieder den Menschen den Missbrauch an der Natur aufzuzeigen.

Trotz des Bewusstseinssprungs werden die Tiere im Grunde genommen auf ihrer Seelenstufe verbleiben, denn ihre Aufgabe ist es vordergründig, euch zum einen als Lebensbegleiter zu dienen, und euch zum anderen eure Lernthemen aufzuzeigen und zu spiegeln. Wenn sich diese eine Transformation vollzogen hat, bedeutet das, dass sie euch all das nicht mehr abnehmen müssen, sondern ausschließlich als Lebensbegleiter euer Leben bereichern.

Die goldenen Lichtbringer

Es gibt hier auf diesem Planeten vereinzelte Seelen, die als Vorbild für das Neue Zeitalter, die Neue Welt, fungieren und dieses vorleben.

Viele Menschenkinder wissen nicht darum. Sie erkennen diese besonderen Seelen nicht auf den ersten Blick, denn sie erscheinen gerade nicht hell erleuchtet.

Niemand kann feststellen, auch nicht sagen:

„Oh, da ist ein geistiger Meister, ein Erleuchteter. Er hat sich zurückgezogen, lebt in aller Demut."

Nein. Das ist nicht der Fall. Das bleibt euch beim ersten Kennenlernen verborgen. Doch wenn ihr euch und sie überprüft, könnt ihr ihr Wesen und ihre Aufgabe begreifen.

Woran also könnt ihr die goldenen Lichtbringer der Neuen Zeit erkennen?

Unsere Antwort lautet: An ihrem Handeln!

Wie also wirken sie?

Sie leben die Nächstenliebe. Sie übermitteln euch die Werkzeuge, um in die Eigenverantwortung hineinzufinden, vermitteln euch Wissen und schenken euch Informationen, um euch selbst helfen zu können. Aber sie nehmen es euch nicht ab. Sie greifen genauso wenig in euren Seelenplan ein und teilen mit:

„Diese Krankheit wurde dir jetzt von Gott, dem Großen Vater, erlassen. Das musst du nicht mehr durchlaufen."

Sie betreiben keinen Missbrauch, indem sie Chakren öffnen.

Sie stellen euch in eure Eigenverantwortung, was unter anderem bedeutet, euch dort Grenzen aufzusetzen, wo es notwendig ist, und erklären auch einmal:

„Das erledige ich nicht für dich",

denn der Mensch, der das Goldene Zeitalter bereits in sich trägt und vorlebt, weiß ganz genau:

„Hier darf ich nicht eingreifen, sondern muss mutig den anderen in seine Schranken verweisen und meine Hilfe verweigern."

Dieser Erleuchtete trägt die sichere Kenntnis und das Wissen in sich, das dem Menschen am schnellsten und effektivsten in sein göttliches Wachstum verhilft.

Das heißt, diese vereinzelten Seelen tragen das Goldene Zeitalter in sich und leben es vor. Aber, wie gesagt, sie werden von den wenigsten erkannt. Und das ist auch gut so!

Es nutzt nichts, ihnen aus dem Wollen heraus nachzulaufen. Viele würden an sie herantreten, sie zu vereinnahmen versuchen und verlangen:

„Ach, du bist bereits erleuchtet. Davon will ich auch etwas abhaben."

Sie würden aber dann nur aus ihrem Ego heraus etwas in die Veränderung bringen. Und das soll so nicht sein. Deswegen sind gerade diejenigen, die das Goldene Zeitalter bereits durch ihr Sein und Wirken manifestieren, oft noch im Verborgenen, denn ihr Menschenkinder sollt aus eurem Herzen heraus entscheiden.

So leben sie diese neuen Zeiten, das Göttliche vor und führen nach und nach alle Seelen, die bereit und willens sind, aus ihrem Herzen heraus dem Christuspfad zu folgen, ebenfalls in diese hinein.

Unzählige Menschenkinder werden zum Ausdruck bringen:

„Aber ich lebe doch auch schon das Christusbewusstsein. Schau her, welche Erfahrungen ich bereits gesammelt habe. Ich hatte eine Nahtoderfahrung. Bei diesem geistigen Meister habe

ich gelernt, anschließend praktiziert und kann mich unter dieser und jener Ausbildung wähnen."

Aber warum berichten sie das? Handelt es sich nicht vielmehr um den Versuch, den eigenen Selbstwert unter Beweis zu stellen, diesen aufzuwerten?

Achtet auf euer Bauchgefühl! Viele werden in Erscheinung treten, von sich reden machen und behaupten:

„Ich zeige dir, wie das Goldene Zeitalter ist."

Prüft solche Aussagen unbedingt mit eurem Herzen und wägt sie kritisch auf ihre Stimmigkeit ab.

Euch allen steht offen, nach und nach in das Christusbewusstsein hineinzuwachsen. Aber begreift, ihr werdet nicht sofort morgen erleuchtet sein und mit diesem Gefühl erwachen, sondern es ist ein Prozess. Diesen könnt ihr nur durchschreiten, wenn ihr wahrhaft willens seid, euch zu verändern. Das kann niemand für euch übernehmen. Euch obliegt es, eigenverantwortlich zu handeln und euch euren Herausforderungen zu stellen. Daher beginnt bei euch.

Wie lange dieser Prozess andauern wird, hängt von jedem Einzelnen ab.

Wenn ihr bereit seid zu erklären:

„Ich stelle mich meinen Lebensthemen. Ich widme mich der Herausforderung und schreite dort hindurch",

wird es recht schnell gelingen können. Verweigert ihr euch dem jedoch, wollt eure Verantwortung auf andere abwälzen, vielleicht sogar die Schuld, auch nicht zu euren Lernfeldern hinblicken, könnte sich das hinauszögern.

Euch obliegt es! Seid also bereit, euch dem Leben zu stellen! Seid bemüht, denn wisst, wir helfen euch. Wir unterstützen euch jederzeit und übermitteln euch die notwendigen Impulse.

Habt keine Angst, was auf euch zukommen könnte. Lebt lediglich in den Tag hinein, gebt euer Bestes und überprüft:

„Wo kann ich etwas verändern, um in meine Lebensstabilität zu gelangen sowie in meinen inneren Frieden?"

Damit befindet ihr euch bereits auf dem Weg in das Goldene Zeitalter.

Friedensbringer

Zahlreiches könnt ihr in die Wege leiten, um den Frieden auf Erden zu manifestieren. Das vermögt ihr bereits dann umzusetzen, wenn ihr gemäß eurem Herzen handelt. Wenn ihr euer Leben auf diese Art und Weise gestaltet und willig seid auszusprechen:

„Ich bin nicht bereit, deine Erwartungshaltung zu erfüllen",

wirkt ihr in diesem Moment bereits göttlich. Je mehr ihr dieser Eigenschaft des Lichts und der Liebe Ausdruck verleiht, desto tiefgreifender wird das Christusbewusstsein auf dem gesamten Planeten angehoben, und desto weniger werden negative Emotionen, auch Krieg oder Hass, gelebt.

Fangt also bei euch an, den Frieden zu manifestieren.

Ihr könnt ebenfalls kraft eurer Gebete vieles im Sinne des Lichts und der Liebe in Bewegung setzen, denn jedes von ihnen, beispielsweise:

„Ich bitte um Frieden für die Menschen und den Planeten",

verkörpert Energie. Je öfter ihr euch solchem widmet, desto mehr davon entsendet ihr in den Kosmos, und der ausgesandte Frieden verdichtet sich und bewirkt, dass manche kriegerischen Impulse reduziert werden können.

Ersucht als dritte Alternative im Rahmen einer Meditation darum, dass überall dort, wo Unfrieden und Krieg herrschen, die negativen Emotionen, Energien und Schwingungen aufgelöst, transformiert und ersetzt werden mit Licht, Liebe, Freude, Nächstenliebe, Glückseligkeit und allem, was euch einfällt und euch wichtig ist. Hierbei handelt es sich ebenfalls um eine Art Gebet.

Arbeitet auch gerne mit Erzengel Michael und seinem Schwert der Wahrheit, indem ihr ihn um Unterstützung bittet, den Frieden einzuläuten.

Wisst, alle diese aktuellen Zeitgeschehnisse, die Kriege und Katastrophen, die sich ereignen, sind noch notwendig. Der Grund ist nicht darin zu finden, dass wir euch Negatives aufzeigen möchten, sondern damit ihr euch hinterfragt: Welch höherer Sinn und Zweck verbirgt sich hinter Unfrieden, Kriegen und Naturkatastrophen? Die Menschen werden aufgerüttelt. Euch wird verdeutlicht:

„Schaut her, wie ihr mit den Menschen oder auch mit dem Planeten Missbrauch betreibt. Jetzt liegt die oberste Priorität darin, gemeinsam einzustehen. Wir müssen uns einsetzen, eine Einheit bilden und dafür sorgen, dass der Frieden wieder Einzug halten kann."

Das ist quasi der Hintergrund dieser schwierigen Geschehnisse, die sich derzeit ereignen.

Ihr werdet weiterhin künftig ab und an kleine Kriegsherde erleben, so, wie derzeit im Nahen Osten. Aber es wird kein großer Weltkrieg mehr ausbrechen, denn die Menschen sind zunehmend bereit, den Frieden und die Göttlichkeit zu leben und ihr Herz zu öffnen, um dem Weg des Lichts und der Liebe zu folgen.

Betrachtet diese Ereignisse als wundervollen Liebesdienst. Aber viel wichtiger ist zu erkennen, dass gerade die geschilderten Situationen momentan notwendig sind. Sie sind auch aus unserer Sicht nicht unbedingt positiv, erfüllen jedoch einen höheren Sinn und Zweck.

Und habt ihr das Gefühl:

„Ich benötige jetzt etwas, um in meinen Seelenfrieden zu gelangen",

bittet darum. Lasst euch etwas einfallen, um das zu erreichen, sei es, indem ihr euch vorstellt, an Gottes Brust zu verweilen, oder indem ihr einen Lichtmantel anzieht, der gespickt ist mit leichten, wundervollen Energien und dem einen oder anderen Symbol darauf. Begebt euch alternativ bewusst auf eine grüne Wiese mit Seelengefährten, die ihr aus anderen Inkarnationen kennt und mit denen ihr euch verbunden fühlt.

Wie ihr das vornehmt und umsetzt, ist nicht wichtig. Aber wählt gerade dann, wenn ihr euch in der Unsicherheit, der Angst oder in einem sonstigen Unwohlgefühl befindet, etwas Positives, das euch wieder in eure Mitte bringt. Und das beherzigt! Das setzt um! Es wird euch dabei helfen, in der Zukunft noch leichter in euer inneres Gleichgewicht zu gelangen.

Insbesondere dann, wenn sich die Unsicherheit zeigt, beginnt mit folgendem Gebet zu arbeiten:

„Ich danke DIR, Gott, Großer Vater,
für das Vertrauen,
das DU mir geschenkt hast.
Ich bin auch mir dankbar, dass ich dieses
nun umfassender lebe.
Und ich danke, dass sich alle Probleme,
die sich scheinbar vor mir aufgetan haben,
wieder in Luft auflösen werden –
kraft der Hilfe der Geistigen Welt
und kraft der Hilfe von Gott, dem Großen Vater,
der mich über alle Maßen liebt."

Hierüber könnt ihr neuen Mut, neue Hoffnung und, vor allem, wundervolle, lichtvolle Energien und Schwingungen tanken und manifestieren.

Ein Engel, der tiefe Herzensliebe, Frieden und Klarheit in sich trägt, erscheint nun bei euch, um euch zu umarmen und zu erfüllen und euch dieses als Geschenk zu überbringen. Er ist ein Bote Gottes, zu euch gesandt, um euch wieder in diese Energien zu stellen, sofern ihr bereit seid, es zuzulassen.

Noch einige Begebenheiten werden euch aufgezeigt werden, ihr geliebten Gotteskinder, die dazu führen könnten, aus der Ruhe, der Harmonie und dem Herzensfrieden zu fallen. In diesen Momenten erinnert euch an euren Engel und spürt, wie er euer Herz mit all seiner Liebe, Ruhe und Klarheit durchflutet und erfüllt sowie mit tiefem, herzerfüllendem Frieden. Das ist euch als weiteres Werkzeug anheimgestellt von Gott, dem Großen Vater.

Eure Herzen, ihr geliebten Kinder und Friedensbringer, werden gedehnt, geweitet und geöffnet. Dabei werden so mancher Schmerz, alte Verletzungen, wie auch das Gefühl, verraten worden zu sein, gelöst. Denn nicht eingekerkert sollt ihr euren göttlichen Weg entlangwandeln, nicht mehr emotional damit behaftet sein.

Stattdessen werden eure Wege zunehmend auf die Herzensöffnung, euer Einfühlungsvermögen, die Achtsamkeit, die Wertschätzung und das ausgerichtet sein, was einen Friedensbringer der Neuen Zeit auszeichnet.

Denn solche, ihr geliebten Lichtkinder, seid ihr in all eurem Sein.

Frieden zu bringen bedeutet zuerst, sich selbst in diesen zu führen. Das ist keine ganz leichte Aufgabe, aber wahrhaft meisterhaft ist der, der sie beherrscht. Es möge nun eine eurer Lernaufgaben sein, die es zu üben, zu erlernen und zu meistern gilt.

Wir wollen damit nicht ausdrücken, dass ihr künftig vermehrt Situationen begegnet, die euch in das Chaos stürzen, in die Unsicherheit, den emotionalen Unfrieden. Oh nein. Aber es geht darum, alles in die innere Harmonie zu führen, mit dem ihr noch nicht im Einklang steht. Darunter fallen beispielsweise alte Verletzungen, der Vergangenheit angehörige Begebenheiten, Unstimmigkeiten mit anderen Personen, vielleicht auch im Rahmen eurer Arbeit.

Erkennt das als Übungsaufgabe an, denn auch hierbei könnt und werdet ihr nichts verkehrt machen. Es geht ausschließlich darum, euch zu überprüfen:

„Was kann ich in Bewegung bringen, damit ich mich davon nicht zu sehr beeinflussen lasse, sondern wieder in meinen Herzensfrieden gelange, damit sich die Ruhe in mir manifestiert?"

Hier testet das eine oder andere aus. Es gibt zahlreiche Möglichkeiten, wie ihr das bewerkstelligen könnt.

Nehmt ihr wahr, es handelt sich um alte, vergangene Prozesse, die jetzt ein letztes Mal herausgelöst und geschüttelt werden möchten, damit ihr befreit davon eurer weiteren göttlichen Wege ziehen könnt, so wisst, es geht darum, dies stehen zu lassen, euch nicht weiter damit zu beschäftigen. Segnet es und schließt in Gedanken Frieden damit.

Mehr müsst ihr in diesen Momenten nicht vollführen, ihr geliebten Kinder Gottes, des Großen Vaters. Doch begreift, das ist der wichtigste Schritt, der euch zum Ziel führen wird.

Frieden zu bringen bedeutet darüber hinaus, ihn anderen darzureichen, ihnen Vorbild zu sein, sie darauf hinzustoßen:

„Reagierst du jetzt wahrhaft aus der inneren Mitte heraus? Bist du nicht noch emotional damit verhaftet? Hast du wirklich gelernt, deinen Frieden mit dieser Situation zu schließen, oder flüchtest du vor dem altbekannten Thema, möchtest es nicht betrachten?"

Es geht also in diesem Schritt darum, den anderen ihre Lernaufgaben näherzubringen, sie in die Erkenntnis zu führen. Denn auch das leitet ein Friedensbringer ein. Er überzeugt nicht, aber er lebt vor.

Ihr seid solche Friedensbringer, ihr geliebten Gotteskinder. Das bedeutet nicht bloß, zu erklären:

„Bist du gerade in der Emotion verfangen?",

sondern ihr erfüllt eure göttliche Funktion ebenso, indem ihr dieses Menschenkind ausreden lasst und es lediglich anlächelt, Seelenkontakt über die Augen aufnehmt. Auch darüber wird es in den inneren Einklang und die Harmonie finden.

Überprüft aus eurem großen Herzen heraus, welches der Weg ist, der für diesen besonderen Einzelfall seine Gültigkeit entfaltet.

Hierüber werdet ihr geschult, trainiert. Lasst dies zu eurer täglichen Aufgabe werden und vergesst darüber hinaus bitte nicht euch selbst. Gerade bei dem Thema der Unsicherheit und des mangelnden Selbstvertrauens findet in euren Frieden.

Überprüft also:

„Wo habe ich bereits Fortschritte erzielt? Wann bin ich mutig gewesen? Dafür zolle ich mir Anerkennung. Ich segne mich für diese Liebesdienste, die ich mir selbst erwiesen habe."

Segnet euch für euren Mut, auf die Erde gekommen zu sein und euch euren Lebensaufgaben und Lebensherausforderungen zu stellen. Wisst, nicht jeder trägt diese Courage, diese Bereitschaft in sich.

Wir, ihr geliebten Kinder des Lichts und der Liebe, hüllen euch jetzt in diesen allumfassenden Frieden ein. Er möge euch in den nächsten Zeiten tragen. Er möge euer Wegbegleiter wie auch Wegbereiter sein. Denn das ist das große Thema, um das es sich derzeit bei euch handelt.

Wisst, es ist nun an der Zeit, diesen Frieden auch in eurem Leben mehr und mehr einzuläuten. Manifestiert ihn, indem ihr euch beständig bemüht, nach eurer inneren Harmonie zu streben. Verleiht ihm Ausdruck, so, wie es euch möglich ist, dann befindet ihr euch von allein auf euren göttlichen Lichtpfaden.

Der Frieden, in den wir euch Gotteskinder einhüllen, möge euer Lichtkleid verändern und ihn tief in euren Zellen verankern, denn ihr seid göttliche Friedensbringer.

Auch der Engel des Friedens begleitet euch. Er berührt euch in der Höhe eures Herzchakras und gleicht es den göttlichen Energieschwingungen des Lichts und der Liebe an. Ihr sollt euch daran erinnern, euch stets vergegenwärtigen: Ihr seid göttlich! Ihr wart nie von IHM getrennt! Ihr leistet Wundervolles, Einzigartiges, Lichtvolles!

Auch dies führt euch vor Augen, denn ihr seid genauso viel wert wie alle anderen. Nichts habt ihr aufzuholen, sondern stets in eurem eigenen Tempo voranzupreschen und das in Angriff zu nehmen, was gerade ansteht.

Sorgt euch nicht um das, was derzeit noch nicht bewältigt werden kann oder euch noch erreichen könnte, sondern stellt euch die Frage:

„Wie finde ich jetzt in meinen inneren Herzensfrieden?"

Ruft auch uns, die Geistige Welt, zu Hilfe, wir wandeln jederzeit an eurer Seite, um euch zu begleiten, zu unterstützen und, vor allem, um euch die Friedenswege aufzuzeigen.

Es ist euer vorhergesehenes, göttliches Ziel, Frieden zu schließen.

Es verdeutlicht euch eure Aufgabe, in die göttliche Meisterschaft zu finden, also nicht mehr die emotionale Seite, die Polarität zu leben, sondern in den Frieden zu finden mit Allem-was-ist. Daher schließt ihn zuerst mit euch und eurem göttlichen Sein.

Der Welt helfen

Ihr dient der Welt am besten, indem ihr euch selbst helft, denn in dem Moment, in dem ihr beginnt, euch mit euch selbst auseinanderzusetzen und eure Themen zu bearbeiten, wachst ihr automatisch in die Göttlichkeit, in die Freiheit und die allumfassende Liebe hinein. Wenn ihr das umsetzt, unterstützt ihr die Welt am meisten, weil ihr nicht nur eure eigenen göttlichen Energien dadurch anhebt, sondern auch die des Planeten und des gesamten Universums.

Zeitgleich dient ihr für viele andere Menschen als Vorbild, die euer Leben und Sein nachahmen können. Dadurch werden sie zum Nachdenken angeregt:

„Das, was dieser Mensch hat, wünsche ich mir auch. Das fühlt sich gut an. Es sieht so angenehm aus, frei und leicht. Das möchte ich auch leben."

Ihr könnt zum Beispiel immer wieder derart ansetzen, dass ihr regelmäßig meditiert oder euch in das Gebet begebt. Es muss gar nicht so lange dauern. Aber in dem Moment, in dem ihr euch an Gott, den Großen Vater, oder an uns, die Geistige Welt, wendet, ist das für uns wie eine Art Startschuss, dass wir an und mit euch arbeiten dürfen.

Dann bittet doch darum, dass euch eure Themen aus Gottes Gnade und Liebe heraus erlassen werden. Wenn das nicht möglich ist, ersucht darum, dass sie euch erleichtert werden. Auch das wird dann für euch in die Wege geleitet, sodass ihr manche Herausforderungen nicht mehr bewältigen müsst. Dennoch werdet ihr die Ergebnisse erzielen, die ihr, hättet ihr diese Aufgaben gemeistert, erreicht hättet. Das bedeutet für euch eine große Erleichterung und Vereinfachung.

Außerdem setzt jeden Tag das um, was euch auf dem Herzen liegt. Erkennt:

„Wo verfalle ich noch in die Unsicherheit? Wo hege ich noch negative Gedanken?"

Beginnt zu verändern, soweit es euch möglich ist.

Wann immer ihr etwas umstrukturiert habt, lobt euch dafür. Seid froh und stolz darüber, denn damit habt ihr nicht nur für euch etwas in das Göttliche verbracht, sondern gleichzeitig für den gesamten Planeten.

Wenn ihr möchtet, bittet ebenso regelmäßig für Mutter Erde um alles, was euch auf dem Herzen liegt, zum Beispiel um eine große Heilwerdung oder um massig Licht und Liebe. Entrichtet euren Wunsch, dass alle Emotionen, die die Menschen hegen, aufgelöst werden, dass der Hass neutralisiert und umgewandelt wird in Positives. Bittet für die Menschen um Erkenntnis oder für die Tiere um Leichtigkeit. All das und noch viel mehr könnt ihr kraft eurer Wünsche erreichen. Eurem Herzen sind hierbei keinerlei Grenzen gesetzt.

Gebet des Friedens

Das Licht und die Liebe Gottes werden nun unaufhörlich und beständig umfassender in euch, in eurem Herzen sowie in eurem Leben Einzug halten. Diese göttlichen Energien vermögt ihr, da ihr Gottes Kinder seid, mehr und mehr selbst einzuregulieren. Es liegt also oft an euch, wie viel ihr davon in eurem Herzen verankert, wie sehr ihr euch hierfür öffnet, daran teilnehmt und in welchem Maße ihr davon an andere Menschenkinder weitertragen möchtet.

Ihr seid die Schöpfer eurer selbst!

Das bedeutet, bereits morgens, wenn ihr den neuen göttlichen Tag begrüßt, die Augen aufschlagt und euch freudvoll, gespannt und voller Erwartung diesem widmet, ladet ihr das Licht und die Liebe Gottes in euer Herz ein, aber ebenso in euer Leben, in euren Alltag sowie in euer privates Sein. Gleichzeitig ruft ihr damit uns, die Geistige Welt, zusammen und fordert uns dazu auf, euren Tag zu begleiten, euer Licht und eure Liebe wie auch die Liebe Gottes, des Großen Vaters, in euch zu aktivieren. Damit hebt ihr wieder ein Stück weit eure Göttlichkeit an.

Je mehr ihr bereit seid, dieses anzunehmen und euch dem hinzugeben und damit euer göttliches Erbe, nämlich die allumfassende Liebe, verstärkter zu leben, ja, zu aktivieren und zu fördern, desto leichter und gelassener könnt ihr eure Herausforderungen meistern.

Dieses Licht und die Liebe, die ihr in euer Herz und in euer Leben einladen könnt, wird zur Folge haben – und hier seid jetzt bitte achtsam ob der Worte, die folgen werden –, dass ihr vielleicht scheinbar misslichen Lebensumständen oder Hindernissen entgegengestellt werdet. Das mag sich im ersten Moment etwas unangenehm anfühlen, euch in die Emotion werfen. Der Sinn liegt allerdings nicht darin, euch zu ärgern oder euch Negatives zuzufügen. Oh nein! Vielmehr soll euch dies in die Erkenntnis führen: Ihr seid Gottes Kinder. Ihr seid geliebt, aber auch geführt, geleitet und geschützt von IHM!

Manche Schwierigkeit, die euch präsentiert werden möchte, dient dazu, um zu begreifen:

„Ach, wie überaus fürsorgend und unterstützend bin ich doch begleitet. Ich weiß, ich verfüge über die Kraft, das Wissen und die Fähigkeit, dieser Herausforderung, dieser Übungsaufgabe zu begegnen und sie zu meistern. Wie schön ist es doch, nicht alleine zu sein, wie wunderbar zu wissen, die Geistige Welt und auch Gott, der Große Vater, beschreiten den Weg gemeinsam mit mir. Und dort, wo ich nach einer Lösung suche, wird ER mir einen entsprechenden Impuls in mein Herz legen, sobald die Zeit dazu reif ist. Überaus beruhigend ist die Gewissheit, ich bin nicht einsam oder verlassen. Es gibt noch andere Menschenkinder, die ähnlich handeln, denken und fühlen wie ich."

Das verdeutlicht euch gerade in herausfordernden Situationen, weil euch das einen Teil eurer Lasten wird abnehmen können. In dem Moment, in dem ihr euch von einer solchen überfordert fühlt und euch erinnert:

„Es gibt noch andere, die Vergleichbares durchlaufen haben",

werdet ihr feststellen:

„Da gibt es jemanden, an den ich mich wenden kann. Dieser hat Ähnliches erlebt und kann mir die eine oder andere nützliche Hilfe an die Seite geben, eine Empfehlung aussprechen oder mich beraten, wie ich einerseits damit umgehen kann, um ruhig und gelassen zu bleiben, andererseits aber auch, wie ich diese Situation lösen kann."

Das führt dazu, dass ihr in eure Göttlichkeit hineinwachst.

Warum ist das so?

Der Grund liegt darin, solche Begebenheiten zunehmend lockerer und entspannter zu handhaben. Ihr begreift, ihr habt Hilfe an der Seite und könnt verinnerlichen, es existiert für jedes Problem mindestens eine Lösung.

Ebenso könnt ihr dadurch lernen:

„So schlimm oder unangenehm, wie ich das jetzt empfinde, ist es im Grunde genommen keineswegs, denn ich habe mir ins Gedächtnis gerufen: Ich werde keinen Menschen verlieren. Niemand wird sterben, außer es ist Gottes Wille und mit jener Seele abgesprochen. Ich verfüge über die Kraft und bin fähig, das zu bewältigen. Und Gott, der Große Vater, begleitet mich in all SEINER Liebe."

Diese ewige Verbindung mit IHM führt euch beständig vor Augen. Denn ER liebt euch unermesslich!

Meint ihr nicht, aufgrund SEINER innigen Liebe, die ER für einen jeden Einzelnen von euch in sich trägt, wird ER euch die Hilfe und Unterstützung an die Seite stellen, die ihr benötigt? Und dort, wo ihr den Beistand scheinbar nicht erkennen könnt, hat es lediglich die Bewandtnis, dass ihr alles, was notwendig ist, um es meistern zu können, bereits in euch tragt.

Ihr seid Gottes Kinder! Insbesondere dann, wenn ihr feststellt:

„Ich fühle mich alleingelassen. Ich fühle mich hilflos. Ich weiß nicht, wie ich das schaffen soll",

ruft euch in Erinnerung: Ihr seid die Schöpfer eurer selbst!

Oft genügt es, gerade in diesen Momenten zu sprechen:

„Lieber Gott, ich weiß nicht, welche Schritte ich nun zu vollführen oder wie ich diese Situation auflösen kann. Aber ich bin felsenfest davon überzeugt, ich kann, darf und soll mich jetzt an

DICH wenden. Und ich gebe alle diese Lasten, Hindernisse und Schwierigkeiten in DEINE Hände ab. Löse DU diesen misslichen Lebensumstand für mich auf, wie auch immer DU das umsetzen wirst. Aber ich weiß, DU wirst mir diese Bitte erfüllen."

Habt ihr nicht schon häufig in den vergangenen Zeiten erlebt, dass sich für jedes Problem eine Lösung gefunden und sich jede Herausforderung in Wohlgefallen aufgelöst hat? Welche haben sich denn für euch bisher nicht geklärt? Habt ihr darüber nachgedacht?

So schwierig, wie ihr es manches Mal empfindet, ist es oft nicht. Es sind lediglich eure Menschlichkeit, euer Zweifeln, eure Unsicherheit oder die Angst, die euch in diese Situationen werfen. Aber gerade in diesen Augenblicken ist es bedeutsam, euch von euren Emotionen konsequent abzulenken und euch in das Vertrauen an Gott, den Großen Vater, zu begeben und zu verdeutlichen:

„Ich bin göttlich. Ich habe um das Licht und die Liebe Gottes gebeten, in all meinem Sein. Und das sind jetzt die Früchte, die ich ernten darf."

Wir möchten euch damit keineswegs in die Angst führen, sondern euch im Gegenteil vielmehr veranschaulichen: In dem Moment, in dem ihr euch der Herausforderung stellt und sie akzeptiert, bedeutet das nicht nur, ihr könnt in eure Kraft, Stabilität und Göttlichkeit wachsen. Gleichzeitig seid ihr durch das Licht und die Liebe, die ihr zu euch ruft, mutig, wahrhaft und göttlich. Diese Courage wird auch in dem Sinne belohnt, dass andere Situationen, die vielleicht noch auf euch warten könnten und etwas unangenehmerer Natur sind, nicht länger eintreten müssen.

Warum ist das so?

Weil ihr euch mutig euren Ängsten, dem Leben und seinen Herausforderungen gestellt habt und bereit gewesen seid, zu erklären:

„Lieber Gott, mit DEINER Hilfe bin ich nun beherzt und stelle mich dieser misslichen Widrigkeit, so unangenehm sie sich für mich anfühlen mag. Aber ich weiß, mit DEINEM Beistand und DEINER Unterstützung wird es sich wieder in Freude, Liebe und Leichtigkeit auflösen dürfen."

Nehmt zur Kenntnis, diese Situationen werden in der Geistigen Welt gefeiert, denn ihr werdet eine starke, zahlreiche Stütze an eurer Seite haben, und Rückhalt durch euren Schutzengel, durch eure Geistigen Meister und euren Geistigen Führer und viele andere Wesenheiten, die sich quasi an euch ein Beispiel nehmen, denn sie nehmen wahr:

„Ach, wie erfreulich, hier ist ein Lichtarbeiter Gottes, des Großen Vaters, jemand, der bereit ist, nicht nur in seiner eigenen Göttlichkeit zu wachsen, sondern der sich des Weiteren dazu entschlossen hat, diese nach außen zu tragen, zu leben und vorzuleben. Damit ist dieses wundervolle Lichtkind unseres himmlischen Vaters, das ich über alle Maßen wertschätze und von ganzem Herzen liebe, bereit, andere durch das Licht und die Liebe, die es lebt, zu unterstützen."

Es führt weiterhin dazu, dass der Bewusstseinsanhebungsprozess wieder ein Stück weit voranschreiten wird.

Dessen vergegenwärtigt euch, denn damit setzt ihr erneut positive Energien frei, die bedeuten: Der Friede, das Licht, die Liebe und die Göttlichkeit werden hier auf diesem Planeten Einzug halten!

Damit euch das nun immer leichter fällt, ihr geliebten Gotteskinder, möchten wir euch ein Friedensgebet übermitteln.

Wenn ihr möchtet, tragt es mit uns gemeinsam unserem Schöpfer vor, damit es an Potenzierung gewinnt. Wisst, zahlreiche Wesenheiten, die in SEINEM Sinne wirken, schließen sich dem an, denn diese haben sich jetzt um euch versammelt, um es zu hegen und den Frieden gemeinsam mit euch auf diesem Planeten zu manifestieren.

Wir möchten euch nun also das Gebet des Friedens übermitteln:

„Gott-Vater, Gott-Mutter,
der DU bist die Hochherrschaftlichkeit allen Seins,
der DU bist der Schöpfer des Universums,
der DU bist der Schöpfer aller Seelenwesenheiten.
Wir ehren DICH und danken DIR für DEIN Sein.
Wir ehren DICH und danken DIR für das Licht, das DU uns gibst,
wie auch für die Liebe, die DU in unser Herz legst.
Wir ehren DICH und danken DIR für den Frieden,
den DU in unser Herz legst
und den DU mit DEINER Liebe in uns nährst.
Wir danken DIR aber auch dafür,
dass wir diesen Frieden leben dürfen,
denn es ist eine Zeit, die auf den Frieden zuschreitet.
Es ist eine Zeit, in der wir den Frieden immer mehr in uns,
wie auch auf diesem Planeten und im Universum
manifestieren dürfen.
Wir danken DIR von ganzem Herzen für alle diese
wundervollen Geschenke.

Wir sind nun bereit, kraft unseres Herzens und unserer Liebe,
das Leben so anzunehmen, wie es ist,
die Liebe zu leben, wie sie uns geschenkt wurde.
Wir danken DIR dafür, dass wir nun immer mehr bereit sind,
die Göttlichkeit zu empfangen und zu leben,
und wir danken DIR für den Frieden,
der immer mehr Einzug halten darf.
Und so bitten wir jetzt, gemeinsam mit DIR,
Gott-Vater, Gott-Mutter,
für den Frieden für uns,
für den Planeten
und das gesamte Universum.
Der Frieden sei mit uns.
Amen."

Dieses wundervolle göttliche Gebet, ihr geliebten Kinder, tragt gerne weiter an alle anderen Menschenkinder, die bereit sind, sich diesem zu widmen.

Habt keine Angst vor dem, was vielleicht daraus erwachsen könnte, vor den Reaktionen der anderen Menschen, denn wisst, viel Positives könnt ihr dadurch erreichen.

Verdeutlicht euch, jedes Mal, wenn ihr euch an Gott, den Großen Vater, wendet, selbst wenn es sich nur um folgendes Ansinnen handelt:

„Ich bitte um Frieden für die Welt, wie auch um Frieden für mich und diejenigen, die mir am Herzen liegen",

werden Altes, Ängste und Unsicherheiten von euch gelöst, alles, was ihr nicht mehr benötigt. Neues darf euch dafür als göttliches Geschenk eingespeist werden.

Zahlreiche geistige Wesenheiten befinden sich an eurer Seite, damit sie euch unterstützen dürfen. Begreift, das ist wie eine großartige, imposante, beeindruckende Prozession, eine goldene Lichtstraße, die sich um euch herum befindet und euch voller Liebe begleitet. So nehmen auch wir, die Geistige Welt, sowie Gott, der Große Vater, das vor. Denn ihr, ihr geliebten Kinder des Lichts und der Liebe, seid unermesslich geliebt für euer göttliches Sein.

Wir frohlocken, ihr Vorreiter des Goldenen Zeitalters, ihr Licht- und Friedensbringer, euch Hilfe dargeboten haben zu dürfen. Für uns ist es eine immens große Freude, euch zu begleiten, zu unterstützen und dienlich zu sein. Und tragt ihr eine Bitte in eurem großartigen Herzen, befindet euch in der Unsicherheit, der Angst oder der Zerrissenheit, wendet euch an uns oder an Gott, den Großen Vater. Niemals seid ihr allein! Niemals seid ihr hilflos! Vielleicht wisst ihr nicht, wie dieser Beistand aussehen mag, aber wisst, er wird euch gegeben. Das ist ein Versprechen des Lichts und der Liebe, das wir euch mit auf den Weg geben möchten.

So seid gesegnet kraft der Liebe Gottes. Denn ER liebt euch über alle Maßen.

Abschied nehmen, der Neubeginn

Was bedeutet Abschied nehmen? Darunter ist gerade nicht zu verstehen, etwas für alle Ewigkeit loszulassen, genauso wenig, zwangsweise etwas oder jemanden zu verlieren. Oh nein, ihr geliebten Herzenskinder, begreift, dass mit Abschied nehmen etwas Neues beginnt.

Wie mag das sein, mögt ihr euch nun vielleicht fragen?

Wir möchten euch Beispiele dazu benennen. Verabschiedet sich jemand von euch und erklärt:

„Ich möchte in diesem Leben zu dir keinen Kontakt mehr haben. Du hast mir nicht gutgetan. Ich wende mich von dir ab",

so mögt ihr antworten:

„Das verletzt mich. Ich liebe dieses Menschenkind. Ich habe es verloren."

Begreift, ein Neubeginn steht vor euch. Denn zum einen könnt ihr lernen:

„Auch wenn ich mich von diesem Menschenkind nun scheinbar verabschieden muss, bleibt die Liebe dennoch erhalten. Ich kann weiterhin über die Seele in Kontakt bleiben. Andere Weggefährten werden mir an die Seite gestellt."

Zum anderen eröffnet sich euch die Sichtweise, sich gerade nicht zurückgelassen, verletzt, vielleicht sogar unverstanden zu fühlen, sondern zu bekunden:

„Ich nehme die Gegebenheit an, wie sie ist. Ich segne sie. Und ich weiß, dahinter steckt ein höherer Sinn und Zweck."

Neubeginn kann demnach für euch bedeuten:

Findet in eure Kraft hinein und hadert nicht mit den Lebensumständen.

Abschied wird aber auch dort genommen, wo ihr etwas Altes loslasst. Das kann ein Muster sein, das ihr vielleicht noch lebt, zum Beispiel dieses:

„Ich muss funktionieren. Ich muss meine Arbeiten erfüllen, meinen Pflichten nachkommen. Erst wenn all dies vorgenommen ist und ich auch für meine Familie so manches erledigt habe, darf ich mich um mich selbst kümmern."

Verabschiedet euch auch von solchen alten, nicht mehr zeitgemäßen, überholten Strukturen und wendet euch stattdessen dem Neubeginn zu, der da heißt:

„Ich lebe die Eigenliebe. Ich setze Grenzen und bin gut zu mir selbst."

Das ist wundervoll, sogar göttlich. Steht also zu dem, was euer Herz beglückt und verändert. Es liegt in eurer Hand. Das wird niemand an eurer statt vornehmen. Macht euch vor allem bewusst, ihr dürft diese positive Kehrtwendung herbeiführen.

Womöglich fragt ihr euch:

„Welches Recht steht mir zu, zu antworten: „Nein, geliebter Bruder, das erfülle ich nicht mehr für dich." Was wird er mir erwidern? Wie wird er reagieren? Er wird doch wütend sein. Das führt mich in ein schlechtes Gewissen."

Aber nein, ihr geliebten Herzenskinder. Wir sagen gerade: Lebt den Mut! Seid euch gut! Seid euch treu in dem, was ihr fühlt, was ihr wollt!

Denn was ist die Konsequenz, wenn ihr beschließt:

„Dieses Muster lege ich ab. Ich bin nicht länger Bedürfnisbefriediger für meinen Bruder"?

Das zeigt doch auf: Ihr liebt euch selbst. Ihr übernehmt Eigenverantwortung und agiert damit als göttliches Vorbild. Ihr lebt ein neues lichtvolles Muster und wendet euch damit dem Neuen zu.

Denkt also bitte weniger daran, was ihr scheinbar einge-
büßt habt, was vielleicht unangenehm ist, sondern konzentriert
euch auf das, was ihr gewinnen könnt.

Dieser positive Wechsel gilt insbesondere dann, wenn ihr
meint, einen geliebten Menschen durch einen Todesfall verloren zu haben, egal, ob es sich dabei um einen Elternteil handelt, ein Kind, einen geliebten Partner, einen Freund oder eine
Freundin. Ihr mögt zwar skeptisch reagieren:

*„Ja, ich habe diesen ganz besonderen Menschen verloren.
Er weilt nicht mehr an meiner Seite, auch kann ich nicht mehr
mit ihm reden oder lachen. So vieles muss ich nun alleine bewältigen."*

Aber habt ihr erkannt, dass sich darin ein wundervoller
Neubeginn verbirgt? Habt ihr begriffen, dass euch das auf eine
neue Bewusstseinsebene befördern und ein Befreiungsschlag
für euren Partner, euren Elternteil, euer Kind sein kann? Habt
ihr erfasst und begriffen, dass es bedeuten mag: Ihr seid frei, ihr
seid ungebunden? Und auch derjenige, der verstorben ist, kann
etwas Neues beginnen?

Betrachtet also die Dinge nicht so negativ. Verfallt nicht in
das Jammern und das Hadern darüber, was ihr scheinbar verloren habt, sondern wendet euch stets dem Alternativweg zu.
Noch einmal berichten wir euch: Dort, wo ihr euch von einer
Situation, einem Muster, einem Menschenkind verabschiedet,
wird etwas Neues in euer Leben treten.

Verdeutlicht euch, in allem liegt eine Chance, eine Möglichkeit, etwas zu gewinnen. Der Schmerz und die Traurigkeit lasst
zu. Das ist ganz natürlich, wenn ihr euch von etwas Altem befreien müsst. Aber haltet nicht daran fest. Richtet euren Blick
auf das, was ihr an Positivem daraus gewinnen könnt, also zum
einen bei den altbekannten Strukturen vielleicht die Erkenntnis:

„Das muss ich gerade nicht mehr erledigen. Wie schön. Ich darf gut zu mir sein. Ich darf Grenzen setzen. Ich darf mein Nein sprechen. Darüber freue ich mich."

Oder bei Menschenkindern, die sich von euch abgewandt haben:

„Ach, wie wunderbar, das jetzt zu erfahren. Ich bin nicht auf diese Liebe angewiesen. Ich darf sie auf andere Art und Weise erhalten oder auch leben. Dieses Menschenkind wird sicherlich früher oder später zu mir zurückkehren. Ich bin mir sicher, das hat einen höheren Sinn und Zweck. Selbst wenn wir es in diesem Leben nicht mehr schaffen sollten, den Kontakt aufzubauen, so weiß ich, wir werden uns in der Geistige Welt mit offenen Armen wieder begegnen."

Habt ihr einen geliebten Menschen durch einen Todesfall verloren, dann führt euch beispielsweise vor Augen:

„Wie schön. Ihm geht es gut. Er ist nun befreit von seiner Krankheit. Er muss nicht länger darunter leiden. Wie sehr freue ich mich, dass ich mit jedem positiven Gedanken, den ich an dieses Menschenkind verbringe, im selben Moment den Kontakt aufbauen kann. Endlich kann ich hier all das in die Wege leiten, was ich mich im irdischen Leben vielleicht nicht ganz getraut habe auszusprechen, wo vielleicht gar Blockaden gelebt wurden, sondern im Nachhinein ausdrücken, was mir auf dem Herzen liegt. Mehr noch, ich kann ihm sogar dabei helfen, sich neu einzurichten, indem ich ihm berichte: „Ach, wie beglückend war es, dich an meiner Seite zu wissen. So viele Gedanken habe ich mit dir teilen dürfen, zahlreiche überwältigende Momente, schöne Erfahrungen. Ich habe mit dir Kinder gezeugt, die ich jetzt noch an meiner Seite habe. Wie herzerwärmend ist es, das zu wissen. Die wundervollen Erinnerungen, die Liebe, die kann mir niemand nehmen. Und so segne ich dich mit all meiner in-

nigen Liebe. Ich wünsche dir Gottes Frieden in deinem Herzen, die Erleichterung darüber, dass es dir nun gut geht. Vor allem wünsche ich dir, dass du nun zu dir selbst findest."

Ist das nicht eine einzigartige Erfahrung, die ihr sammeln könnt, ein Liebesdienst, den ihr euch und auch dem Verstorbenen erweisen könnt?

Daher hadert nicht so sehr viel. Bemüht euch, euch von dem Schmerz und der Traurigkeit zu lösen.

Es ist in Ordnung, zu trauern. Es ist sogar natürlich und notwendig, um all diese Prozesse zu verarbeiten, egal, von wem oder von was ihr euch verabschiedet habt. Das kann genauso eine Arbeitsstelle gewesen sein. Und auch hier verdeutlicht euch, das Lösen von einem vergangenen beruflichen Beschäftigungsverhältnis ist ein Neubeginn, weil etwas Alternatives an euch herangetragen und noch besser zu euch passen wird.

Was auch immer ihr loslassen musstet, bedenkt dabei stets: Die Wende, das Verheißungsvolle wartet. Es steht oft schon nur einen Schritt von euch entfernt. Das behaltet im Blick.

Wenn ihr nicht wisst, wo dieser Neubeginn auf euch wartet, dann bittet uns, die Geistige Welt, darum, euch für diese Zeit zu tragen. Entsendet uns eure Wünsche um Seelenfrieden und Erkenntnis. Ersucht uns um Kraft und den Mut, den ihr benötigt, diesen Schritt zu bewältigen. Aber vernehmt – und das ist ein Versprechen Gottes, des Großen Vaters – niemals müsst ihr diese Wege alleine beschreiten. Denn ihr seid behütet. Ihr seid begleitet. Und bereits wenn ihr in folgendes Gebet tretet:

„Gott-Vater, Gott-Mutter,
bitte löse diesen Schmerz von mir, die Traurigkeit",

wird ER es aus SEINER unermesslichen Liebe heraus für euch übernehmen.

Bemüht euch, euch an dem festzuhalten, was eurem Wohlbefinden dient. Wisst, die Liebe wird euch jederzeit leiten und führen.

Wir wandeln an eurer Seite. Auch dieser innigen Liebe seid euch gewiss, ihr geliebten Kinder des Lichts und der Liebe. Niemals werdet ihr fehlgehen, wenn ihr die Entscheidung trefft, einen Menschen, eine Situation, ein Muster oder Ähnliches loszulassen. Es wird euch im Gegenteil in die Freiheit führen. Denn ihr seid nicht länger gebunden, egal, worum es sich handeln möge, sondern es werden euch bisher unentdeckte Wege, noch unbekannte Menschen präsentiert.

Und wo ihr euch haltlos fühlt, traurig oder noch in einer ungewissen Situation, wendet euch an Gott, den Großen Vater. ER wird euch stets aus SEINER grenzenlosen Liebe heraus lenken und den Weg weisen. Aber fasst den Mut, euch diesen Situationen zu stellen, denn wahrlich nichts Negatives wird daraus resultieren. Und euer Mut, euch der Herausforderung zu stellen und auszudrücken:

„Ich nehme es an, wie es ist, denn auch dieses hat einen höheren Sinn und Zweck",

wird belohnt.

So seid gespannt, welche Früchte ihr hierdurch ernten werdet:

Ihr werdet in die Kraft, in den Mut gestellt, in die Lebensfreude, die Leichtigkeit und derlei mehr. Aber auf euch alle, die ihr diese Worte lest, wie auf alle, die bereit sind, im Sinne des Lichts und der Liebe als Lichtarbeiter zu wirken, warten göttliche Geschenke. Und diese Kunde streut, damit die Menschen ihre Furcht überwinden und für sich selbst einstehen, sowie das in die Wege leiten, was ihnen Freude bereitet. Denn zuallererst soll es euch gut gehen. Also fangt an! Beginnt, indem ihr erklärt:

„Ich liebe mich selbst und nehme mich so an, wie ich bin. Denn ich bin von Gott geschaffen. Und ich habe es in der Hand, das zu verändern, was mir nicht gefällt."

Auch hierbei seid ihr über alle Maßen geliebt und begleitet.

Wir wissen, wenn ihr Abschied genommen habt, fühlt ihr euch häufig erst einmal alleine. Das ist ein Thema, das eine Menge Menschenkinder betrifft. Wenn ihr euch so fühlt, dann ist das im ersten Moment ganz natürlich, denn es ist eine Lücke entstanden, etwas Unbekanntes, mit dem ihr derzeit noch nicht umzugehen wisst. Und es ist in Ordnung, festzustellen:

„Jetzt trauere ich. Das verletzt mich. Ein geliebter Mensch ist von mir gegangen."

Aber worum geht es darüber hinaus?

Es ist gleichzeitig wichtig, sich nicht darin zu verfangen oder sich daran festzuhalten, sondern es sollte auch hier der Zeitpunkt kommen, in dem ihr aussprecht:

„Jetzt habe ich mich eine gewisse Zeit gegrämt. Ich habe meinen Schmerz herausgeweint. Ich habe vielleicht sogar gebrüllt, weil ich wütend darüber bin, dass ich jetzt alleine bin. Aber nein, ich halte mich nicht daran fest, dieser Kummer wird vergehen."

Dann wäre es sinnvoll, gerade nicht darüber nachzudenken:

„Wie wird es werden? Jetzt bin ich auf mich gestellt. Wie kann ich meinen Alltag bewältigen?",

sondern tretet bewusst in freudvolle, Hoffnung spendende, ermutigende, segensreiche Gedanken hinein. Erinnert euch zum Beispiel an die positiven Zeiten, die ihr miteinander erlebt habt. Stellt euch vor, wie euer Partner an eurer Seite steht, euch zuwinkt, zulächelt und euch ermuntert:

„Ach, das schaffst du schon."

Denn es ist sein innigstes Herzenssehnen, euch wissen zu lassen: Er glaubt an euch, er überträgt euch Kraft und spendet euch Halt.

Er wird so lange an eurer Seite verweilen, bis ihr euch wieder besser fühlt. Denn es ist sein Wunsch, dass dem so ist. Auch dieses Wissen möge euch ein Stück weit Kraft spenden.

Eine weitere Alternative wird sein, wenn ihr euch alleine fühlt, eure Seelengeschwister zu rufen. Vielleicht werdet ihr sie nicht sofort wahrnehmen können, aber dennoch werden sie anwesend sein. Und sie alle werden für euch in ein Gebet treten oder einen Singsang anstimmen, sich an den Händen nehmen und alle ihre Liebesenergie in euch einfließen lassen. Sie werden ein Lichtrad bilden, ein goldenes Lichtgitternetz, und darüber Stärke in euch einfluten lassen. Sie werden euch Halt und Geborgenheit einspeisen. Wie bereits berichtet, selbst wenn ihr sie nicht seht, vielleicht auch nicht sofort wahrnehmen könnt, wisst, es wird funktionieren.

Ihr könnt gleichzeitig darum bitten, dass Gott, der Große Vater, euch das Gefühl vermittelt, behütet und wohl aufgehoben zu sein.

Dann stellt euch vor, wie ER euch mit einem Mantel, angefüllt mit solch tragenden Energien, umhüllt.

Vielleicht fällt es euch leichter, euch vorzustellen, wie ihr auf eine Waldlichtung trefft, die erhellt ist von buntschillernden Lichtern und überall funkelt.

Wofür stehen diese Lichter?

Es handelt sich um Kristalle und Diamanten, jeder in einer besonderen Form, die euch sodann durchfluten. Betrachtet euch diese Lichtdiamanten. Der eine erstrahlt in einem satten Grün, der nächste in Pastellfarben. Wieder andere sind sehr groß, extrem schwer, hängen vielleicht ein Meter oberhalb von euch in der Luft. Der eine ist kreisrund, der nächste nur ein Lichtpartikel klein, kaum zu erkennen. Weitere strahlen zwei oder drei Kilometer weit. Andere wiederum sind winzig und strahlen nicht gar so hell. Dann wandelt diese Waldlichtung entlang. Studiert die Kristalle. Und jeder, der euch anzieht, birgt eine besondere Energie in sich, die euch auffüllt und durchflutet.

Wichtig ist es ebenso, euch mit Menschen zu beschäftigen, die euch Halt vermitteln können. Sucht euch also eine Gemeinschaft, bei der ihr euch geborgen und getragen fühlt. Das kann eine Heilpraxis, können Freunde sein oder etwa der Austausch mit der Natur. Tretet daher voller Absicht aus dem Gedankenkreisen heraus und hinein in Freudvolles, Aufbauendes. Wie wir euch haben wissen lassen, ist es in Ordnung, zu trauern, denn das hilft euch, die Situation zu verarbeiten. Aber es ist empfehlenswert, wenn ihr euch dem eine Zeit lang hingegeben habt, diesen Kreislauf wieder zu unterbinden. All die bisher genannten göttlichen Werkzeuge werden euch dabei eine Stütze sein.

Vielleicht mögt ihr euch nun des Weiteren fragen, ob Trauerfeiern oder Beerdigungen künftig noch stimmig sind.

Überlegt, was führt zu solchen Veranstaltungen? Natürlich hilft es manchen Menschenkindern, zu berichten:

„Dann kann ich noch einmal Abschied nehmen, mich leichter von ihm lösen, noch ein letztes Mal einige Worte zu diesem geliebten Menschen hören."

Das kann eure Trauerverarbeitung erleichtern. Aber ist das die einzige Möglichkeit? Seid ihr wahrlich dazu verpflichtet? Wer schreibt euch vor, dass ihr an solchen teilnehmen müsst? Das ist doch ein altes, überholtes Muster. Ist es wirklich wichtig, zu diesem bestimmten Zeitpunkt an einem ganz bestimmten Ort anwesend sein zu müssen?

Wir sagen: Nein, das ist es nicht!

Es handelt sich, wie erwähnt, um eine vergangene, nicht mehr zeitgemäße Struktur, Tradition, von der ihr euch lösen dürft. Euch trifft keinerlei Obliegenheit, euch davon zu befreien, denn wenn es eurem Herzenswunsch entspricht und euch dienlich ist, warum sollten wir euch daran hindern, einer solchen Trauerfeier beizuwohnen? Das wäre nicht im Sinne des Lichts und der Liebe.

Verabschiedet euch von dem Muster, an solchen Veranstaltungen teilnehmen zu müssen, denn es ist ein überholtes.

Wie oft nehmen die Menschen vor allem deswegen an einer solchen teil, weil sie der irrigen Annahme sind:

„Wenn ich dort nicht erscheine, wird abwertend, schändlich über mich gesprochen. Dann denken die anderen, ich hätte diesen Menschen weder geliebt noch wertgeschätzt. Deswegen muss ich hin. Ich muss Präsenz zeigen."

Wer seid ihr denn? Ihr seid doch Licht, ihr seid Liebe. Vor allem seid ihr Seele. Und die Seele kennt keine Zeit und keinen Raum. Das bedeutet, es ist unwichtig, wo ihr euch aufhaltet oder nicht. Im Gegenteil, wenn ihr gerade beschließt:

„Ich bin gut zu mir und nehme nicht an dieser Beerdigung teil",

dann könnt ihr als göttliches Vorbild fungieren. Das mag sicherlich dem einen oder anderen innerhalb eurer Familie oder anderen Bekannten und Freunden nicht gefallen. Doch das obliegt nicht eurer Verantwortung. Und es möge auch nicht eure sein, darüber nachzudenken, was vielleicht an lieblosen, bewertenden Gedanken daraus entstehen könnte. Darüber sollt ihr nicht nachsinnen.

Worum geht es?

Ihr selbst seid wichtig. Es geht um eure Trauerbewältigung. Und wer schreibt fest, dass ihr eurem Schmerz über ein solches

Beisetzungsritual Ausdruck verleihen, euch darüber verabschieden müsst? Das ist doch nicht notwendig.

Nicht umsonst seid ihr Lichtarbeiter. Ihr seid göttliche Seelen. Also, wer hindert euch daran, zu beschließen:

„Ich bleibe zu Hause. Ich gestalte meine eigene Verabschiedung. Ich setze mich hin, alleine, vielleicht auch mit zwei oder drei weiteren Menschenkindern, die mir besonders am Herzen liegen, und beginne, einen eigenen Gebetskreis zu gründen. Ich handhabe das nach meinen eigenen Regeln, mit denen ich mich wohl fühle. Ich zünde Kerzen an und stelle vielleicht ein schönes Bild von meinem Liebsten auf meinen Tisch. Das bereitet mir Freude. Ich könnte auch einen bunten Blumenstrauß kaufen, weniger für den Verstorbenen, sondern weil es mich erquickt, mich aufbaut, weil mir das ein Stück weit die Lebensqualität aufzeigt. Und es erinnert mich daran: Das Leben blüht. Es geht weiter."

Dann nehmt euch an die Hände. Umarmt euch.

Anstatt zu jammern:

„Wie schade, dass er nicht mehr unter uns weilt",

was hält euch darüber hinaus davon ab, eine neue Feierlichkeit zu gründen, ein weitaus göttlicheres Muster, das da lautet:

„Weißt du noch, wie sehr wir miteinander gelacht haben, als dieses und jenes passiert ist? Ach, wir haben Tränen gelacht. Kannst du dich noch daran erinnern, wie wir diesem Menschenkind einen Scherz bereitet haben, wie sauer es gewesen ist? Und am Ende hat es mit uns eingestimmt."

Was hindert euch daran, zu berichten:

„Er stand plötzlich mit einem großen Blumenstrauß in seinen Händen vor meiner Tür. Wie sehr hat mich das in die Freude geführt."

Wir möchten euch vermitteln, eine göttliche, lichtvolle Verhaltensweise wäre:

Seid gut zu euch selbst. Verbleibt nicht in der Trauer, sondern erinnert euch an den Menschen, indem ihr euch all die positiven, die freudvollen, die lustigen, die ehrenwerten Dinge in Erinnerung führt, die euch wieder in die Kraft stellen und aufbauen, euch neuen Lebensmut, Zuversicht und Freude schenken. Darüber zeigt ihr Wertschätzung für den anderen, und es hilft euch dabei, euch teilweise von der Trauer zu lösen. Gleichzeitig wird euch diese verstorbene Seele begleiten. Sie wird gemeinsam mit euch lachen, mit euch in die Freude treten und berichten:

„Ja, stimmt. Du hast Recht. Ach, das war eine wundervolle Zeit."

Damit, ihr geliebten Kinder des Lichts und der Liebe, leistet ihr einen göttlichen Liebesdienst.

Was passiert in diesem Augenblick, in dem ihr gerade nicht der Traurigkeit folgt, nicht dem Schmerz verfallen seid darüber, dass diese euch ans Herz gewachsene, wundervolle Seele nicht anwesend ist, sondern ihr euch an die einzigartigen, besonderen Momente des Lebens erinnert?

Ihr entsendet positive Energien. Ihr verhelft dem anderen Menschenkind, das die irdische Welt verlassen hat, dazu, sich neu und leichteren Herzens in der Geistigen Welt zurechtzufinden. Ihr erleichtert es ihm, weil ihr ihm zeigt:

„Schau, ich bin nicht in der Traurigkeit verfangen, sondern ich erfreue mich an den angenehmen, beglückenden Erinnerungen. Ich liebe dich so, wie du bist. Ach, wie schön war diese Zeit mit dir."

Das entlastet den Verstorbenen, weil er das Gefühl bekommt:

„Ich kann mich leichter lösen und verabschieden. Ich muss mich nicht um einen mir nahestehenden Trauernden kümmern. Ich muss ihm keine Kraft spenden, ihn nicht trösten. Ach, wie gerne würde ich jetzt diesen Menschen in den Arm nehmen."

Oh nein, ihr geliebten Kinder. Vielmehr gebt ihr ihm zu verstehen:

„Es ist gut, wie es ist. Du darfst neue Wege beschreiten. Es ist in Ordnung, wenn du dich nun Neuem zuwendest und in die Geistige Welt kehrst. Kümmere dich nun um dich. Ich komme zurecht."

Das ist ein überaus göttlicher Liebesdienst, den ihr dem Verstorbenen erweisen könnt.

Erfindet noch mehr solcher Muster. Setzt das um, was euch guttut. Ihr könnt auch in das Gebet treten, in das Fürbittengebet, in die Anbindung. Ruft uns Engelwesenheiten hinzu. Stellt euch vor, wie wir eine goldene Lichtleiter hinauf in die geistigen Sphären bilden.

Erkennt, wie dieses verstorbene Menschenkind mit vielen von uns an seiner Seite und mit zahlreichen weiteren verstorbenen Anverwandten Stück für Stück diese Himmelssteige hinaufklettert. Und nehmt wahr, wie alle seine Schmerzen, Sorgen und Lasten von ihm purzeln, wie er mit jedem Schritt unbeschwerter, entspannter, beschwingter und freudvoller wird.

Das hilft nicht nur ihm, sondern auch euch, euch leichter damit zurechtzufinden und die Schmerzen, die Traurigkeit loszulassen. Eurer Fantasie sind hierbei keine Grenzen gesetzt. Aber löst euch von den alten Mustern, ihr müsstet an einer Trauerfeier oder gar Beerdigung teilnehmen.

Wenn es euer Herzenswunsch ist, das vorzunehmen, folgt dem bitte. Dann werden wir euch unterstützen und euch viel Trost, Kraft und Halt spenden. Aber wenn es ihm nicht entspricht, weil ihr bereits die neuen Strukturen des Lichts und der Liebe in die Wege leiten möchtet, ist es nicht notwendig. Dann folgt eurem inneren Empfinden.

Ihr geliebten, göttlichen Sternenkinder, die ihr seid, begreift in der allumfassenden Liebe, was es folglich bedeutet, die Göttlichkeit zu leben: Es zeigt nicht nur auf, dass ihr in der Lage seid, eure Wege selbst zu bestimmen oder gar in den Frieden einzutreten beziehungsweise die Liebe für euch oder andere vorzuleben.

Darunter ist vor allem zu verstehen, alles geschieht aus einem bestimmten Grund. Gerade in den aktuellen Zeitgeschehnissen kann sich vieles verändern, wir möchten sagen, in der Regel zum Positiven. Denn euer freier Wille steht an oberster Stelle!

Dieser wird von euch Menschenkindern ausgeübt sowie von euren Tierwesen, auch von anderen Wesenheiten, natürlich ebenso von der Seele selbst, in Absprache mit Gott, dem Großen Vater. Und es obliegt euch, die Bereitschaft zu leben:

„Folge ich meinen inneren Herzensimpulsen oder nicht?"

Begreift also, die Göttlichkeit ist ein umfassendes Feld, und darunter zählt auch, alles so anzunehmen, wie es ist.

Das zeigt euch natürlich auf, ihr geliebten Gotteskinder, dass die Heimkehr eines geliebten Menschen oder Haustiers in die Geistige Welt, so unangenehm, so schmerzhaft und traurig die damit zusammenhängenden Begleiterscheinungen für euch möglicherweise gewesen sind, dennoch ein sehr göttlicher Aspekt ist.

Ihr mögt euch vielleicht fragen:

„Wie kann das im Sinne des Lichts und der Liebe sein? Mein Herz schmerzt."

Begreift, der freie Wille steht über allem!

Und so war es Gottes Wunsch und der dieser Seele, genau jene Erfahrung zu durchlaufen. Aber wisst, die Liebe, die allumfassende Liebe, die innige Herzensverbundenheit zwischen euch, hat weiterhin Bestand. Das führt euch permanent vor Augen.

Diese göttliche Liebe, die euch miteinander verbunden hat, hat jener Seele einen besonderen Halt vermittelt, und dieser wurde in dem Moment, in dem sie die irdische Welt verlassen hat, aktiviert und hat ihr Trost, Halt, Kraft, aber auch viel Liebe gespendet.

Die Göttlichkeit wird demzufolge überall dort gelebt, wo ihr euch von eurem Herzen leiten lasst, aber auch akzeptiert, was Gott, der Große Vater, mit Menschen-, Tier- oder anderen Seelen abgesprochen hat.

Darunter ist gleichsam zu verstehen:

„Ich nehme alles an, was ist. Ich folge meinen Herzensimpulsen und setze um, was mir möglich ist, um in mein Seelenwachstum zu finden."

Gott-Vater, Gott-Mutter, hält stets Wacht über das, was ihr Seelenwesenheiten, SEINE Kinder, in Angriff nehmen wollt. ER führt und leitet euch. ER begleitet euch.

So wandelt ER an eurer Seite, ihr geliebten Lichtkinder, umhüllt euch mit SEINEM Segen und dem allumfassenden Frieden. Er weiß, wie schmerzlich es sein kann, einen geliebten Menschen oder einen eurer tierischen Lieblinge gehen lassen zu müssen.

Aber ER weiß ebenso, wie tröstend es sein kann, die Liebe im Herzen neu zu entdecken. Daher erinnert euch stets an das, was ihr gemeinsam an freudvollen Erfahrungen und Momenten erlebt habt. Führt euch permanent wie ein Mantra vor Augen: Die Liebe ist ein Geschenk. Die Liebe bleibt. Die Liebe ist das, was euch in euren Herzen verbindet. Und die Erinnerungen leben weiter. Diese kann euch niemand nehmen.

Vielleicht mag sich die physische Form umgewandelt und sich in eine energetische verändert haben, aber was ihr miteinander erlebt habt, was zwischen euch gewachsen ist, wird auf ewig Bestand halten, denn Gottes Licht, Gottes Liebe ist stärker als alles andere, was existiert.

Das bedeutet: Was göttlich ist, kann niemand trennen! Was göttlich ist, bleibt in Erinnerung! Diese göttliche Verbindung, die ihr miteinander geteilt habt, wird weiterhin existieren. Darauf vertraut, denn so wird es sein.

Versteht, dass daraus etwas Wundervolles erwachsen ist. So, wie ein Feld erneut gepflügt werden kann, wenn beispielsweise reifes Getreide abgeerntet worden ist und wieder Platz schaffen kann, um weitere wundervolle Erzeugnisse hervorzubringen, so kann das auf die Heimkehr in die Geistige Welt übertragen werden.

Wir möchten mitnichten zum Ausdruck bringen, dass ein Ersatz gefunden wird, denn das wird niemals geschehen. Aber daraus kann durchaus etwas Neues erblühen. Ihr könnt euch zum Beispiel daran erinnern, welch einzigartige, wundervolle Erfahrungen ihr gesammelt habt, gerade dann, wenn euch die Traurigkeit übermannt. Das ist der Neubeginn, von dem wir sprechen, nämlich dahingehend, dass ihr euch aus der Trübsal befreit und daran denkt, wie gut es nun eurem geliebten Menschenkind oder eurem tierischen Begleiter in der Geistigen Welt geht. Diese Seele ist erfüllt mit positiver Erfahrung, mit grenzenloser Liebe und der Verbundenheit mit euch. Das sind Erinnerungen, die sie voller Stolz in sich trägt und hat wachsen lassen.

Gerade über diesen Start in ein weiteres, nächstes Leben, über jene frisch hinzugewonnenen Erkenntnisse denkt bitte nach. Das wird euch manches Mal ein Stück weit aus dem Schmerz und der Traurigkeit herauslösen.

Begreift daher, ihr habt gemeinsam zahlreiche wundervolle Erlebnisse geteilt, erfreuliche, wunderschöne, wie auch schmerzhafte oder unangenehme. Aber dieses geliebte Gottesgeschöpf hat sich dann auf eine göttliche, dem gewachsenen Bewusstsein entsprechendere Ebene aufschwingen dürfen.

Ihr habt einem Seelenwesen dazu verhelfen können, einzigartige Einsichten zu gewinnen, innige Herzensverbundenheit empfangen, genießen und Liebe, Unterstützung und Halt erleben zu dürfen. Alle diese besonderen göttlichen Erinnerungen werden in dieser individuellen, euch ans Herz gewachsenen Seele abgespeichert. All dies wird sie weiterhin in sich tragen, und damit könnt ihr sie auch nähren.

Begreift, welch göttlicher Liebesdienst euch sowie jener anderen Seelenwesenheit erwiesen wurde. Das ist Göttlichkeit in ihrer reinen Qualität.

Ihr, ihr geliebten Kinder Gottes, des Großen Vaters, seid göttlich in all eurem Sein. So hüllen wir euch nun ein in SEINEN Frieden und stärken euch mit SEINER Kraft.

Wir setzen euch außerdem einen Kristall der allumfassenden Liebe ein. Er möge stets dann zu schwingen beginnen, wenn ihr euch trostlos oder einsam fühlt oder das Gefühl verspürt:

„Jetzt benötige ich Kraft und Halt von außerhalb."

Dann spürt in euch hinein und lasst diesen Kristall schwingen. Es benötigt eventuell einen Moment Zeit, bis er soweit aktiviert ist, dass ihr die Wirkung spüren werdet.

Aber wisst, genau so wird es geschehen, denn das ist Gottes Wunsch für euch. Ihr sollt nicht länger leiden. Oh nein, ihr geliebten Lichtkinder. Seid euch dieses Geschenk wert.

Das ist von Bedeutung, denn ihr seid es wert, wieder zu der Lebensqualität zu finden, die ihr euch wünscht.

Also setzt genau das um, ihr geliebten Herzenskinder. Wir, die Geistige Welt, unterstützen euch dabei. So nimmt es auch Gott, der Große Vater, vor.

Stets habt ihr unsere Hilfe an eurer Seite. Das bedeutet auch, kraft eines kurzen Gedankens, eines Gebetes euerseits, dass wir euch fördern, unterstützen, in eure Kraft hineinstellen, vielleicht sogar euer Bewusstsein etwas trüben, damit es für euch angenehmer wird.

Euren Bitten sind keinerlei Grenzen gesetzt. Das möchten wir euch wiederholt verdeutlichen, denn wir, die Geistige Welt, wie auch die allumfassende, göttliche Hilfe, ist nur einen Gedanken weit entfernt.

Bleibt in eurem Gottvertrauen, ihr geliebten Gotteskinder, denn ihr werdet noch den Zeitpunkt erleben, an dem ihr euch gelassen und in einem Wohlgefühl eurem Alltag, eurem Leben werdet stellen können. Dann wird euch vieles leichter gelingen, als es vielleicht jetzt noch der Fall ist.

Haltet unbeirrt und weiterhin an dem göttlichen Ziel fest: Ihr seid Lichtarbeiter. Ihr seid Gottes Kinder. Und ihr seid über alle Maßen geliebt, sodass ihr zurückgeführt werden sollt in die Kraft, die innere Mitte, die Stabilität und alles, was ihr euch in eurem Herzen ersehnt.

Wir, die Geistige Welt, wie auch Gott, der Große Vater, unterstützen euch dabei. Denn niemals seid ihr allein!

Wir segnen euch für euer umfassendes, göttliches Sein.

Lebt die Liebe! Lebt die Göttlichkeit! Und seid, wer ihr seid, denn ihr seid göttlich!

So seid gesegnet auf euren lichtvollen Lebenspfaden. Lebt den Mut, nach euren Wünschen zu handeln. Wisst, nichts könnt ihr hierbei falsch machen. Es gilt nur, nach eurem Herzensempfinden zu leben. Dabei unterstützen wir euch, die Engel, gemeinsam mit IHM. Nur das wird euch noch an Herausforderungen entgegengebracht, was ihr auch leisten könnt. Niemals werdet ihr überfordert. Kein Schaden wird euch dadurch entstehen. Seid beherzt. Stellt euch waghalsig allem, was Gott euch präsentiert. Seid wahrhaftig, und wundervolle, göttliche Geschenke werden euch damit zuteilwerden.

Hoher Wellengang

Hoch wogen die Wellen in diesen Zeiten der Bewusstseinsanhebung, die ihr momentan in eurem Leben zu durchschiffen habt. Manches Mal werden sie euch mächtig entgegengeschlagen, aber erkennt, nach jedem Wellengang wird auch wieder eine Ebbe, ein ruhiger Seegang, ein sachtes Durchschiffen eures Lebensmeeres kommen.

Wisst, ihr geliebten Kinder des Lichts und der Liebe, nach jedem Regen folgt wieder Sonnenschein.

Den hin und wieder auftretenden Schauer, diesen hohen Wellen- und Seegang, habt ihr in eurem Leben zu durchlaufen, damit ihr, wenn dieser abgeflaut ist, euch wieder in ruhigere Gewässer einschiffen könnt. Ihr werdet feststellen, wie dieses, genauso wie der Hafen, den ihr ansteuert, andere, neuartige Qualitäten für euch bereit hält. Es handelt sich um solche, die der höheren Schwingung bedürfen.

Alles, was nicht mehr zeitgemäß ist, was diesem Profil nicht mehr angepasst ist, hat sozusagen entsorgt zu werden. Alte Lasten habt ihr abzuschütteln, über Bord zu werfen und hinabzulassen in das Meer, in jenes Gewässer, das ihr momentan immer wieder durchfahrt. Ihr habt dies hinter euch zu lassen, damit Neues Platz finden kann, denn seht, es macht keinen Sinn, alles, was ihr nicht mehr benötigt, anzuhäufen und mitzunehmen. Ihr benötigt es nicht länger.

Es ist genau dieser Seegang, den ihr jetzt als Prozess durchlauft, um euch von allem Überholten, das euch nicht mehr dienlich und zuträglich ist, zu verabschieden.

Wir sind darum bemüht, euch alle diese Lasten zunehmend abzunehmen, aus euren Händen zu nehmen, um sie weiterzutragen an Gott, den Großen Vater, denn auch ER steht euch stets hilfreich zur Seite und ist bemüht, euch zu helfen. Das eine oder andere Mal nimmt ER eure Hand, hält sie fest und lässt SEINE Liebe in euch hineinfließen, denn ihr seid SEINE Kinder, SEINE Söhne, SEINE Töchter. An diesem Gedanken haltet euch fest. Ihr seid so sehr von IHM geliebt.

Wisst, die Zeiten, die noch auf euch zukommen mögen und werden, sind goldene Zeiten.

Es ist wie ein Sonnenstrahl, der jetzt auf die Erde entsendet wird, direkt in euer Herz, um es noch weiter zu öffnen und Neues, Großartiges daraus hervorsprudeln zu lassen.

In euch wird jetzt ein Quell tiefer Kraft aktiviert, der noch nie Dagewesenes, Staunenswertes, Göttliches zum Vorschein bringen darf. Es handelt sich um den Umwandlungsprozess, um zum einen das Alte hinter euch zu lassen, zum anderen, das Neue jetzt wie einen Samen in der Erde aufquellen zu lassen, der mit diesem Regen begossen wird.

Verliert niemals die Hoffnung, dass dieser Sonnenstrahl in eurem Leben nicht nur weiter verbleiben, sondern euer ständiger Begleiter sein wird. Haltet euch an ihm fest, wann immer ihr das Gefühl habt, euch im Dunklen oder im Regen zu befinden, denn dieser Hoffnungsschimmer, diese göttliche Verbindung, die direkt in euer Herz führt, wird niemals unterbrochen werden.

Es mag sein, dass sich hin und wieder Wolken davorschieben, aber dieser Sonnenstrahl dringt dennoch durch sie hindurch. Er trägt die Kraft und die Qualität in sich, euch in jeder Situation, in jeder Sekunde und an jedem Ort, an dem ihr euch befindet, zu erreichen. Daran haltet euch fest.

Es ist dieser lichtvolle Strahl, diese göttliche Hand, dieser göttliche Fingerzeig, der euch allseits begleitet und euch niemals loslässt oder verlässt. Es ist Gottes Art, euch SEINE Liebe zu zeigen und euch SEINE Hilfe angedeihen zu lassen.

Ihr geliebten Gotteskinder, hoch sind die Wogen, die ihr manches Mal zu durchlaufen habt. Hoch sind nicht nur die, die bedeuten, dass euch Herausforderungen präsentiert werden, sondern hin und wieder auch jene, die euch in die Emotion, in die Anspannung, in die Angst oder in die Verzweiflung hineinwerfen. Doch erkennt: Niemals seid ihr hilflos!

Alle diese scheinbar schwierigen Zeiten, die gerade stattfinden oder möglicherweise zukünftig auf euch zukommen könnten, sollen niemals dazu führen, dass ihr den Mut und die Hoffnung verliert. Denn ihr Kinder SEINER selbst seid über alle Maßen geliebt, aber auch geführt, geleitet und geschützt durch Gott, den Großen Vater.

Das heißt, diese Situationen sollen euch zum einen aufzeigen, dass derzeit vieles aus diesem Planeten herausgelöst und darüber hinaus verändert wird. Denn alles, was nicht mehr im Sinne des Lichts und der Liebe ist, wird nun zunehmend aufgelöst, weil ihr euch in einer Zeit befindet, in der das Alte zerbricht und gelöscht wird, um Neuem, Positivem Platz zu schaffen. Und dieses wird ausschließlich im Sinne des Göttlichen sein.

Das heißt, für den Moment werdet ihr manche Umrüttelungs- und Umschüttelungsprozesse durchlaufen. Das kann dazu führen, dass ihr sowohl am Arbeitsplatz, im familiären Umkreis, aber ebenso auf dem gesamten Planeten alle diese Herausforderungen, Konfrontationen, Konflikte und Streitereien bis hin zu Kriegssituationen wahrnehmt.

Das soll euch jedoch niemals in die Angst führen. Wir erklären auch weshalb.

Diese Situationen zeigen euch auf, dass jetzt Altes gelöst wird. Ausschließlich dort, wo dieser Umrüttelungsprozess stattfindet, können wir dieses vornehmen, um hier anschließend wieder Frieden und Leichtigkeit einfließen zu lassen.

Eure Mithilfe ist natürlich ebenfalls vonnöten. Das heißt, gerade in einem solchen Moment, da ihr das Gefühl in euch tragt:

„Ich schaffe das nicht mehr. Das überfordert mich. Ich spüre zu viel Druck und Anspannung. Ich habe Angst",

bittet Gott, den Großen Vater, wie auch uns, die Geistige Welt, darum, dass genau in diesem Augenblick der Frieden in euch wieder Einzug halten darf. Ersucht uns um Reinigung, damit das, was euch nicht dienlich ist, gelöst wird, und bittet um alles, was euch zu diesem Zeitpunkt fehlt, egal, worum es sich handeln möge. Das ist enorm wichtig für euch. Im gleichen Augenblick, in dem ihr dieses umsetzt, übernehmt ihr Eigenverantwortung und werdet das Gefühl in euch tragen, diese Situation nicht einfach zu durchlaufen, nicht nur hilflos zu sein und abwarten zu müssen, sondern ihr werdet mit dem Empfinden und dem Wissen an die Sachlage herantreten können:

„Ich kann jetzt etwas verändern, die Situation derart positiv beeinflussen und abändern, dass ich mich wohler damit fühlen werde."

Nun gut, es mag eventuell nicht sofort eine positive Wirkung erzielen, denn auch wir benötigen Zeit, um euch das Licht, die Liebe, die Leichtigkeit und den Herzensfrieden wieder näherzubringen.

Aber seid euch darüber im Klaren, wenn ihr um solches bittet, werden bei uns, in der Geistigen Welt, immens viele Hebel in Bewegung gesetzt, damit euch dieses wieder erreichen wird. Lasst uns wirken und arbeiten.

In der Zwischenzeit, in der wir all dies für euch bereinigen und verändern, übt bitte eine Tätigkeit aus, die euch in die Entspannung führt. Tretet bewusst aus dem negativen Gedankenkreisen heraus. Beschäftigt euch nicht mehr mit dem, was euch in die Schwere, die Depression, die Angst, die Traurigkeit oder die Wut führt.

Das mag nicht immer einfach für euch sein, aber das gilt es, zu üben und zu trainieren. Und immer, wenn wieder dieser negative Gedanke auftaucht:

„Ich weiß gar nicht, wie ich das schaffen soll",

lenkt euch ab.

Es geht folglich darum, euch bewusst eine Aufgabe vorzunehmen, die euch in die Freude führt, gleichgültig, worum es sich handeln möge. Widmet euch zum Beispiel dem Spazierengehen, einem Gespräch, der Malerei, dem Tanz oder euren Tieren. Aber ihr selbst habt diese Verantwortung zu übernehmen. Und dann übt die ersten zehn bis fünfzehn Minuten diese Beschäftigung demgemäß aus, und ihr werdet feststellen:

„Jetzt geht es mir schon wieder besser."

Wenn ihr einer Beschäftigung nachgeht und diese euch beglückt, lenkt ihr euch nicht nur ab, sondern es ist gleichzeitig eine Einladung an uns, die Geistige Welt, euch wieder mit neuer Lebenskraft und Lebensfreude zu durchfluten und aufzubauen.

Das vergesst bitte nicht mehr, ihr geliebten Herzenskinder. Nehmt also all die Herausforderungen des Lebens nicht mehr allzu schwer.

Natürlich hört sich das jetzt leicht an. Wir wissen, dass es für euch nicht immer möglich ist, diese Gedankengänge sofort zu unterbrechen. Aber bereits wenn ihr in das Gebet tretet oder euch etwas anderem widmet, wird euch diese Hilfe zuteilwerden. Was hindert euch daran, genau in den Momenten, in denen ihr an eure Grenzen stoßt, Gott, den Großen Vater, darum zu bitten:

„Nimm DU mir diese Last nun ab. Ich schaffe das jetzt nicht mehr. Ich fühle mich schwach und bitte DICH darum, Gott-Vater,

Gott-Mutter, gib DU mir die Kraft, die mir fehlt. Stell DU mir die benötigte Information zur Verfügung, um wieder in Ruhe und Leichtigkeit schlafen und die nächsten Tage leichter bewerkstelligen zu können. Ich bitte DICH um Hilfe."

Dort, wo ihr den himmlischen Vater vielleicht nicht um Unterstützung bitten möchtet, wendet euch gerne an euren Schutzengel. Auch er wird euch helfen.

Das Wichtigste ist lediglich: Übernehmt die Verantwortung für euer Sein und euer Empfinden. Das schließt ebenfalls mit ein, wenn ihr Nachrichten vernehmt, die euch nicht zuträglich sind. Beschäftigt euch nicht länger damit, sondern setzt hier gleichfalls eure Grenze auf, lebt die Eigenverantwortung und bringt zum Ausdruck:

„Das tut mir nicht mehr gut. Ständig höre ich diese negativen Nachrichten."

Es ist gleichgültig, ob es sich um Meldungen aus eurem Fernseh-, aus dem Radiogerät handelt oder von Nachbarn oder Freunden. Aber verinnerlicht, ihr müsst euch dem nicht mehr öffnen, denn solches obliegt eurer Verantwortung.

Oft seid ihr noch der Meinung:

„Ich muss mich informieren. Ich muss doch für meine Nachbarn und meine Freunde ein offenes Ohr haben."

Überprüft, ist das wirklich so? Habt ihr nicht zuerst für euch selbst einzustehen und auch einmal kundzutun:

„Das möchte ich nicht!"?

Wer außer euch sollte das für euch übernehmen? Das könnt nur ihr selbst. Und wenn ihr damit ein Problem habt, auszusprechen:

„Ich möchte deine negativen Botschaften nicht hören",

dann beschränkt das. Ihr müsst ja nicht sofort alles abwiegeln. Aber teilt unmittelbar mit:

„Ich fühle mich heute nicht gut. Lass uns gerne darüber sprechen, wie es dir geht, aber es ist mein Wunsch, dass wir nach einigen Minuten etwas Entspannendes unternehmen oder über etwas Leichtes, Sanftes miteinander sprechen."

Diese Option steht euch doch frei. Das kostet natürlich Mut, aber dieser wird belohnt. Wenn ihr solchermaßen eure Grenzen gesetzt habt und für euch eingestanden seid, dann fördert das euer Wohlbefinden, und ihr lebt die Wahrhaftigkeit. In diesem Moment habt ihr als Lichtarbeiter Gottes, des Großen Vaters, fungiert, weil ihr zu euch, zu euren Wünschen und Bedürfnissen gestanden seid. Das ist etwas Wundervolles, ihr geliebten Kinder.

Noch eindringlicher möchten wir euch dazu ermuntern, häufiger euer Nein wie euer Ja zu sprechen. Niemals seid ihr für andere Menschenkinder verantwortlich. Zuerst tragt ihr für euch die Eigenverantwortung. Das vergesst ihr oft, was jedoch nicht tragisch ist, möchte jedoch in den künftigen Zeiten von euch zunehmend erkannt werden.

Stellt euch daher jeden Tag die Frage:

„Fördert das meine Lebensqualität, ist mir das zuträglich oder nicht?"

Dort, wo es euch schadet, egal, worum es sich handeln möge, denkt darüber nach:

„Wie kann ich das verändern?"

Handelt es sich um eine Situation, von der ihr der Ansicht seid:

„Hier weiß ich nicht, wie ich das in die Wandlung führen kann. Mir fällt dazu nichts ein",

entsendet die Bitte an Gott, den Großen Vater, dieses Problem für euch zu übernehmen. ER liebt euch so unermesslich, dass ER das mit einer immens großen Freude in SEINEM Herzen für euch vornehmen wird.

Bleibt in der Geduld und ebenfalls im Vertrauen, dass ER dieses für euch umsetzen wird. So wird es sein. Vielleicht wird die Lösung nicht ganz so aussehen, wie ihr euch das in dem Moment der Bitte ausgesucht oder erwünscht habt. Aber wisst, diese göttliche Lösung wird eurem Wachstum und Wohlbefinden dienen. Daran haltet euch fest.

Bleibt daher in den nächsten Zeiten möglichst ruhig und gelassen. Und dort, wo euch die Herausforderungen des Lebens zu übermannen drohen, gönnt euch bewusst eine Auszeit und viele entspannende Gespräche, wie auch Tätigkeiten. Denn ihr habt für euch Sorge zu tragen.

Sobald ihr euch unwohl fühlt, zieht euch bitte aus dem Alltagsgeschehen zurück, soweit es euch möglich ist. Ist das nicht umsetzbar, wendet euch an uns, die Geistige Welt. Wisst, wir werden dieses dann für euch übernehmen, euch die Kraft, die Nervenstärke und alles andere, was ihr benötigt, zur Verfügung stellen, damit ihr euch wieder euren täglichen Aufgaben widmen könnt.

Dann vergesst aber nicht, spätestens des Abends, wenn ihr wieder nach Hause zurückkehrt, euch wenigstens einige Minuten der Ruhepause und der Freude zu gönnen. Das möchten wir euch in Erinnerung rufen, denn ihr seid ganz besondere Lichtkinder Gottes, des Großen Vaters, weil ihr bereit wart, eure Aufgabe auf diesem Planeten zu diesen doch recht stürmischen Zeiten zu bewältigen. Dafür, ihr geliebten Kinder des Lichts und der Liebe, seid ihr ganz besonders geliebt.

Macht euch bewusst : Ihr seid göttlich!
Diese Göttlichkeit bringt noch intensiver zum Ausdruck.

Das heißt, beginnt euch selbst zu lieben, euch selbst noch eingehender zu leben, indem ihr mehr und mehr das umsetzt, was euch angenehm ist. Denn oft habt ihr verlernt, euch selbst gut zu sein, euch selbst zu lieben und wertzuschätzen. Aber fangt an, das nun zunehmend umzusetzen. Ihr seid es wert, und ihr dürft das nicht nur, sondern ihr sollt danach leben. Göttlichkeit bedeutet nämlich ebenfalls:

„Ich liebe mich so, wie ich bin! Und so wie ich bin, lebe ich!"
Überprüft euch daher jeden Tag:
„Was ist mein Wunsch?"
Setzt euren Willen um und verändert. Aber übernehmt die Eigenverantwortung.

Wir möchten euch aus unserer innigen Liebe heraus ein wunderbares Gebet an die Hand geben:

„Gott-Vater, Gott-Mutter,
der DU bist die Hochherrschaftlichkeit allen Seins,
der DU bist der Schöpfer des Universums,
der DU bist der Schöpfer aller Seelenwesenheiten,
wir ehren DICH und danken DIR für DEIN Sein.
Wir ehren DICH und danken DIR für das Licht, das DU uns gibst,
aber auch für die Liebe, die DU in unser Herz legst.
Wir danken DIR für DEIN Vertrauen, das DU in uns setzt,
für das Vertrauen, den Glauben und die Hoffnung,
die DU uns geschenkt hast.
Durch diesen Glauben, das Vertrauen und die Hoffnung
können wir allseits DEINEN Wegen folgen,
sehen das Licht und die Liebe am Horizont

und lassen uns von den Herausforderungen des Lebens
nicht beeinflussen.
Denn wir wissen: DU bist an unserer Seite!
Und DEINE Liebe, Gott-Vater, Gott-Mutter,
begleitet uns in jeder einzelnen Sekunde unseres Lebens.
Erschaffen hast DU uns mit DEINER allumfassenden Liebe.
Begleiten wirst DU uns mit DEINER allumfassenden Liebe.
Und nach Hause zurückholen wirst DU uns in
DEINER allumfassenden Liebe.
Ich danke DIR von ganzem Herzen,
dass DU mich begleitest bei allem,
was ich tue und was ich bin.
Denn ich bin göttlich.
DIR verdanke ich mein Leben.
DIR verdanke ich meine Hoffnung.
Und DIR Gott-Vater, Gott-Mutter,
verdanke ich alles, was ich bin.
Denn ich bin göttlich. Ich bin Liebe. Ich bin DEIN Kind.
Und so danke ich DIR, Gott-Vater, Gott-Mutter,
für all diese wundervollen Geschenke.
Ich ehre DICH. Ich liebe DICH.
Amen."

Ihr geliebten Lichtkinder, wir danken euch für euer großes Vertrauen in uns, die Geistige Welt, und in Gott, den Großen Vater. Wir danken euch dafür, dass ihr bereit seid, den Weg des Lichts und der Liebe zu gehen, denn wisst, dieser spirituelle Weg wird nicht immer einfach werden. Aber das sollte niemals bedeuten, dass euch Hindernisse in den Weg gestellt werden, die ihr nicht überwinden könnt.

Wir sind immer an eurer Seite, um euch zu helfen, euch die Hände zu reichen, die ihr benötigt, um aus eurem Weg die Steinchen zu räumen oder um leichten Schrittes darüber zu klettern.

Wir, die Geistige Welt, wandeln stets bei euch, um euch dabei zu unterstützen. Das ist uns nicht nur eine immens große Freude, sondern auch unser Auftrag, den wir mit einer überaus innigen Liebe für euch erfüllen.

Ihr seid nicht allein

Zahlreiche Wesenheiten, ihr geliebten Töchter und Söhne Gottes, des Großen Vaters, beobachten euer Treiben hier auf Erden. Wahrlich, unzählige Blicke sind auf diesen Planeten gerichtet, denn von diesem Weltgeschehen hängt auch die weitere Entwicklung des gesamten Universums ab.

Das bedeutet für euch, jeder Schritt, den ihr im Sinne des Lichts und der Liebe unternehmt, hat ebenso Auswirkungen auf andere Planeten und Wesenheiten.

Diese Information, diese Botschaft, die wir euch gerade übermittelt haben, soll sich tief in eurem Herzen verankern, denn es wird euch den notwendigen Mut geben, eure Herzensbedürfnisse umzusetzen, eure Meinung kundzutun, eure Wahrhaftigkeit zu leben und der Mensch zu sein, der ihr gerne sein möchtet. Wenn ihr begreift, dass ihr konsequent euch selbst zu leben habt, also nach euren eigenen Vorstellungen und Wünschen, im Sinne des Lichts und der Liebe, dann lebt ihr nicht nur die Göttlichkeit, folgt nicht bloß eurem Seelenplan, sondern ihr agiert als Lichtarbeiter Gottes, des Großen Vaters.

Ihr führt den Bewusstseinswandel mit herbei und zieht darüber hinaus unweigerlich das Universum mit in die Neue Zeit.

Verinnerlicht diese Informationen, ihr geliebten Gotteskinder. Wisst darum, von euch hängt das weitere Geschehen des Planeten sowie des gesamten Kosmos ab.

Das soll euch keine Angst bereiten, sondern euch ausschließlich beflügeln. Denn was zeigt euch diese Botschaft noch auf?

Ihr seid liebevoll begleitet und unterstützt. Ihr werdet nämlich nicht nur von anderen Wesenheiten beobachtet, die achtsam, besorgt, aber zudem voller Freude darüber sind, wenn sich wieder ein Menschenkind dazu bereit erklärt hat, seinen Herzenswünschen zu folgen, weil das bedeutet, es hat die Epoche des Goldenen Zeitalters erneut eingeläutet.

Vielmehr sind Zahlreiche von ihnen aus dem gesamten Universum zu euch geeilt, um euch zu unterstützen. Unterschätzt diese Hilfe nicht, denn sie zeigt euch, ihr werdet in eurem Sein unterstützt. Ihr erhaltet Mut und Kraft dort, wo es notwendig ist. Ihr empfangt ein tröstendes, ein aufbauendes Wort und liebevolle Gedanken.

Gleichzeitig wird euer Herz mit der göttlichen Quelle und euren Seelengeschwistern verbunden. Dieses und noch Unzähliges mehr führen die geistigen Wesenheiten aus allen anderen Sternen- und Planetensystemen für euch aus, nicht nur, weil es ihr Wunsch ist, den Bewusstseinswandel im gesamten Kosmos herbeizuführen, sondern weil sie euch ebenfalls von ganzem Herzen lieben. Es ist ihr Wunsch, dass ihr alles an Unterstützung und Beistand erhaltet, was euch zusteht und nach dem ihr euch sehnt.

Wenn es demzufolge erneut eine mutige Entscheidung zu treffen gilt, ein beherztes Wort zu sprechen ist oder ihr euch für einen bestimmten Weg entscheiden müsst, dann wisst, befindet ihr euch auf göttlichen Wegen, vor allem aber werdet ihr bedingungslos und über alle Maßen geliebt und tatkräftig unterstützt.

Nehmt diese Botschaft tief in eurem Herzen auf, denn jeder Einzelne von euch, der diese Worte nun vernimmt, wird begleitet von zahlreichen geistigen Wesenheiten, deren Aufgabe es jetzt ist, euch zu dienen und zu unterstützen. Niemals seid ihr allein! Niemals seid ihr hilflos!

Jeder Schritt des Bemühens, den ihr vornehmt, um die Göttlichkeit und damit die allumfassende Liebe in euch und auf

Erden zu manifestieren und eure Herzensbedürfnisse umzusetzen, wird belohnt. Es wird ein weiterer Schritt sein, der das Goldene Zeitalter auf eurer Mutter Erde einläutet und zum Erblühen bringt.

Daher seid mutig. Traut euch noch mehr zu. Und vergesst bei allem, was ihr in die Handlung führt, niemals mehr die Liebe zu euch selbst, wie auch die Liebe Gottes, des Großen Vaters, die ER für jeden Einzelnen von euch in SEINEM unermesslich großen Herzen trägt.

ER kennt euch. ER weiß um eure Wünsche, Bedürfnisse und Ängste. Und ER wird alles Mögliche unternehmen, um euch diese Hindernisse aus eurem Leben zu entfernen, um Furcht zu reduzieren oder gar aufzulösen und euch in die Freude, die Leichtigkeit und Gelassenheit zu führen, weil ER euch von ganzem Herzen liebt.

Die Liebe manifestieren

Die Liebe, ihr geliebten Kinder des Lichts und der Liebe, ist euer ständiger Begleiter, aber ebenso euer Lehrmeister. Denn die Liebe wertet nicht. Sie urteilt nicht. Die Liebe ist einfach, wie sie ist. Sie nimmt die Dinge an, wie sie sind. Sie zeichnet euch alle in eurem wundervollen, göttlichen Sein aus. Erinnert euch daran, dass ihr nichts anderes seid als die Liebe Gottes, des Großen Vaters. Ihr seid ein Ausdruck SEINER Liebe, SEINER Barmherzigkeit. Ihr seid ein Teil SEINER Essenz.

Diese Liebe, die sich in euch widerspiegelt, wir möchten sagen, der ihr entstammt, ist nicht nur in euch gefestigt, sondern wird euch fortan beständig mehr zu der Person formen und erstarken lassen, die ihr gerne sein möchtet.

Daher lasst euch von der Liebe modellieren, die bereits in euch integriert ist, die ihr bereits seid. Sie sorgt dafür, dass das, was diesem göttlichen Erbe nicht entspricht, mehr und mehr ausgelöscht und ausradiert wird. Dieser Platz wird für das Neue, das in der Liebe schwingt, benötigt.

Es ist unsere, wie auch eure Aufgabe, dass nun alles Alte, das nicht dem Christusbewusstsein entspricht, aussortiert wird, angefangen bei euren Überlegungen, Betrachtungen und Gefühlen. Das heißt also, überall dort, wo ihr merkt:

„Diese Idee oder auch die Handlung, das Gefühl führt zu nichts Wertvollem, bringt mich nicht weiter. Ich erreiche nicht das Ergebnis, mit dem ich mich wohl fühle. Ich erkenne etwas."

Dort beginnt diese Gedanken stehenzulassen, indem ihr euch verdeutlicht:

„Das führt mich nicht zum Ziel. Ich bin die Liebe und befinde mich darin. Und so aktiviere ich nun die Liebe Gottes, des

Großen Vaters, durch SEINE Kraft und SEINE Hilfe in mir, damit sie wirken und sich ausdehnen kann. Ich fiebere dem neuen Wissen entgegen, das ich erhalten werde. Ich bin beglückt über die Ruhe und den inneren Frieden, die ich durch die Ausdehnung meiner eigenen Zuneigung erhalten werde. Denn ich bin Liebe. Und auch meine Gedanken werden fortan noch achtsamer und wertschätzender werden."

Denn so wird es sein.

Tragt diese göttliche Qualität durch euer einzigartiges und individuelles Sein konsequent nach außen. Es muss nicht so sein, dass diese alles und jeden so akzeptiert, wie es/er ist. Wichtig ist einfach, dass ihr eure Wahrhaftigkeit und Wahrheit lebt. Und lasst alle Menschen, die in ihrem Ego verhaftet sind, die nicht akzeptieren können, was ihr seid oder ausdrückt, stehen. Auch sie werden ihr Ziel erreichen.

Bereits in dem Moment, in dem ihr beispielsweise einem Menschen gegenübersteht und ihn bloß anlächelt, ohne etwas zu erwidern, bringt ihr eure Göttlichkeit zum Ausdruck. Das vermag oft vieles im göttlichen Sinne in Bewegung zu bringen.

Es ist daher nicht grundsätzlich notwendig, etwas zu erwidern, sondern bereits dann, wenn ihr einfach euer Licht und eure Liebe nach außen entsendet, wie durch ein Lächeln und durch einen Blick in die Augen des anderen, bewirkt ihr wahrlich Göttliches.

Das möchten wir euch wissen lassen, denn es ist in jedem einzelnen Augenblick eures Lebens nur noch wichtig, so zu leben, wie es sich für euch gut und stimmig anfühlt, gleichgültig, was ihr in Angriff nehmt oder wo ihr euch befindet.

Ihr werdet in der Zukunft permanent auf alle Gedanken hingewiesen werden, die nicht in der Liebe sind. Denn die liebevollen Gedanken möchten ab sofort gefördert und forciert werden.

Damit wir euch dabei unterstützen können, bedeutet das zuerst, die unguten, abbauenden Überlegungen, die euch Energie, Frieden und den Selbstwert rauben, müssen als Erstes in das Ruhen verbracht werden, indem ihr sie unterbrecht und euch verdeutlicht:

„Das führt mich nicht zum gewünschten Ziel."

Beschäftigt euch stattdessen mit etwas anderem, lenkt euch ab oder drückt aus:

„Ich weiß nicht, warum das gerade so stattgefunden hat. Aber es wird einen höheren Sinn und Zweck haben. Ich freue mich, dass ihr, die Geistige Welt, diese Situation nutzen könnt, um an mir zu verändern und ich jetzt einfach nur genießen kann und nichts weiter in die Wege leiten muss, als meine Bereitschaft für diesen Prozess zu erklären."

Dann beschäftigt euch nicht weiter damit. Seid jedoch darauf vorbereitet, dass es das in der nächsten Zeit hin und wieder zu üben gilt. Und wenn ihr euch unsicher seid:

„Soll ich das nun stehenlassen, oder steckt für mich vielleicht doch eine bestimmte Lernaufgabe dahinter?",

dort tauscht euch mit einem anderen aus. Hierbei ist es gleichfalls unwichtig, ein bestimmtes Ergebnis zu erzielen oder um in dieser Situation herauszufinden:

„Das sollte mir aufzeigt werden. Jetzt bin ich schlauer."

Nein, darum geht es mitnichten. In einem solchen Moment soll eure Unsicherheit aufgedeckt und durch ein Gespräch bearbeitet werden. Uns wird damit die Möglichkeit eröffnet, erneut an eurem Gedankenkreisen und eurem Lernthema zu arbeiten, um dieses aus euch herauszulösen und mit der Liebe zu ersetzen, was zum Ausdruck bringt:

„Ich nehme die Situation so an, wie sie ist. Denn so, wie sie ist, ist sie wundervoll, einzigartig und geschaffen, damit ich

noch inniger und tiefgreifender in die Liebe Gottes wachse."

Das führt euch ständig vor Augen. Ihr seid nicht nur besonders, sondern befindet euch genau an dem Punkt eures Lebens, der für euch angedacht ist. Keinesfalls hinkt ihr eurem vorbestimmten Lebensplan hinterher.

Daher nehmt euch mit eurer Liebe an. Liebt euch, wie ihr seid, mit euren Stärken und Schwächen und mit euren beeindruckenden, göttlichen Qualitäten, die euch als einmaligen Menschen auszeichnen.

Wisst: Wundervolle, einzigartige und überaus göttliche Schritte vollführt ihr in eurem Leben. Vergleicht und bewertet nicht so viel, denn ihr seid in all eurem Sein großartig.

So tritt jetzt eine besondere Wesenheit mit ihrem Gefolge an eure Seite, die in euch den Samen des Friedens, der Leichtigkeit und der Göttlichkeit installiert. Das ist ein göttliches Geschenk, das Gott, der Große Vater, euch aus SEINER unermesslichen Liebe heraus überreicht.

Seid euch bewusst, ihr seid in jeder einzelnen Sekunde eures Lebens nicht nur allseits beschützt und behütet durch IHN, sondern ebenfalls begleitet von besonderen geistigen Wesenheiten, die über euch wachen und euch von ganzem Herzen lieben – nicht zuletzt auch von uns, der Geistigen Welt, und von euren Geistführern, geistigen Meistern, aber ebenso von euren euch über alles liebenden Schutzengeln.

Die Liebe siegt

Ihr geliebten Kinder Gottes, des Großen Vaters, wie auch der Großen Mutter. Ihr alle seid überaus geliebt, wertgeschätzt und gesegnet kraft der Liebe und des Lichts von IHM.

Erkennt eure innere Göttlichkeit und Wahrhaftigkeit immer mehr an. Verbannt alles Alte, das euch daran hindert und behindert, in die Liebe zurückzukehren, zu eurem Ursprung, zu eurem Schöpfer. Es handelt sich um nichts anderes als um alte, überholte Muster, Strukturen und Bänder, um ausgedientes Ego, die euch noch von diesen lichtvollen Wegen abhalten möchten, was es nun aber zunehmend auszusortieren gilt.

Euer großes Gottvertrauen, eure göttliche Demut und eure tägliche Disziplin sind gefordert, wie auch eure Liebe und Hingabe an Gott und an euch selbst. Diese Liebe wird nun verstärkt in euch nicht nur installiert, sondern auch Einzug halten, was bedeutet, dass ihr seltener in das Hadern verfallt, immer weniger das Vergleichen, Bewerten und Beurteilen lebt, sondern einfach nur handelt, wie es euch in jenem Moment als stimmig und richtig erscheint. Ihr werdet dann nicht mehr fragen:

„War das jetzt im Sinne des Lichts und der Liebe? War mein Handeln richtig? Hätte ich mich anders verhalten müssen?" oder: *„Was würde ER sich von mir wünschen? Wie hätte sich ein Mensch verhalten, der diesem Lichtweg nicht folgt?"*

Oh nein. Was tut die Liebe anderes, als zu sein, als zu scheinen, sich an andere zu verschenken und ihre Funken strahlen zu lassen? Die Liebe ist. Die Liebe wertet nicht. Die Liebe beurteilt nicht. Die Liebe ist, wie sie ist. Daher nimmt sie alles an, wie es ist. Die Liebe freut sich über Veränderung, aber auch über eine Zeit der Ruhe, der scheinbaren Stagnation. Denn wenn ihr das Gefühl in euch tragt:

„Es ereignet sich nichts. Ich komme mit meinem Thema, mit dem Leben, mit dem beruflichen oder dem privatem Werdegang nicht voran",

verbirgt sich auch dahinter ein höherer Sinn und Zweck. Hier hadert weder die Liebe, noch Gott. Denn dort, wo etwas ist, ist gleichfalls Liebe.

Wir möchten euch das gerne erklären.

Ein Samenkorn, das scheinbar über Wochen und Monate hinweg nicht zu erkennen ist, muss erst einmal keimen. Habt ihr daran gedacht? Es muss sich seinen Weg durch die Dunkelheit, durch das Erdreich hinauf ins Licht bahnen, bis endlich eine kleine, zarte Pflanze zu sehen ist, die aus der Erde lugt. Ihr mögt womöglich denken:

„Nichts bewegt sich. All mein Bemühen ist umsonst. Ich gieße und gieße und spreche mit diesem Samenkorn, doch nichts geschieht."

So scheint es. Doch stattdessen gebt ihr ihm Nahrung zum Leben – nicht nur Wasser mit den notwendigen Nährstoffen, sondern darüber hinaus eure Hingabe, eure Demut, eure Geduld und eure Liebe. Ihr bringt euch ein. Selbst wenn es euch so erscheint, als ob nichts wächst, wisst, es wird dennoch etwas veranlasst.

Das könnt ihr auf alle eure Lebenssituationen, Herausforderungen und Themen, auf das, was ist, wie auf das, was nicht ist, übertragen. Wenn sich vor euren Augen eine scheinbare Stagnation zeigt, geschieht das niemals ohne Grund, denn hier wird vieles in Bewegung gesetzt.

Oft seid ihr lediglich nicht in der Lage, die Hintergründe zu begreifen, seid außerstande, zu erkennen und zu ermessen, was auf anderen Ebenen dieser vermeintlichen Ruhephase geschieht. Aber werdet euch gewahr, überall ist Veränderung.

Auch bei euch. Daher hadert nicht länger, wenn etwas scheinbar nicht funktioniert, wenn ihr die Ergebnisse nicht derart erzielt, wie ihr es euch wünscht, sondern nehmt diese Begebenheiten mit großer Liebe und Hingabe an. Denn ist es nicht wundervoll, auch einmal ausdrücken zu können:

„Heute hatte ich einen ruhigen Tag, keinerlei Aufregung. Ich habe zwar mein Thema noch nicht bearbeitet und wieder einmal nicht erkannt. Aber es ist herrlich zu wissen, dass ich dennoch stets unterstützt und permanent aufs Neue von der Geistigen Welt darauf hingestoßen werde, und zwar so lange, bis ich es verstanden und in den Mut und in die Disziplin gefunden habe, um daran zu arbeiten. Ist es nicht erfreulich festzustellen, dass ich nicht auf der Stelle trete, auch wenn es mir manchmal so erscheint?"

Habt ihr in einer nächsten ähnlichen Situation ein solches Thema nicht erfasst, habt ihr dennoch daran gearbeitet, und zwar auf zellularer, energetischer Ebene. Und wenn es nur ein äußerst winziger Teil dieser Lernaufgabe ist, aber in dem Moment, in dem er euch präsentiert wird, habt ihr etwas umgewandelt. Es genügt euer stetiges Bemühen, offenen Herzens zu sein und in Angriff zu nehmen, was euch möglich ist. Aber beherzigt, das soll niemals bedeuten, ihr sollt euch ausruhen oder signalisieren:

„Jetzt kann ich mich zurücklehnen und muss mich nicht mehr so stark einbringen, denn Gott wird schon für mich verändern."

Oh nein! Ihr seid die Schöpfer eurer selbst. Weigert ihr euch voller Absicht, euch euren Lebensthemen und Herausforderungen zu stellen und flüchtet davor, schaut nicht hin und sucht fortwährend Ausflüchte und Rechtfertigungen, wird euch alles so oft präsentiert werden, bis euch keine andere Wahl bleibt, als euch dem zu stellen, zu verändern und zu akzeptieren:

„Gott ist stärker als ich. Ich habe keinerlei Chance, gegen IHN und SEINE Wünsche aufzubegehren. Ich habe jetzt zu lernen, die Demut zu lernen, so schwer es mir auch fallen möge."

Aber nehmt zur Kenntnis, bei all diesen wundervollen Prozessen und Arbeiten seid ihr allseits geführt, geliebt und geleitet. Alles, was ihr an Hilfsmitteln benötigt, um die Veränderungen mit großen Schritten voranzutreiben, tragt ihr bereits in euch. Euer Problem ist lediglich, dass ihr diese Werkzeuge oft nicht erkennt oder der Meinung seid:

„Das schaffe ich nicht. Wie soll ich das bewerkstelligen? Wie soll ich die Kraft und den Mut oder die Disziplin aufbringen? Das erscheint mir sehr schwer."

In diesem Moment lebt ihr die Opferhaltung oder flüchtet. Überprüft das jedes Mal, wenn ihr solche oder ähnliche Gedanken hegt. Was hält euch davon ab, stattdessen zu erklären:

„Ich weiß zwar nicht, ob ich die notwendige Kraft dazu in mir trage, aber ich packe es jetzt an. Mir ist klar, selbst wenn ich es nicht schaffen sollte, habe ich mich dennoch bemüht, die Eigenverantwortung gelebt und weiß, im gleichen Augenblick wird Gott, der Große Vater, mein Engagement belohnen. Wie auch immer ER das vornehmen wird, aber so wird es sein."

Das verdeutlicht euch. Denn es bedeutet, nicht nur die Mündigkeit zu leben, sondern ebenso in die eigene innere Göttlichkeit hineinzuwachsen.

Ihr sollt immer göttlicher werden. Das geht mit allen Lernthemen einher, die euch in den nächsten Zeiten präsentiert werden. Sie sollen euch weder schaden noch ärgern, sondern dienen euch dazu, nach und nach erlöst zu werden, sodass sie euch nicht mehr als solche erscheinen, sondern lediglich als eine Situation, die es mit großer Bravour und Leichtigkeit zu handhaben gilt.

Bemüht euch unentwegt. Lebt die Eigenverantwortung, die Disziplin und vergesst bei all eurem Handeln niemals die Eigenliebe. Ihr seid es wert, euch auch einmal zu loben, erklärt zu bekommen oder auch euch selbst gegenüber auszudrücken:

„Ich freue mich darüber, dass ich mich bemüht habe. Nicht das Ergebnis ist wichtig, das ich erzielt oder nicht erzielt habe, sondern nur: Ich habe mein Bestes, mein Möglichstes gegeben."

Wisst, das wird von der Geistigen Welt wie auch von Gott, dem Großen Vater, gefeiert. ER ist stolz darüber, dass ihr regelmäßig euren Einsatz erbringt und bereit seid, unentwegt eure Eigenverantwortung zu übernehmen. ER ist stolz darauf, dass ihr versprochen habt:

„Ich möchte in meine Göttlichkeit, Selbstliebe, Selbstfürsorge, Wahrhaftigkeit und Mündigkeit hineinwachsen sowie mich meinen Lebensherausforderungen stellen und meine Lernthemen bearbeiten und erlösen."

Denn es geht um das Große Ganze: Die Liebe wird siegen! Die Liebe wird Einzug halten! Nicht nur in den Herzen der Menschen, nicht nur auf diesem Planeten namens Erde, sondern im gesamten Universum!

Jedes Mal, wenn ihr Probleme mit einem Thema oder einer Herausforderung habt, verdeutlicht euch: Es geht um weitaus mehr als um euer menschliches Dasein, euer Unwohlgefühl, die Angst und Unsicherheit oder den Zweifel, nämlich um den Bewusstseinswerdungsprozess, die Göttlichkeit, die wieder in allem Sein manifestiert werden möchte.

Das ist der Weg, auf den ihr alle nun unaufhörlich zuschreitet. Ihr befindet euch bereits mittendrin. Ihr seid diejenigen, die die Kraft und die Fähigkeiten in sich tragen, diese Pfade zu beschreiten, damit meinen wir, die Göttlichkeit vorzuleben. Viele Menschen wissen nicht, was oder wer sie sind, was auf diesem

Planeten geschieht, geschweige denn, dass es nun fortwährend darum geht, dass jeder gefragt wird:

„Welchem Weg möchtest du folgen: Dem des Lichts und der Liebe oder dem der Nicht-Liebe?"

Ihr geliebten Licht- und Friedensbringer, ihr Vorreiter der Neuen Zeit, verbunden seid ihr mit Gott, dem Großen Vater. Diese Liebesverbindung wird in den nächsten Jahren und Jahrzehnten jedes Mal dann inniger gestärkt und gekräftigt, wenn ihr bereit seid, euch dem Licht und der Liebe Gottes zu öffnen. Denn SEINE Liebe zu euch ist unbeschreiblich groß und unermesslich stark.

Dieses Liebesband, das zu jedem von euch geknüpft ist, ist ein besonderes Band der Liebe, das ebenfalls die Göttlichkeit symbolisiert, die ihr immer mehr zu leben bereit seid. Das bedeutet, dass ihr zunehmend feinfühliger und offener dafür seid, was ihr an göttlichen Impulsen wahrnehmen könnt. Das wird noch intensiver eintrainiert.

Ihr lebt also künftig verstärkt die gefühlvolle Seite. Die Bedeutung und Funktion des Verstandes wird auf ein notwendiges Minimum reduziert. Und überall dort, wo es dann gilt, aus dem Herzen heraus zu handeln oder zu agieren, werdet ihr diese Herzlichkeit, diese Form der Weiblichkeit vertieft, umfassender und nachhaltiger leben.

Denkt hierüber bitte nach, besonders an das göttliche Liebesband, sobald ihr in das Gedankenkreisen verfallt. Besinnt euch zurück auf die Liebe Gottes, die in diesem Moment vermehrt pulsieren wird. Auch das wird eine Erinnerung, ein Zeichen sein:

„Schau hin und fühle. Grüble nicht so viel, sondern erinnere dich an deine Göttlichkeit."

Diese ist wie ein Urquell, der sich in euch befindet und euch das ins Gedächtnis ruft, was ihr schon längst in euch tragt und wisst.

Ihr habt diese gefühlvolle Seite vielleicht ein wenig vergessen, sie oft in früheren Inkarnationen zur Seite geschoben, aber sie wird fortan mehr und mehr wieder hervorgeholt werden. Es geht darum, sich zu erinnern und den Augenblick zu leben.

Ihr werdet nun vermehrt zahlreiche göttliche Geschenke erhalten. Freut euch darüber. Lebt die Liebe und die Wertschätzung für euch. Lebt diese Form der Göttlichkeit. Das vergegenwärtigt euch, denn ihr seid wertvoll, geliebt und wertgeschätzt von Gott, dem Großen Vater, und von uns, der Geistigen Welt.

Lebt darüber hinaus euer Licht und eure Liebe. Lebt euren Mut, eure Wahrhaftigkeit, eure Eigenständigkeit, Mündigkeit und Selbstliebe, sodass sich andere von eurem Licht, von eurer Liebe angezogen fühlen und erfahren möchten:

„Wie hast du das erreicht? Wie kann auch ich das erzielen?"

Sie werden eure gesprochenen Worte regelrecht aufsaugen mit dem Wunsch:

„Auch ich möchte in diese Liebe, in diese Göttlichkeit zurückfinden."

Verfallt weniger in das Gedankenkreisen:

„Wie lebe ich das? Welche Worte muss ich sprechen? Was benötigt dieses Menschenkind?",

sondern löst euch davon. Drückt in solchen Momenten aus, was ihr denkt. Dann wird es nicht wichtig sein, zu wissen:

„Was hätte ich noch anmerken können?"

Lasst all das Gedankenkreisen stehen, denn das ist der menschliche Verstand, der erneut anzusetzen versucht. Das ist dann wieder das Thema:

„War ich perfekt genug?"

Lasst das bitte stehen! Ihr seid bereits perfekt! Ihr seid genauso vollendet, wie ihr seid! Und Gott, der Große Vater, liebt euch unermesslich und über alle Maßen!

Wir, die Geistige Welt, segnen euch, ihr geliebten Kinder des Lichts und der Liebe. Seid gesegnet in SEINEM Namen.

Flügel wachsen lassen

Ihr geliebten Kinder, eure Flügel des Lichts und der Liebe sollen, dürfen und werden sich nun mehr und mehr ausbreiten, ja, ausdehnen und zu ihrer puren, reinen Göttlichkeit anwachsen, die euch vermehrt zusteht. Diese Lichtflügel gilt es, weitaus umfassender zu entfalten.

Es ist von immer größerer Bedeutung, eure einzigartige Göttlichkeit, euer inneres Selbst, anderen fortlaufend und häufiger zu präsentieren, und zwar so, wie es sich für euch richtig und stimmig anfühlt und niemals derart, wie es andere möglicherweise von euch erwarten würden.

Ausschließlich wichtig ist es, die eigene Wahrhaftigkeit und ebenso die eigene Kraft zum Ausdruck zu bringen. In diesem Moment seid ihr nicht nur kraftvoll und wahrhaftig, sondern lebt auch die pure, reine Göttlichkeit im Sinne des Lichts und der Liebe, und zwar so, wie sie für euch, aber auch von Gott, dem Großen Vater, vorgesehen ist. Ihr solltet nicht mehr so sehr darüber nachdenken, was andere Menschen von euch, eurem Wirken oder euren Ansichten halten, denn auch hier geht es beständig darum, jeden mit seinen persönlichen Meinungen stehenzulassen.

Von Belang sind einzig und allein eure Gedanken, euer Handeln und alles, was ihr umsetzt oder auch nicht, und gemäß eurer inneren Herzensstimme zu verfahren.

Wenn ihr dann bereit seid, euren inneren göttlichen Impulsen Folge zu leisten, die euch Gott, der Große Vater, regelmäßig zusendet, ebenso wir, die Geistige Welt, dann seid ihr in eurem Sein wahrhaft göttlich.

Diese Eigenschaft bringt noch intensiver zum Ausdruck. Lasst euch nicht mehr zu stark von anderen beeinflussen, hadert weniger, zögert keineswegs vor der möglichen Reaktion anderer, denn das ist für euch weder angedacht, noch sollte oder muss es euch interessieren. Die einzige Frage, die euch, ihr geliebten Gotteskinder, beschäftigen sollte, ist:

„Bin ich meinem Herzen gefolgt oder nicht?"

Wenn ihr diese mit einem klaren Ja beantworten könnt, dann ist alles, was ihr unternommen habt, im Sinne des Lichts und der Liebe.

Sämtliche Liebesdienste und Liebesbeweise, die ihr euch und anderen Menschenkindern erweist, dienen dazu, die Göttlichkeit auf Erden Stück für Stück zu manifestieren. Ihr lasst in diesem Moment nicht nur die eure wachsen, sondern ihr manifestiert diese auf diesem Planeten, indem ihr sie lebt.

Hieran können sich eure Mitbrüder und Mitschwestern ein Vorbild nehmen, weil sie erkennen: Ihr wart nicht bereit, euch beeinflussen und manipulieren zu lassen, sondern seid geradlinig eurer inneren Gotteskindschaft gefolgt, wahrhaftig und mutig gewesen und habt euch kaum verbiegen lassen.

Dort, wo ihr Grenzen erkennt, ihr also gewahr werdet:

„Hier komme ich mit meiner Andersartigkeit, mit meinem neuen Denken nicht weiter",

ist es wichtig zu akzeptieren:

„Nun gut, ich bin Mensch auf diesem Planeten. Auch ich habe gewisse Strukturen zu betrachten und verschiedene Grenzen einzuhalten, weil das zum Menschsein dazugehört. Und noch gilt es, diese Strukturen anzuerkennen und mitzuerleben. Aber ich weiß, es wird eine Zeit kommen, in der diese alsbald wieder fallengelassen, neutralisiert oder verändert, umgeändert werden in solche des Lichts und der Liebe."

Fangt damit an, euer neues Denken zunehmend unter all den Menschenkindern, die euch begegnen, zu verbreiten und dieses Wissen zu streuen, so, wie es sich für euch stimmig und gut anfühlt, aber nie manipulierend oder belehrend.

Stellt ihr fest, das wird nicht angenommen, lasst die Menschen stehen. Sie benötigen ihre eigene irdische Zeit, um das, was ihr bereits über so viele Jahre hinweg gelernt habt, ebenfalls zu erkennen und in ihr Sein zu integrieren.

Wir möchten euch wissen lassen, ihr befindet euch auf einem wunderbaren, göttlichen Lichtweg. Und Gott, der Große Vater, ist stolz darauf zu erkennen, welch außergewöhnliche, großartige Bemühungen ihr bereits in eurem Leben unternommen habt. Vielen Herausforderungen habt ihr euch gestellt und sie gemeistert. Das sind grandiose, fabelhafte Lernschritte, die ihr bewältigt habt. Seid stolz darauf. Nicht jeder Mensch, nicht jede Seele hat den Mut, dieses zu Wege zu bringen. Viele sind bereits vorher auf diesen Pfaden gewandelt und haben die Schritte, die auch sie zu gehen hatten, abgebrochen, weil sie nicht bereit waren, Verantwortung zu übernehmen oder aus ihrer Sicht nicht genügend in ihrer Kraft standen.

Doch ihr habt die Herausforderungen angenommen, euch ihnen gestellt und seid weiterhin mutig und bereit, eure Herzensstimme zunehmend auf diesem Planeten auszuleben und auszudrücken. Und da ihr dazu willens seid, liebt und wertschätzt euch Gott, der Große Vater, über alle Maßen.

Wenn ihr euch entscheidet, den Wegen des Lichts und der Liebe zu folgen, erhaltet ihr mannigfach göttliche Geschenke. Das sollte euch bereits jetzt in eine großartige Freude hineinführen.

Es ist ebenso SEIN Wunsch, dass eure künftigen Lebensschritte federnd und leicht sein sollen. Vielleicht wird euch das nicht ausnahmslos gelingen, aber nicht deswegen, um eure Wege zu erschweren, sondern damit ihr in euch noch mehr die kraftvolle Seite, den Mut, leben und vor allem entdecken könnt:

„Ich bin geschützt, geführt und geleitet von meinem Schöpfer und von der Geistigen Welt. Überall dort, wo ich den Abgrund nicht erkennen kann, weiß ich, dass Gott mich davor beschützt, in diesen abzustürzen. Dort, wo ich Herausforderungen oder kleine Steine, im Sinne kleiner Wegbereiter, die mir den Weg erschweren könnten, nicht erfasse, wird mich die Geistige Welt führen und darum herumschiffen oder mir ein Zeichen geben, damit ich mutig und gelassen darüber hinwegspringen kann."

So wird es sein, ihr geliebten Kinder SEINER selbst.

Gott ist so stolz auf euch, auf euer Sein und auf alles, was ihr in eurem Leben bereits bewerkstelligt habt. Leichtigkeit soll euch begleiten. Freude soll euer Wegbegleiter sein, Lebensfreude, die nun vermehrt Einzug in euer wundervolles und einzigartiges Leben halten darf .

So tritt jetzt Erzengel Gabriel an eure Seite. Er nimmt eure Hand in die seine und durchflutet euch mit seiner Liebe und Leichtigkeit.

Es ist gleichfalls wichtig, die Lebensfreude nun vermehrt in euer Leben einzuladen. Hierbei bittet Erzengel Gabriel oder Uriel um Mithilfe. Aber wisst, auf euch warten großartige Freuden und Geschenke, die es freudvoll anzunehmen gilt, sie zu betrachten und völlig neugierig und gespannt auszuprobieren.

Zu diesen Präsenten zählen unter anderem Menschenkinder, die euch in der Zukunft an die Seite gestellt werden, beispielsweise in Form eines Partners, neuer Freunde oder Arbeitskollegen.

Führt euch vor Augen, Wundervolles wartet auf euch. Ladet uns, die Geistige Welt, und Gott, den Großen Vater, beständig dazu ein, euch all die Wünsche zu erfüllen, die euch auf dem Herzen liegen. Wisst, wir werden alles Notwendige in Bewegung setzen, um eure Träume und Herzensangelegenheiten, sofern sie im Sinne des Lichts und der Liebe sind, Wirklichkeit werden zu lassen. Es ist nicht nur unsere Aufgabe, sondern vor allem unser Wunsch, dass es euch gut geht.

Tragt von nun an vermehrt dafür Sorge, dass ihr euch wohlfühlt, am besten, indem ihr euch beständig fragt:
„Was tut mir gut und was nicht?"
Lebt fortwährend die Liebe, die Freude und die Leichtigkeit. Alles, was euch beflügelt und euch in eurem Herzen beglückt, setzt vehement um. Was euch nicht mehr erfreut, euch belastet, hindert und behindert, sortiert zunehmend aus – mit Gottes Hilfe an eurer Seite.

Den Selbstwert aktivieren

Wir möchten euch die Kunde übermitteln: Schreitet auf euren göttlichen Lichtpfaden voran, denn es ist an der Zeit, euren Selbstwert zu aktivieren und die neuen Muster und Strukturen des Goldenen Zeitalters vorzuleben.

Ihr werdet stets anderen Menschenkindern begegnen, die vielleicht anregen könnten:

„Wie kannst du bloß derart handeln? Das macht doch keinen Sinn. Bleib lieber bei den althergebrachten Konventionen. Das kann wahrlich nicht gut sein."

Aber wenn euch euer Bauchimpuls anleitet:

„Nein, so, und nicht anders, gehe ich vor, denn damit fühle ich mich wohl",

dann solltet ihr es euch auch wert sein, entsprechend eurem Herzensgefühl zu verfahren.

Niemand kann euch vorschreiben, wie ihr handeln sollt. Gerade ihr seid doch die Lichtbringer der Neuen Zeit, tragt fortschrittliche Ideen und Impulse an die Menschenkinder weiter. Steht also zu dem, was ihr denkt und fühlt, und wagt es, etwas Neues auszuprobieren. Wir, die Geistige Welt, unterstützen euch dabei und sind jedes Mal voller Stolz, wenn ihr diesen Weg beschritten habt.

Lasst euch auf euren Wegen nicht beirren. Lasst euch nicht von anderen aufhalten, die vielleicht noch die bequemen Wege beschreiten wollen, weil es etwas Altgewohntes, Altbekanntes ist, sondern sprengt alle Grenzen. Sprengt die Vorstellungsbilder und handelt zunehmend nach eurer Auffassung und Überzeugung.

In diesem Moment handelt ihr göttlich. Euch steht es jederzeit zu, frei zu entscheiden:

„Das gefällt mir. Das ist meine Meinung, das setze ich um.“

Erkennt, dass ihr damit auch großartige Liebesdienste erweist. Es kann also sein, dass ihr folglich einem anderen ein neues Gedankenmuster aufzeigt, zum Beispiel:

„Hast du dir schon einmal überlegt, dass du noch nach alten Vorstellungen lebst? Wer sagt denn, dass das Althergebrachte nach wie vor gut und stimmig ist? Was spricht denn gegen einen neuen Ansatz? Ich probiere das aus. Und wenn es fehlschlägt, war es wenigstens meine Entscheidung, und ich trage daraus die Konsequenzen. Aber erst, wenn ich einen Versuch unternommen habe, kann ich wissen, ob es mich zum Ziel führt oder nicht.“

Ihr habt gewisse Vorstellungen vom Leben, von den Leistungen, die ihr zu erfüllen habt. Ihr möchtet gerne vollkommen sein. Wenn ihr diese Perfektion erstrebt, wird es euch nicht so leicht gelingen, euren Selbstwert zu hundert Prozent zu aktivieren.

Worum geht es?

Es ist empfehlenswert, stets zu erklären:

„Ich nehme mein Ziel in Angriff und bemühe mich. Ich erbringe vollen Einsatz. Bereits in dem Moment, in dem ich mich dem und meiner Aufgabe widme, lebe ich die Perfektion und nicht erst dann, wenn ich mein Vorhaben zur vollen Zufriedenheit erreicht habe.“

Das ist ein neues göttliches Muster, das ihr euch alle zunehmend aneignen solltet. Vermittelt es bitte ebenfalls euren Kindern und Kindeskindern, damit sie es in ihrem Leben leichter haben.

Aber wie könnt ihr noch euren Selbstwert aufbauen?

Eine weitere Option ist: Lobt euch permanent! Das könnte dafür sein, dass ihr morgens aufgestanden seid, obwohl das Wetter kalt und regnerisch ist.

Und wenn es heute heiß sein sollte, dann sprecht euch dafür ein Kompliment aus, dass ihr bei einer solchen Hitze zur Arbeitsstelle aufgebrochen seid.

Ehrt euch beispielsweise für euren Schulabschluss, für euer Bemühen, euch einer Herausforderung gestellt zu haben, oder euren Mut, eure Meinung vertreten zu haben.

So beginnt, wenn ihr das möchtet, ein neues Muster der Neuen Zeit zu leben, nämlich jenes, dass ihr mindestens einmal am Tag vor dem Spiegel ausdrückt:

„Ich liebe mich so, wie ich bin. Denn so, wie ich bin, bin ich wundervoll, göttlich und einzigartig."

Auch das wird euren Selbstwert aktivieren und fördern und ermöglicht es uns, der Geistigen Welt, die Göttlichkeit in euch zu stärken und zu kräftigen. Aber wisst, es braucht Zeit, bis diese gestärkt und gekräftigt wird.

Wir möchten euch eine weitere Möglichkeit an die Hand geben, die ihr in diesem Augenblick anwenden könnt: Legt eure Hände auf euer Herzchakra. Schließt kurz die Augen und bittet, gedanklich oder laut aussprechend, um Folgendes:

„Ihr lieben Engel, stärkt bitte meinen Selbstwert. Ich bin eine wundervolle Person. Und ich darf sein, wie ich bin."

Was passiert in diesem Moment?

Zum einen entrichtet ihr euren Wunsch an uns, sodass wir endlich einmal wieder für euch tätig werden und euch helfen dürfen. Und wenn ihr bekundet:

„Ich darf sein, wie ich bin",

erteilt ihr euch damit die Erlaubnis, all das in die Wege zu leiten, was euch guttut. Darüber hinaus befreit ihr euch davon, Erwartungshaltungen erfüllen zu müssen. Das trainiert und übt.

Habt vor allem bitte nicht das Gefühl, eure Entwicklung stagniert, weil ihr euren Wachstumsfortschritt nicht sofort erkennt, sondern bleibt weiterhin am Ball. Und wenn sich gerade Probleme etwa im Bereich eurer Partnerschaft oder der Arbeitsstelle zeigen, dann nur deswegen, um euch abermals ein Stück weit stärker in euren Selbstwert zu führen. Auf diese Art und Weise gelingt es uns besonders gut, diesen zu aktivieren. Daher lasst niemals in euren Bemühungen nach, denn ihr habt bereits großartige Fortschritte erzielt.

Begreift also, es liegt in eurer Hand, eure Wege zu bestimmen. Lasst euch nicht so sehr von anderen beeinflussen oder kleinreden, sondern folgt mutig eurem Herzen und setzt um, was euch beliebt. Ihr werdet oft feststellen, dass euch dieses Vorgehen zum gewünschten Ergebnis führt. Wahrhaft stolz könnt ihr dann auf euch sein. Auch wir sind es.

Was hingegen passiert, wenn ihr feststellt:

„Jetzt bin ich meinem Bauchimpuls gefolgt. Dennoch hat sich das gewünschte Ergebnis nicht erreichen lassen."?

Davon lasst euch bitte genauso wenig entmutigen, denn ihr habt Mut gezeigt. Ihr habt etwas Neues ausprobiert und Erfahrungen gesammelt, die euch nicht nur persönlich voranbringen, sondern an denen ihr auch andere teilhaben lassen könnt, um ihnen zu helfen.

Es geht stets darum, aus den Situationen des Lebens etwas zu lernen. Aber das Wichtigste für euch ist: Bleibt euch treu!

Wenn das bedeutet, dass ihr einmal klar eure Meinung zum Ausdruck bringen sollt, in dem Wissen, der andere wird davon nicht begeistert sein, dann nehmt das hin. Der Hintergrund ist lediglich, dass sich jener in eine Erwartung begibt, in eine Vorstellung davon, wie ihr zu reagieren habt.

Aber ist es nicht wunderbar und befreiend zu wissen, dass ihr andersartige, fortschrittliche, scheinbar unkonventionelle Gedankenimpulse setzen könnt? Womöglich wird das andere Menschenkind eure Ansicht nicht sofort übernehmen wollen. Aber seid euch gewiss, es wird darüber nachdenken. Das ist doch der wesentliche Punkt, nämlich Neues in die Wege zu leiten.

Habt also keinerlei Angst oder Scheu davor, euch für euch selbst einzusetzen, sondern lebt nach euren eigenen Vorstellungen. Strebt eure Ziele an und wisst, im gleichen Moment wird Gott, der Große Vater, euch dabei nicht nur begleiten, sondern auch unterstützen.

Ihr werdet verstärkt feststellen, wenn ihr beherzt seid, dient ihr nicht nur als göttliche Vorbilder, sondern manches wird euch gleichzeitig aus SEINER Liebe heraus erlassen. Die Schritte werden also zunehmend leichter werden. Mancher Mut, den ihr heute noch aufbringen müsst, wird euch morgen nicht mehr fordern. Ihr werdet das also leichter und gelassener bewerkstelligen können. Und wenn ihr euch unsicher seid:

„Ja, welchen Weg soll ich denn beschreiten? Habe ich wahrhaft auf mein Bauchgefühl, auf meine innere Stimme, gehört, oder ist das eine Entscheidung aus meinem Verstand heraus? Ich kann es nicht unterscheiden",

raten wir euch, entweder uns, die Geistige Welt, in einem Gebet oder in einer Meditation um Unterstützung zu bitten, oder auch Gott, den Großen Vater, darum zu ersuchen. ER wird stets Mittel und Wege finden, euch zu erreichen. Oder es ist bedeutsam, aus dem Moment heraus einen Entschluss zu treffen, um zu erklären:

„Unabhängig davon, ob das nur aus meinem Wollen heraus oder meinem Herzen entsprungen ist, diese Wahl treffe ich nun und setze sie um. Ich bin gespannt, was daraus resultiert."

Ihr könnt ebenfalls die Bitte entsenden, dass wir euch behindern, wenn die Wege nicht für euch angedacht sind, oder manches erleichtern, wenn es für euch vorgesehen ist. Denn begreift: Gottes allumfassende Liebe für jeden Einzelnen von euch und für alle SEINE Seelengeschöpfe, die ER erschaffen hat, ist derart unermesslich groß, dass ER euch jede Hilfe gewähren wird.

Werdet euch darüber klar: Ihr habt zu handeln! Ihr habt in Aktion zu treten! Niemand kann euch das abnehmen. Also trefft eure Entscheidung selbstständig aus eurem Herzen heraus. Holt euch gerne Ratschläge ein, aber es obliegt euch, eine Wahl zu treffen.

Anstatt in die Furcht zu verfallen:

„Wie wird das nur werden? Wird alles gut verlaufen?",

dreht diesen Gedanken um und führt euch vor Augen:

„Ich habe meinen Entschluss mutig getroffen. Warum soll das schief gehen? Selbst wenn nicht alles geradlinig verläuft, weiß ich doch, alles hat sich schon immer zu meinem Wohl aufgelöst. So wird es auch dieses Mal verlaufen. Gott wandelt an meiner Seite. Und ich bitte jetzt darum, wieder in meinen Herzensfrieden zu gelangen."

Das wäre eine weitere wundervolle Möglichkeit, um euch von Unsicherheiten zu lösen, von Ängsten zu befreien und wieder in den inneren Herzensfrieden zu finden. Unzählige Alternativen stehen euch zur Verfügung.

Habt nicht mehr so sehr viel Angst vor dem Leben und dem, was es euch präsentieren könnte, sondern erfreut euch an den zahlreichen Optionen, die euch Gott, der Große Vater, pausenlos bietet, um wieder in eure Mitte einzukehren. Begreift zudem Folgendes, selbst wenn ihr feststellt:

„Nun befinde ich mich auf einem Weg, der mir nicht zuträglich ist",

bedeutet das ja nicht, dass er weiterhin so verlaufen wird. Es werden euch also Varianten, weitere Gabelungen, eröffnet, bei denen ihr entscheiden könnt:

„Bleibe ich auf meinem altgewohnten Pfad, oder verändere ich mich?"

Selbst diese Option wird euch stets offenstehen.

Das Leben ist Veränderung. Also fangt bei euch selbst an. Lasst das nicht die anderen Menschenkinder für euch vornehmen, sondern nehmt euer Leben selbstbestimmend und tatkräftig in die Hand, seid mutig und trefft Entscheidungen. Hierbei könnt ihr niemals fehlgehen, denn aus jeder könnt ihr etwas Wunderbares, wir möchten sagen, etwas Göttliches lernen. Um mehr geht es im Leben nicht.

Seid mutig! Habt keine Angst, das ist nicht notwendig.

So füllen wir euch in diesem Moment mit neuer Lebenskraft und Lebensmut, wie auch der Lebensaktivität, um wieder voller Energie in euer weiteres Leben starten zu können. Das möge unser Geschenk für euch alle sein.

Begreift, ihr alle schreitet auf eine Neue Zeit, die des Goldenen Zeitalters, zu. Das bedeutet, jeder von euch wird als göttlicher Lichtarbeiter gebraucht.

Versteht, was wir euch damit zum Ausdruck bringen möchten: Ihr seid nicht klein. Ihr seid nicht geringwertig. Oh nein! Jeder von euch ist besonders und einzigartig. Wachst über euch hinaus! Vertraut euch! Glaubt an euch! Ihr seid es wert, Gottes Botschaft unter die Menschen zu bringen.

Und wie lautet nun diese? Beispielsweise:

„Ich liebe mich selbst so, wie ich bin!", „Ich bin gut zu mir!", „Ich spreche mein Nein zu deiner Erwartung, die du auf mich abzuwälzen versuchst."

Bringt eure Meinung zum Ausdruck, denn damit lebt ihr die Göttlichkeit. Wir, die Geistige Welt, sind jedes Mal stolz und froh zu wissen, wenn ihr das in die Wege gleitet habt.

Vertraut euch noch umfassender! Es gibt nichts Falsches, was ihr leisten könnt. Das einzige Wichtige ist, Erfahrungen zu sammeln und alles, was ihr euch vornehmt, so gut es euch möglich ist, zu bewältigen. Mehr ist nicht gefordert. Warum also solltet ihr etwas falsch machen?

Vergegenwärtigt euch immerzu, wir begleiten euch. Wir unterstützen euch. Und das, was euch auf dem Herzen liegt, was ihr euch sehnlichst wünscht, das beginnt fortan zu erbitten, egal, warum es sich dabei handelt: Um euren Seelenfrieden, eine Liebe, die ihr erfahren möchtet, eine Bekanntschaft, eine berufliche Veränderung, Heilung, Frieden für euch oder für ein anderes Menschenkind, vielleicht um etwas gänzlich anderes, eine neue Wohnung, ein Auto, das ihr euch leisten möchtet, was auch immer. Aber entrichtet alle eure Wünsche. Wenn diese nicht nur eurem Herzen entspringen, sondern euch gleichfalls in euer Wachstum führen, dann seid gewiss, werden wir, die Geistige Welt, alles in die Wege leiten, um euch diese zu erfüllen.

Unterschätzt niemals mehr eure göttliche Schöpfungskraft! Ihr alle seid in der Lage, das, was ihr euch am sehnlichsten ersehnt, zu erreichen. Daran glaubt! Ihr seid es wert!

Euer persönlicher Christusstern

Ein goldener Stern funkelt am Firmament. Dieser symbolisiert eure Göttlichkeit.

Betrachtet ihn euch. Wenn ihr möchtet, legt euch gedanklich auf eine bequeme Wiese, ein Sofa, vielleicht in euer Bett, dorthin, wo es gemütlich ist. Seht hinauf zu diesem hell erleuchteten, klar funkelnden Stern. Es ist der eurige. Er leuchtet hell und klar und ist bis weit in das Universum zu erkennen.

Das, ihr geliebten Lichtarbeiter, symbolisiert eure ureigene Göttlichkeit. Erkennt, dass dieser Himmelskörper nicht winzig und unscheinbar ist. So ihr das Gefühl habt, er könnte noch ein wenig wachsen, hängt das mit eurem Selbstvertrauen zusammen, das noch gestärkt werden möchte. Aber voller Kraft befindet er sich am Firmament eures Seins.

Wozu dient euch dieser Stern?

Seht ihn funkeln. Seht ihn glitzern und leuchten. Wir sagen euch, er erinnert euch daran, wer ihr seid. Stets seid ihr mit ihm verbunden. Er ist fest in euch verankert.

Diesen Gotteskontakt könnt ihr aufbauen, wann immer ihr wollt. Im gleichen Moment seid ihr begleitet und umhüllt von der allumfassenden Liebe Gottes, des Großen Vaters, wie auch von zahlreichen geistigen Wesenheiten, die euch von ganzem Herzen lieben.

Auch sie durchfluten euch mit der Göttlichkeit, mit der Kraft allen Seins, dem tiefen inneren Herzensfrieden und ihrer Liebe zu euch. Das geschieht auch jetzt, in diesem Augenblick.

Ihr seid es wert, diese eure Gotteskindschaft anzunehmen. Schreitet voran als Lichtbringer, die ihr seid. Das bedeutet nicht, andere Menschenkinder von euch und euren Meinungen überzeugen zu müssen. Aber es soll euch vermitteln: Steht zu euch! Setzt euch für euch ein und setzt Grenzen, dort wo ihr etwas nicht erfüllen möchtet oder anderer Meinung seid.

Die Kraft, die ihr dazu benötigt, gibt euch dieser Stern vor. Er entsendet sie in euer Herz hinein.

So fühlt, wie jetzt ein Lichtstrahl von diesem Stern auf euch herabrieselt, wie er euer gesamtes Sein durchflutet und erfüllt. Er kräftigt euch, bietet euch Halt, genauso wie Trost und Geborgenheit. Ihr werdet mit eurer ureigenen Göttlichkeit fest verankert, aber gleichzeitig verknüpft mit dem Seelenbewusstsein, aus dem ihr stammt. Ihr seid geborgen und getragen.

Verdeutlicht euch dieses ganz persönliche, strahlende Symbol eurer Göttlichkeit: Seid es euch wert, euren Wegen, euren Wünschen und euren Träumen zu folgen.

Ihr werdet also nicht nur geflutet mit der Liebe, der Kraft oder dem Halt, oh nein. Erkennt dieses leuchtende Bildnis auch als Wegbereiter für euch an.

Was bewirkt es?

Der Stern erleuchtet nicht nur das Symbol, sondern zeigt euch eure vor euch liegenden Wege. Er erhellt eure Pfade. Gleichfalls ist er Lichtbringer, denn er symbolisiert ja eure Göttlichkeit. Er ist also all das, wonach ihr streben könnt, wie auch der Stamm, dem ihr entspringt, genauso wie die Zukunft, auf die ihr unaufhörlich zuschreitet. Wir könnten auch sagen, es ist eure Zeitlinie, die sich dort manifestiert hat.

Wenn ihr begreift, was das bedeutet, dann heißt das auch:

„Ich habe schon längst alle Hindernisse aus meinen Wegen geräumt. Ich habe Herausforderungen gemeistert, denn ich bin bereits göttlich. Ich muss mich nur noch daran erinnern und aus dieser enormen Kraftquelle schöpfen. Mein Stern leuchtet über

mir, er beleuchtet meine Pfade, damit ich sie klar erkenne, und spendet mir die Hoffnung, die ich brauche. Er umhüllt mich mit dem, was mir fehlt."

Erkennt, ihr geliebten Kinder des Lichts und der Liebe, er stellt nicht nur das dar, zu dem ihr werdet und was ihr schon immer gewesen seid, sondern er schenkt euch darüber hinaus das, was ihr glaubt, zu benötigen und wo ihr der Meinung seid:

„Das fehlt mir."

Seien dies nun der Halt, das Selbstvertrauen, die Eigenliebe, die Perfektion, das Chaos, die Ordnung – alles, was ihr noch nicht in den Frieden geführt habt, enthält dieser göttliche Stern.

Er ist ein untrennbarer Teil von euch.

Da ihr bereits perfekt seid, ihr geliebten Lichtbringer, genügt es, euch mit diesem Teil eurer selbst zu verbinden.

„Wie nehme ich das vor?",

mögt ihr euch nun vielleicht fragen. Wir antworten: Indem ihr genau dem folgt, was wir euch gerade berichtet haben.

Nehmt euch also Zeit, schließt die Augen, legt euch hin und betrachtet euch euren ureigenen Christusstern. Er funkelt und strahlt zu jeder Zeit, wir möchten nicht nur sagen *über* euch, sondern, vor allem, auch *in* euch.

Diesen lasst anwachsen, indem ihr euch permanent fragt:

„Was möchte ich unternehmen? Wie soll es mir gehen?"

Versucht demzufolge, euch fortwährend aus den Emotionen herauszulösen, dem Gedankenkreisen, der Angst, der Opferhaltung, dem Jammern und Klagen, dem Aufregen über andere Menschenkinder, denn was tut ihr in diesem Moment? Ihr schiebt die Verantwortung ab und beschließt:

„Der andere ist schuld. Ich armer Tropf, ich kann ja nichts dafür."

Erinnert euch in solchen Momenten an euren Stern, denn er vermittelt euch: Euch wohnt die Kraft inne, euch daraus zu lösen, und ihr tragt gleichfalls die Schöpfungskraft in euch, um dann erklären zu können:

„Das lasse ich nicht zu. Dieses Gedankenkreisen fördert mein Wohlbefinden nicht. Es nutzt mir nichts, also trete ich jetzt in die Eigenverantwortung und befreie mich davon. Ich übe nun etwas aus, das mir wieder Hoffnung schenkt, Freude und Friede in meinem Herzen."

Erkennt, es ist ein wichtiges Symbol für euch. Begebt euch immer wieder in dieses göttliche Bildnis hinein und wisst, bei Zeiten wird es sich verändern. Es kann beispielsweise sein, dass ihr plötzlich das Gefühl habt, dieser Stern, der euer Eigenbild versinnbildlicht, durchläuft eine Wandlung. Er wechselt vielleicht kurzzeitig seine Form, wird zu einem mächtigen Symbol. Es ist nicht wichtig zu wissen, welches das sein wird. Aber seid euch sicher, genau dieses wird euch in diesem Moment helfen, um wieder Mut, Licht und Hoffnung in euch zu erkennen, eben das, was ihr braucht, vielleicht auch ein Stück weit Heilung.

Ebenso kann es sein, dass er sich vergrößert und ausdehnt, bis das gesamte Firmament ausgekleidet und ausgeleuchtet ist von dieser hellen Klarheit, sodass ihr eine weiße Leinwand erblicken könnt. Womöglich erkennt ihr darin Seelengeschwister von euch, die euch besuchen oder helfen möchten oder eine Botschaft übermitteln. Es ist ebenso möglich, dass euch etwas aus der Zukunft oder der Vergangenheit eines eurer Leben gezeigt wird. Seid offenen Herzens, forciert nichts, sondern lasst in diesem Augenblick geschehen.

Noch einmal nimmt eure Göttlichkeit Verbindung mit euch auf. Der Stern nähert sich euch nun, wird größer und größer und hüllt euch vollends ein. Fühlt die Geborgenheit, die Wärme und, vor allem, das tiefe Vertrauen zu euch. Denn ihr seid behütet. Ihr seid gehalten. Das ist ein Versprechen Gottes, des Großen Vaters.

ER lässt euch niemals im Stich. Habt Vertrauen und den Mut, an euch und eure Göttlichkeit zu glauben. Wisst, damit werdet ihr nicht nur Herausforderungen meistern, sondern auch größere oder kleinere Wunder vollbringen. Also beginnt bei euch selbst.

Nutzt dieses Bildnis, das wir euch übermittelt haben, denn auch daraus könnt ihr viele Vorteile für euch erzielen. Das ist ein göttliches Geschenk an euch.

Wir, ihr geliebten Kinder des Lichts und der Liebe, verneigen uns vor euch und eurer Göttlichkeit. Wir danken euch für euer Bestreben, mutig zu sein, Lichtarbeiter und Vorreiter zu sein, Neues, noch nie Dagewesenes erschaffen zu wollen und zu können, wohlgemerkt.

Wir ehren euch und danken euch für eure Gottesbereitschaft, in SEINEM Namen jeden Tag aufs Neue zu wirken. Ihr lebt es bereits! Auch dieses Wissen wird noch einmal tief in euch verankert.

Fühlt, wie jetzt bei jedem Einzelnen eine besondere Wesenheit zu euch tritt, sich niederkniet und ihr Haupt ebenfalls voller Dankbarkeit und Ehre vor euch neigt. Das kann ein Engel sein, ein Seelengefährte, ein Familienmitglied, das bereits verstorben ist und euch sehr am Herzen lag, das kann Jesus, der Christus, ein geistiger Meister oder eben eine andere Wesenheit sein.

Aber jeder von euch wird nun von einem sehr engen Vertrauten besucht, bei dem ihr euch besonders geborgen und von dem ihr euch gehalten fühlt. Er verneigt sich vor euch.

Begreift, was das bedeutet: Ihr seid besonders, ihr seid einzigartig. Ihr habt den Mut aufgebracht, auf diesem Planeten

Erde zu inkarnieren, in einer Zeit, in der die Umrüttelungsprozesse vonstattengehen und das Goldene Zeitalter eingeläutet wird. Ihr seid die Lichtbringer, also beginnt in eurem eigenen Leben, indem ihr euren Christusstern nutzt, um euch an eure Göttlichkeit zu erinnern.

Strahlt, ihr geliebten Kinder, und seid, wer ihr seid. Ihr alle seid wundervoll, einzigartig und so, wie ihr seid, unermesslich geliebt. Ihr seid göttlich. Ihr seid gesegnet.

Gottes Segen sei mit euch, die ihr bereit wart, euch diesen hochherrschaftlichen Prozessen zu stellen. Ihr wart mutig und habt euch anderen Menschenkindern, viel wichtiger aber noch, euch selbst noch inniger geöffnet. Ihr habt das Vertrauen zu euch gelebt, indem ihr bereit wart, mutig euer Ja zu sprechen und euch diesen Vorgängen, wie auch Herausforderungen und Übungsaufgaben zu stellen.

Wir sind stolz auf euch. Das nehmt mit in die nächste Zeit. Verankert wird der Stolz in euch, da ihr euch dazu entschieden habt, jeden Tag aufs Neue eure Kraft zu leben, wie auch den Mut, euch dem Leben und den eigenen Lernthemen zu offenbaren.

Ihr seid es wert, Gottes Geschenke zu erhalten! Ihr seid es wert, nach der Göttlichkeit in euch zu streben! Und ihr seid es wert, unsere Hilfe zu erhalten!

Wir, die Geistige Welt, umhüllen jeden Einzelnen von euch noch ein weiteres Mal mit dem tiefen, allumfassenden Frieden.

Alte Verletzungen dürfen nun in die Heilung geführt werden. Schmerzen werden gemildert, Emotionen abgezogen und derlei mehr. Ihr werdet gefüllt und geflutet mit der allumfassenden Liebe Gottes, des Großen Vaters.

Seid es euch wert, diese Liebe, dieses Gottesgeschenk der Heilung anzunehmen. Denn ihr SEID es wert.

Überall dort, wo ihr noch ein Thema in euch tragt, das erlöst werden möchte, wird euch dieses jetzt wenigstens zum Teil erlassen, damit ihr es nicht mehr in aller Konsequenz durchlaufen müsst. Entsendet eure Bitte um inneren Frieden, um Heilwerdung, um Frieden, um Liebe, um das, was euch jetzt auf dem Herzen liegt.

Ein Engel tritt an eure Seite. Er trägt eine kleine Schatulle in seinen Händen. Betrachtet euch diese, seht sie euch genau an.

Darin sind Symbole eingraviert. Es handelt sich um eure ganz persönlichen, die euch als göttlichen Lichtarbeiter auszeichnen. Schriftzeichen sind darauf eingebrannt, die vermitteln, welche Fortschritte ihr bereits in eurem Leben gemeistert habt, wo ihr Wachstum erzielt habt, wo ihr mutig gewesen seid und stolz auf euch sein könnt.

Der Engel bittet euch, dieses verzierte Kästchen nun behutsam zu öffnen. Lasst euch überraschen, was sich darin verbirgt.

Es ist eine Perle darin enthalten, die euch gemeinsam mit dem Christusstern an eure Geburt erinnern soll. Ihr seid als Mensch hier inkarniert, um Erfahrungen zu sammeln. Ihr seid nicht hierhergekommen, um an Altverhaftetem kleben zu bleiben, um euch an dem festzuhalten, was einst war.

Diese Perle erinnert euch an den Schatz des Lebens, nämlich jeden Tag aufs Neue als Geschenk zu betrachten, denn ihr seid Schöpferkinder. Ihr dürft von Neuem schöpfen.

Das ist das Gottesgeschenk, das euch überreicht worden ist.

Ein Lichtkreuz befindet sich ebenfalls in dieser Schatulle. Es ist auf seine ganz eigene Art ausgezeichnet. Nehmt es gerne in eure Hand. Ihr werdet erkennen, es hat Einschlüsse, sodass ihr es auch als Ring oder als Kette tragen oder anderweitig an den Körper anheften könnt.

Nutzt dieses Lichtkreuz, denn es dient euch zum Schutz, aber genauso, um euch in die Kraft, in die innere Mitte, die Harmonie und den Frieden hineinzustellen.

Und ein drittes Geschenk ist in der Schatulle aufbewahrt. Dabei handelt es sich um spezielle, sehr hoch schwingende Energien. Dieses stellt ein einzigartiges Präsent für euch dar. Jedem von euch mag es anders erscheinen.

Mancher erhält eine persönliche Botschaft, nach der er sich schon länger gesehnt hat. Ein weiterer wird in Heilenergien gestellt, der dieses schwingende Energiebündel nutzen kann, um sich selbst permanent in die Heilung hineinzustellen. Wieder ein anderer erkennt, wie es verwandelt und in Materie verfestigt.

Ihr alle erhaltet hiermit eine ganz persönliche Botschaft der ureigenen Art.

Dieses verzierte Kästchen wurde euch vom Engel des Friedens und der Weisheit überreicht. Also nutzt diese Gaben weise. Bewahrt sie in dem Schmuckkästchen auf. Aber vergesst sie nicht.

Stellt es euch an einen Ort, an dem ihr beständig daran erinnert werdet: An die Göttlichkeit, den Schutz, die Kraft und euer ganz persönliches Geschenk.

Der Engel übergibt euch diese Schatulle. Nehmt sie in eure Hände. Bewahrt sie an einem Ort auf, der euch etwas bedeutet oder den ihr täglich aufsucht und euch dadurch regelmäßig ins Gedächtnis gerufen wird.

Wenn ihr möchtet, schließt diese drei Geschenke wieder in die Schatztruhe ein und verschließt sie darin. Aber es steht euch *auch frei, jedes auszupacken und an euch, an eurem Körper eine Zeit lang zu tragen. Nutzt das, was ihr braucht, was euch guttut.*

Noch einmal berichten wir euch: Ihr seid über alle Maßen geliebt und wertgeschätzt. Ihr seid gesegnet. Und ihr seid es wert, diese Schatulle zu erhalten.

Der Engel entfernt sich nun wieder. Wenn ihr möchtet, entrichtet ihm einen Liebes- oder Segensgruß.

Er ehrt euch ebenfalls und entsendet euch seine Liebe. Spürt, wie er euch umarmt, wie er euch aufs Neue Kraft, Halt und Geborgenheit übermittelt.

Die Friedensenergien durchfluten euch, füllen euch auf, und damit auch Gottes allumfassende Liebe. ER ist bei euch, ihr geliebten Kinder SEINER selbst. ER führt und leitet euch.

ER ist euer Halt. ER ist eure Kraft. ER ist euer Wegbegleiter.

So nutzt auch dieses, nämlich Gott, den Großen Vater, um euch Gutes zu tun, denn auch um diese Hilfe dürft ihr jederzeit ersuchen.

☆☆

Auch wir, die Geistige Welt, verneigen uns vor euch und verabschieden uns nun. Es war uns eine immense Freude, euch begleitet, geführt und geleitet, wie auch mit euch gearbeitet zu haben zu dürfen, während ihr alle unsere Botschaften mit eurem großen Herzen aufgenommen habt. Wir sind stolz auf euch, ihr über alle Maßen geliebten Lichtkinder, auf euer Vertrauen, das ihr uns, aber auch euch selbst entgegengebracht habt.

Wir begleiten euch weiterhin in der nächsten Zeit. Bleibt ruhig und gelassen, denn wisst, für jeden von euch ist bereits vorgesorgt. Ängstigt euch nicht über das, was vielleicht kommen könnte, sondern erinnert euch beständig an unsere Hilfe, an den Schutz Gottes, des Großen Vaters, und an eure ganz besondere Glücksschatulle, so möchten wir sie nun bezeichnen.

Ihr seid gesegnet, ihr geliebten Kinder des Lichts und der Liebe. Denn ihr seid Lichtkinder. Ihr seid Gottes Kinder.

Wir lieben euch unendlich. Und so tut es auch Gott, der Große Vater. Seid gesegnet.

Göttlicher Seelenauftrag

Eine wundervolle Wandlung steht für euch Gotteskinder an. Ihr werdet in göttliche Energieschwingungen hineingehoben.

Ihr befindet euch kurz vor einer Wende, da sich Altes lösen darf, ebenso Traurigkeit und Schmerz. Ihr dürft in eure, euch innewohnende Göttlichkeit hineinwachsen, denn einst habt ihr euch von dieser getrennt gefühlt. Aber nun darf sie wieder in voller Stärke in euch aktiviert werden. Nicht alles können wir, die Geistige Welt, auf einmal vornehmen, aber so viel, wie es für euch zuträglich ist. Und so ihr eure Bereitschaft dazu erklärt, werden wir das weiterhin ausüben, ohne euch damit zu überfordern.

Aber wisst, wenn ihr das geschehen lasst, werdet ihr nicht nur stärker in euren göttlichen Seelenauftrag geführt, sondern ebenso zu dem Lichtarbeiter heranreifen, nach dem ihr euch sehnt. Und vieles, was dann auf euch zukommen möge, wird euch leichter fallen. All das leiten wir jetzt ein, führen euch dorthin und beginnen diese wundervollen Prozesse. Vielleicht wird noch alter Schmerz in euch hervorgeholt werden, das mag durchaus so sein, soll euch jedoch keineswegs ängstigen, sondern beglücken. Das bedeutet lediglich, ihr werdet von alten Lasten befreit und hineingestellt in eine neue Freiheit der Göttlichkeit.

Ihr geliebten Lichtkinder Gottes, des Großen Vaters, vernehmt und fühlt, wie überaus stolz wir, die Geistige Welt, sind, dass ihr bereit seid, den Wegen des Lichts und der Liebe zu folgen.

Jeder Einzelne von euch ist bestrebt, seinem göttlichen Seelenauftrag Folge zu leisten.

Was müsst ihr vornehmen, um diesen zu erfüllen?

Es geht weniger um das Wissen:

„Ich habe einen bestimmten Auftrag. Wie lautet mein Ziel? Welche Wege muss ich beschreiten, um ihn endlich erkennen und beginnen zu können?"

Oh nein, ihr geliebten Gotteskinder, vernehmt und wisst, dass ihr eurem göttlichen Seelenauftrag bereits dann Folge leistet, wenn ihr gut zu euch selbst seid.

Was bedeutet das?

Es zeigt, dass ihr nach eurem Herzen handelt. Nichts anderes wünscht sich Gott, der Große Vater, von euch. In dem Moment also, in dem euch die Frage gestellt ist:

„Was fange ich mit dem jetzigen Moment an? Was möchte ich ausleben? Wie möchte ich sprechen?",

seid ihr aufgefordert, eurem inneren Gefühl zu folgen. Hierüber können wir, die Geistige Welt, euch göttliche Impulse in euer Herz einsetzen. Es ist nicht erforderlich, einem wichtigen, scheinbar bedeutenden Auftrag zu folgen, der lauten könnte:

„Gott, der Große Vater, sendet dich zu einer großen Veranstaltung, um zu den vielen Menschen zu sprechen."

Selbstverständlich handelt es sich hierbei um eine ehrenvolle Aufgabe, aber unterschätzt niemals eure Großherzigkeit euch selbst sowie anderen Seelen gegenüber.

Begegnet euch beispielsweise ein Trauender, der euch berichtet:

„Ich weiß mir keinen Rat, wie ich aus dieser verfahrenen Situation herausfinden soll",

dann seid für ihn da. Baut ihn auf. Erklärt ihm, was er leisten kann. Berichtet ihm vielleicht von euren eigenen Lebenserfahrungen, auch dadurch folgt ihr eurem göttlichen Seelenauftrag.

„Wie mag das sein?",
mögt ihr euch vielleicht fragen.

„Bedeutet der göttliche Seelenauftrag nicht ebenso, Gott, der Große Vater, hat mit mir etwas ganz Besonderes vor?"

Sicherlich mag das stimmen, ihr geliebten Lichtkinder, aber unterschätzt niemals euer göttliches Bemühen.

Diese Botschaft möchten wir euch äußerst nachdrücklich nahelegen. Es ist wichtig, dass ihr begreift: Ihr folgt selbst dann eurem göttlichen Seelenauftrag, wenn ihr euch um euch kümmert.

Richtet euch weniger nach den Erwartungshaltungen anderer Menschenkinder aus. Strebt nicht danach, eine besondere Position innehaben zu müssen, sondern seid gut zu euch selbst. Lebt jeden Tag anderen die Eigenliebe vor. Handelt nach eurem großartigen Herzen und wisst, dann werdet ihr von allein in euren göttlichen Seelenauftrag hineingeführt. Über eure inneren Herzensimpulse vermögen wir, die Geistige Welt, euch zu erreichen, euch neue Ideen und Gedankenimpulse zu vermitteln. Das können wir nutzen, um euch unbekannte Menschenkinder an die Seite zu stellen und euch darüber hinaus in euren ganz speziellen, einzigartigen Seelenauftrag hineinzustellen.

Des Weiteren möchten wir euch berichten, ihr Gotteskinder, dass dieser vor allem bedeutet:

„Lebt eure Göttlichkeit!"

Mancher mag sich möglicherweise fragen:

„Wie lebe ich sie denn?"

Und wir antworten euch:

„Indem ihr erkennt, wie überaus wertvoll und liebevoll ihr seid, jeder Einzelne von euch."

Das begreift nicht nur, sondern nehmt es an und lebt danach.

Möglicherweise mag das für euch noch unverständlich sein.

Wir möchten es euch anhand eines Beispiels verdeutlichen. Wie oft habt ihr euch selbst schon zugesprochen:

„Wie stolz bin ich auf mich, jetzt ganz klar meine Meinung zum Ausdruck gebracht zu haben. Wie schwer ist mir das in vergangenen Zeiten gefallen. Ich hatte so oft Angst, wenn ich sage, was ich denke, dass mir ein anderes Menschenkind dann entgegnet: Was du mir mitteilst, ist vollkommener Blödsinn. Das ist nicht richtig. Das siehst du vollkommen falsch.

Aber jetzt habe ich erkannt: Es ist nicht wichtig, welche Ansicht der andere dazu vertritt, sondern es ist nur bedeutsam, dass ich zu mir stehe, mir selbst treu bin und ausdrücke, was ich denke und fühle. Damit lebe ich Eigenverantwortung, bin wahrhaftig und göttlich, und vor allem fungiere ich als Lichtarbeiter. Ich bin meiner göttlichen Funktion nachgekommen. Darauf bin ich stolz. Dafür lobe ich mich."

Damit aktiviert ihr eure Göttlichkeit in euch, denn ihr lebt ein neues Muster der Neuen Zeit, das da heißt:

„Ich sorge mich nicht mehr darum, was ich scheinbar noch nicht kann, sondern ich lobe mich für das, was ich kann."

Gleichzeitig geht es darum, euch nicht nur für das Anerkennen zu zollen, das ihr perfekt gemeistert habt, sondern ebenfalls permanent für euer stetiges Bemühen.

Es ist unwichtig, ob ihr euer Ziel erreicht habt oder nicht. Aber es ist absolut meisterhaft, wenn ihr euch nach besten Kräften eingesetzt und erklärt habt:

„Ich bemühe mich jetzt, mein Ziel zu erreichen. Wenn es jedoch nicht funktioniert, ist das nicht weiter tragisch, denn ich bin mir sicher, Gott, der Große Vater, wird mir eine weitere Gele-

genheit dazu bieten. Dann nehme ich IHN an die eine Hand, den
Engel des Mutes an die andere und probiere es erneut. Aber ich
lobe mich dafür, dass ich es gewagt habe."

Begreift, ihr geliebten Menschenkinder, um nichts anderes geht es!

Wir, die Geistige Welt, sind über alle Maßen jedes Mal stolz, wenn ihr euer Bestes erbracht habt. Kehrt euch also ab von dem Gedanken, ihr müsstet ein bestimmtes Ergebnis erzielen, ihr müsstet handeln, so, wie es andere Menschenkinder von euch erwarten. Das ist niemals notwendig, ist euch oft auch nicht zuträglich. Aber was euch förderlich ist, euch in den inneren Herzensfrieden und in die eigene Göttlichkeit führt, ist das Bemühen, ständig nach eurem ureigenen, großartigen Herzen zu handeln. Das könnt ausschließlich ihr selbst entscheiden.

Niemand, nicht ein Einziger von euch, kann wissen, was für euren Nachbarn wichtig und richtig ist.

Holt euch gerne Ratschläge ein, sammelt Ideen und Meinungen. Doch eine Wahl zu treffen und sie umzusetzen, das obliegt euch. Wir, die Geistige Welt, unterstützen euch jeden Tag bei eurem Bemühen.

Fürchtet euch nicht vor dem, was euch vielleicht noch widerfahren könnte. Wisst, ihr alle seid begleitet und geführt. Ihr seid geschützt. Ihr habt jedwede Unterstützung an eurer Seite, um mehr und mehr in euren inneren Herzensfrieden hineinzufinden.

Lobt euch, ihr geliebten Kinder des Lichts und der Liebe, denn ihr seid überaus wahrhaftig. Ihr lebt bereits die neuen Werte des Göttlichen Zeitalters vor. Das erkennt an.

Seid, wer ihr seid. Bemüht euch, verstärkt zu dem Menschen heranzureifen, der ihr gerne sein möchte. Lasst euch nicht von Meinungen und Erwartungshaltungen anderer oder von altgewohnten Mustern behindern, die sich noch teilweise in euch befinden, sondern überprüft und fragt euch permanent:

„Was führt mich jetzt in mein Wohlbefinden, und wie kann ich das erreichen?"

Lobt euch permanent für jedes solches Bemühen, denn damit aktiviert ihr die Selbstliebe und den Selbstwert. Das ist etwas Wundervolles, das ihr jeden Tag für euch anwenden könnt.

Bedenkt weiterhin, ihr seid sehr herzliche Menschen, könnt jedoch oft diese Herzlichkeit noch nicht umsetzen, habt vielleicht sogar Angst, eurem göttlichen Seelenauftrag zu folgen. Hierbei handelt es sich um das nicht länger zeitgemäße Muster:

„Wenn ich mich meinem Herzen öffne, erfahre ich Negatives."

Das ist verbunden mit früheren Inkarnationen, da ihr oft verfolgt, verfemt worden seid für euren beschrittenen Lichtweg. Die Menschen haben das zum damaligen Zeitpunkt nicht zu schätzen gewusst. Aber dieses alte Wissen, diese unliebsamen, unangenehmen Erfahrungen und Erinnerungen, die euch mit diesem verbinden, dürfen nun herausgelöst werden, so viel, wie es euch jetzt zuträglich ist.

Wenn ihr möchtet, bittet darum:

„Gott-Vater, Gott-Mutter,
ermögliche mir den Zugang zu meinem Herzen.
Dehne und öffne es und löse die Blockaden,
die ich mir selbst aus der Angst heraus gesetzt habe.
Setze mir das Wissen ein, dass ich geschützt bin durch DICH.
Führe und leite mich und implantiere mir ebenfalls
das Wissen,
dass mir niemals mehr etwas Negatives widerfahren wird.
Dafür danke ich DIR.
Amen."

Das ist ein wundervolles göttliches Gebet, das ihr hegen könnt, ihr geliebten Gotteskinder. Wenn ihr nicht immer die Zeit dazu findet, dann legt eure Hände auf euer Herzchakra und ersucht darum, dass Gott, der Große Vater, Christuslicht-Energien in euch einfließen lassen möge, um euch zu dehnen und zu weiten.

Erklärt ebenso regelmäßig eure Bereitschaft:

„Ich widme mich nun meinem göttlichen Seelenauftrag. Ich bin bereit, meine Lichtarbeit und auch die Göttlichkeit in mir anzunehmen."

Das sind einige Werkzeuge, die ihr täglich anwenden könnt. Dann werden wir, die Geistige Welt, euch dahingehend trainieren. Aber es ist ein effektives Hilfsmittel, um in euer Herz zu finden.

Vor euch allen liegen noch wundervolle Wege des Lichts und der Liebe. Sorgt euch nicht über das, was noch geschehen möge, sondern seid euch gewiss, unser himmlischer Vater, wie auch wir, die Geistige Welt, begleiten euch dabei, denn wir lieben euch von ganzem Herzen, weil jeder Einzelne von euch es wert ist.

Wir segnen euch, ihr geliebten, göttlichen Kinder. Wir segnen euch für euer Sein sowie für eure Bereitschaft, die Wege des Goldenen Zeitalters einzuläuten, denn das vermögen wahrhaft nur die stärksten Seelen.

Seid gesegnet, ihr geliebten Lichtkinder SEINER selbst. Seid gesegnet mit der allumfassenden Liebe Gottes, des Großen Vaters, die nun in einen jeden Einzelnen von euch einströmt.

Wir erhöhen eure göttlichen Energieschwingungen, passen sie der Göttlichkeit in euch an, die weiterhin anwachsen darf. Wir aktivieren euren Selbstwert, eure Eigenliebe, aber aktivieren und fördern ebenfalls die göttliche Kraft in euch. Somit werdet ihr alle mit dem neuen Wissen gefüllt:

„Ich darf sein, wie ich bin. Denn ich bin Gottes Kind. Ich bin göttlich. Und diese Göttlichkeit darf ich in all meinem Sein leben, ohne Behinderung, ohne Angst, sondern mit einer immens großen Freiheit und einer unendlich innigen Liebe für mich."

Seid gesegnet, ihr geliebten Kinder des Lichts und der Liebe. Ihr seid es wert, die zu sein, die ihr gerne sein möchtet. Gott, der Große Vater, wie auch wir, die Geistige Welt, lieben euch unermesslich.

Die goldene Lichtwelle

Eine goldene Welle, eine spezielle Formation der Lichtwelle, rollt nun auf euch, ihr Lichtkinder, zu.

Gerade jene also, die bereit sind, in Gottes Namen zu wirken, werden diese übergreifende goldene Lichtwelle wahrhaft verspüren. Das muss nicht bedeuten, ihr werdet überflutet – weder symbolhaft gesprochen, noch anderweitig.

Welch höherer Sinn steckt dahinter?

Diese Lichtwelle bringt etwas Göttliches. Sie zeigt euch den Weg des Göttlichen auf, den Weg der allumfassenden Liebe.

Wir könnten auch berichten, Sternengeschwister sind zu euch geeilt, um euch zu stärken mit neuer Hoffnung, mit dem Mut, dem Halt, dem Vertrauen, aber ebenso mit Geborgenheit, Liebe und tiefem Frieden.

Ihr Lichtarbeiter werdet demzufolge mit diesen besonderen Schwingungen durchflutet, damit erfüllt, um neue Kraft zu erhalten. Denn ihr seid die Wegbereiter der Neuen Zeit. Ihr seid Vorbilder und sollt aus eurem großartigen Herzen heraus handeln.

Damit euch alle diese täglichen Herausforderungen nicht mehr so schwerfallen, hat Gott entschieden, diese Lichtwelle auf euren Planeten zu entsenden.

Sie wird nicht nur heute, morgen oder nächste Woche aktiv sein, sondern so lange, bis das Goldene Zeitalter eingeläutet ist. Ihr werdet damit weder überfordert, noch unterfordert sein. Diejenigen unter euch, die besonders sensibel sind, werden nicht nur in der Lage sein, diese Kraftquellen anzuzapfen, sondern sie derart zu nutzen wissen, dass sie alles, was damit verbunden ist, auch weiterleiten, also durch sich hindurch transportieren können. Das gilt zum Beispiel für Medien, Heiler,

Lichtarbeiter, Kindergärtner, Schüler – alle, die offenen Herzens sind.

Ihr mögt euch vielleicht unruhig fühlen. Das kann dann beispielsweise die Kraft sein, die durch euch fließen möchte. Es kann genauso gut sein, dass ihr geschult werdet, um noch offener für eure göttlichen Impulse zu werden.

Aber vergesst eins nicht, ihr geliebten Gotteskinder, dieses besondere göttliche Licht dient euch dazu, in eure Mitte und Stabilität zu finden. Das möge in den nächsten Zeiten euer Anker, euer Ruheort sein, so könnten wir es schildern, so, als würdet ihr ein Schwimmbad besuchen, im dem ihr euch zum Ausruhen, zum Genießen und Entspannen ein Wellenbad gönnt. Ihr legt euch auf die Wasseroberfläche und wartet gespannt, bis der Wellengang einsetzt. Ihr werdet getragen, gehalten und sanft mit diesen göttlichen Lichtpartikeln umspielt.

Entzieht das an Energie, was euch fehlt. Ruft auch in diesen Momenten eure Sternengeschwister hinzu. Und fühlt ihr euch einsam, dann drückt genau das aus, erklärt:

„Ihr lieben Engel, ihr Seelengeschwister von mir, ich fühle mich allein. Stellt mich in den Kontakt zu euch. Umarmt mich. Liebkost mich und gebt mir das Gefühl, geborgen und gehalten zu sein."

Nutzt dieses Gottesgeschenk, denn diese Lichtwelle wird unaufhaltsam installiert. Kein Weg führt daran vorbei. Badet darin. Schöpft Kraft daraus oder nutzt diese Energiequelle, um sie anderen zur Verfügung zu stellen, die womöglich nicht um all diese Geschehnisse wissen, aber dennoch auf ihre Art und Weise um Heilung, um Zuspruch bitten und derlei mehr.

Die goldene Lichtwelle, die also in den nächsten Jahrzehnten auf euch zurollt, ist ein Gottesgeschenk, ein göttliches Werkzeug. Ihr seid nicht umsonst Lichtkinder, Vorreiter der

Neuen Zeit. Es ist eure Aufgabe, diese Lichtwelle zu nutzen. Wie ihr das vornehmt, findet selbst heraus, jeder von euch möge seine eigene Art und Weise erschaffen.

Mancher möchte sich lediglich gedanklich verbinden, sich demnach vorstellen, wie er in diesem Wasserbad liegt und mit goldenen Lichtwellen durchflutet wird. Ein anderer kann die Verbindung anzapfen, sich mit diesem Energiestrom verbinden, als würde er sich an ein Stromkabel anschließen, um diese Energien zu nutzen und sich selbst oder auch ein anderes Menschenkind in die Heilung zu führen.

Nutzt die Wege, die euch offen stehen. Aber wisst, zahlreiche eurer Sternengeschwister haben sich rund um den Planeten versammelt, um euch behilflich zu sein. Denn der Umschwung in das Christusbewusstsein ist unumkehrbar. Dieser ist nicht mehr aufzuhalten. Ihr schreitet unaufhaltsam, unausweichlich und unumstößlich in die Neue Zeit.

Welche Konsequenzen ergeben sich daraus für euch, ihr geliebten Lichtbringer?

Es zeigt euch, ihr werdet geläutert. Darunter ist nicht zu verstehen, dass ihr eine unangenehme Lektion erfahren müsst. Oh nein. Vielmehr gilt: Ihr seid Lichtkanal. Und dieser wird geputzt und gereinigt.

Alles also, was euch noch daran hindert, euch in die Göttlichkeit zu befördern, wird herausgelöst. Das mag verbunden sein mit teilweise unangenehmen Prozessen, zum Beispiel Müdigkeit, Erschöpfungszustände, Konzentrationsschwierigkeiten, vielleicht sogar innere Unruhe, Traurigkeit, Ängste, Sorgen, körperliche Symptome, die sich bemerkbar machen, Herzschmerz oder Blutdruckschwankungen und derlei mehr.

Aber schreitet ruhig und gelassen hindurch, denn ihr seid niemals allein. Gott, der Große Vater, hält Wacht über euch.

Ihr seid Kinder der Neuen Zeit. Was also habt ihr zu verlieren, wenn ihr in das Vertrauen schreitet und euch diesem Reinigungs-, diesem Läuterungsprozess stellt?

Unsere Antwort lautet: Nichts, außer dem, was euch vielleicht noch behindern könnte.

Doch gewinnen könnt ihr umso mehr: Eure Freiheit, eure Gelassenheit, das Vertrauen, die Kraft, die Stärke, die Eigenliebe, die Wertschätzung, das tiefe, allumfassende Vertrauen darin, dass für euch gesorgt ist und insbesondere ihr als Schöpferkinder, die ihr seid, manifestieren könnt.

Ihr seid die Wegbereiter des Goldenen Zeitalters. Also kehrt euch ab von dem, was euch nicht länger zuträglich ist. Überprüft:

„Welches Menschenkind führt mich permanent in Rage? Welche Situation ist mir unangenehm? Was erfüllt mich mit Schmerz, mit Trauer? Welche negativen Gedanken halten mich davon ab, mich in meine Freiheit und die Selbstliebe zu stellen?"

Ihr mögt verändern! Ihr sollt verändern!

Es ist nicht allzu schwer. Es ist richtig, dass es der Übung bedarf, dass ihr diszipliniert sein sollt. Aber ihr schafft das. Nicht umsonst seid ihr göttlich. Ihr tragt die Kraft in euch, alles umzuwandeln, was ihr umgestalten möchtet.

Daher entsendet eure inneren Herzenswünsche an uns, die Geistige Welt. Ruft eure Sternengeschwister zu Hilfe. Stellt euch vor, wie ihr eure Sorgen in die goldene Lichtwelle abgebt, von der wir gesprochen haben, und seht sie darin entschwinden. Auch diese Energie befindet sich im Fluss. Das bedeutet, wahrhaft alles ist Veränderung.

Also schreitet in diese mit hinein. Bemüht euch, aus dem Gedankenkreisen herauszutreten, denn eine Veränderung, eine Umwandlung in etwas Neues wird stets bedeuten:

„Ich darf mich über das neue göttliche Geschenk freuen, das ich erhalten werde."

Es mag ungewiss sein, was das sein wird. Aber Gott, der Große Vater, liebt euch unermesslich. Diese Sicherheit möge tief in euch verankert werden, zusammen mit dem göttlichen Versprechen: Ihr werdet gehalten! Ihr seid gehalten! Und ihr seid von ganzem Herzen geliebt.

Spürt, wie ihr in diesem Moment umringt seid von unzähligen hoch schwingenden Energiewesenheiten, seien es Engel, Anverwandte von euch oder eure Seelengeschwister. Sie ziehen ebenfalls manchen Schmerz, manche Trauer von euch ab oder Ängste, die ihr noch in euch tragt. Lasst es zu! Lasst all das geschehen, was jetzt transformiert werden möchte.

Ihr werdet mit dem Vertrauen der Göttlichkeit gefüllt, mit der allumfassenden Liebe umhüllt und von tiefgreifendem Frieden getragen. Ihr habt es verdient, euch selbst gut zu sein und nach dem zu streben, was euch wichtig ist. Also haltet in diesem Bemühen nicht inne, denn wisst, wir, die Geistige Welt, unterstützen euch dabei.

Wir danken euch, ihr geliebten Kinder des Lichts und der Liebe, für die wundervolle Erkenntnis, der ihr euch durch diese Zeilen geöffnet habt, nämlich:

„Es tut gut, für sich selbst einzustehen",

und mehr noch für die göttlichen Impulse, denen ihr euch offenbart habt.

Erkennt, das Leben kann durchaus angenehm und leicht sein. Wendet euch ihm voller Hingabe zu.

Die goldene Lichtwelle und alle eure Sternengeschwister werden euch dabei behilflich sein.

Es mag sein, dass ihr das Gefühl habt:

„Mein Alltag kostet mich immens viel Kraft. Erneut muss ich mich auf der Arbeit anstrengen. Meine Kollegen scheinen mich nicht zu mögen, andere mich nicht wertzuschätzen. Mancher nimmt mein fachliches Angebot nicht an, Kunden bleiben aus. Wie soll das nur weitergehen? Zusätzlich unterliege ich dem fiesen, gemeinen Lichteinfluss, der mich ständig piesackt. Es ist alles so schwer."

Aber begreift eins: Wenn ihr da hindurchschreitet und euch von euren Emotionen befreit, also gedanklich ansetzt und verändert, dann erschafft ihr die Situation neu.

Anstatt im negativen Gedankenkreisen hängenzubleiben, sprecht euch Mut zu:

„Ich erinnere mich, ich bin göttlich. Also kann ich manifestieren. Ich mag vielleicht nicht verhindern können, dass das Licht auf mich trifft, mein Arbeitskollege abträglich über mich tratscht oder der bequeme Kunde zu träge ist, um mein Geschäft, meine Praxis aufzusuchen. Doch ich kann wahrhaft berichten: Ich bemühe mich. Von all den Widrigkeiten lasse ich mich nicht beeindrucken, denn einzig und alleine wichtig sind meine eigenen Ansichten. Von Belang ist nur, dass ich mir selbst treu bin."

Verinnerlicht euch:

„Ich habe eine Unmenge an Hilfe von Seiten der Geistigen Welt. Gott hat schon immer für mich und mein Wohl gesorgt. Es ist SEIN Wunsch, dass es mir gut geht und ich als Licht- und Friedensbringer fungiere. ER wird mich nie im Stich lassen. Gott, der Große Vater, wird mir passende, freundliche Menschen an die Seite stellen, die mich und meine Arbeit wertzuschätzen wissen, sodass ich mich nicht um meine Zukunft sorgen muss."

So viele Möglichkeiten gibt es, wie ihr euren Alltag bewältigen könnt. Ihr seid niemals hilflos. Die Lösungen, Situationen mögen euch nicht immer gefallen, entsprechen vielleicht nicht ausnahmslos eurem Willen, euren Vorstellungen. Aber das ist das Leben. Ihr habt das Beste daraus zu erschaffen.

Noch einmal möchten wir euch daran erinnern:

Oft geht es nur darum, euch aus dem Gedankenkreisen zu befreien. Denn allzu oft nutzen wir solche Gelegenheiten lediglich, um alte, schmerzhafte, unangenehme Verletzungen, beängstigende Erfahrungen und Erinnerungen aus früheren Zeitgeschehen aus euch herauszulösen. Denn ihr alle, die ihr diese Worte lest, seid Lichtarbeiter. Ihr werdet geläutert.

Begreift, was das bedeutet, nämlich: Ihr findet in euren tiefgreifenden, innigen Frieden. Ihr gelangt in die Freiheit, in die allumfassende Liebe. Das heißt, ihr manifestiert die Leichtigkeit in euch.

Und wir, die Geistige Welt, gemeinsam mit Gott, dem Großen Vater, und unzählig weiteren eurer Seelen- und Sternengeschwister unterstützen euch gleichfalls dabei. Ihr habt tatkräftige Hilfe an eurer Seite. Nutzt sie, denn ihr seid es wert.

Wir segnen euch, ihr geliebten Kinder des Lichts und der Liebe. Eine segensreiche Zeit kommt auf euch zu: Eine Zeit der Erkenntnisse, des unbändigen Wachstums und, vor allem, eine Zeit, euch von Altem zu befreien.

Ausklang: Die fantastischen Konsequenzen für das Universum

Ihr geliebten Lichtkinder Gottes, des Großen Vaters. Wie unsagbar innig und liebevoll seid ihr wertgeschätzt für all euer göttliches Bemühen, gemeinsam mit uns, der Geistigen Welt, und unzählig vielen Sternen- und Planetenbewohnern, an dem göttlichen Ziel festzuhalten, das da lautet:

„Ich folge dem Lichtweg. Ich setze meine Göttlichkeit um, bin wahrhaftig und stehe zu dem, was meinem Herzen entspringt. Ich setze mich für den Weg des Lichts und der Liebe ein, folge diesem und bewirke damit etwas Wundervolles, etwas Göttliches im gesamten Universum."

Jedes Samenkörnchen, das ihr sät, jeden Schritt, den ihr unternehmt, setzt etwas in Bewegung – nicht nur für euch als Menschenseele, die ihr seid, sondern auch für den Kosmos.

Begreift, was ihr hier auf diesem Planeten namens Erde vollbringt, hat stets Konsequenzen und Auswirkungen auf das gesamte göttliche Gefüge. Und wenn ihr es erreicht habt, dieses göttliche Zeitalter hier auf diesem Planeten zu manifestieren, wird das gleichsam ein Befreiungsschlag für das Universum sein. Auch dieses wird dann angehoben auf die göttlichen Bewusstseinsenergien, auf das Christusbewusstsein.

Auch hier werden einige Lichtarbeiter von ihren Aufgaben befreit werden können und in die Freiheit geführt, können zu ihren Seelenfamilien zurückkehren, weil es nicht länger ihr Auftrag ist, die Erde und damit euch Menschenkinder zu unterstützen. Das nehmen sie aus ihrer unendlich großen Liebe zu euch vor und erledigen diese Aufgabe mit enormer Wertschätzung und Hingabe. Aber auch sie freuen sich, dann wieder zu ihren Familien zurückkehren zu können.

Begreift, wenn ihr hier auf Erden das Goldene Zeitalter nicht nur eingeläutet, sondern wahrhaft manifestiert habt, bedeutet das einen einzigartigen, überwältigenden Lichtumschwung im gesamten Universum. Noch tiefgreifender und umfassender werden die unterschiedlichen Sternen- und Planetenbewohner miteinander vernetzt. Ebenso wird hier Altes, Karmisches aufgelöst, die Energien auf göttlichere Ebenen angehoben. Das führt euch alle in die Freiheit. Letzten Endes wird das zur Folge haben: Der Weg der Reinkarnation wird damit ein Ende finden.

Ihr seid gesegnet. Ihr alle seid wundervolle Lichtarbeiter Gottes, des Großen Vaters. Das bedeutet, lasst euer Licht erstrahlen, indem ihr an euch selbst glaubt und euch die Liebe gönnt, die ihr alle verdient.

Beginnt mehr und mehr euch selbst zum Ausdruck zu bringen. Begreift, wie überaus göttlich ihr seid, und vergesst niemals mehr, dass es in eurer Hand liegt, euer Leben, euer seelisches, körperliches und geistiges Wohlbefinden positiv zu verändern.

Glaubt an euch! Vertraut euch! Egal, welche Herausforderungen euch noch begegnen, erfreuliche oder eventuell unliebsame Situationen, denkt daran: Ihr seid niemals allein! Wir, die Geistige Welt, Gott-Vater, Gott-Mutter, zahlreiche andere Menschenkinder oder Wesenheiten befinden sich bei euch. Auch an diese könnt und dürft ihr euch wenden, wenn euch die Kraft, der Mut oder etwas anderes fehlt.

Ihr seid unermesslich geliebt!

Gott zum Gruße, ihr geliebten Lichtkinder und Friedensbringer.

Mein Name ist Aleph, und ich spreche aus der Großen Weißen Bruderschaft zu euch.

Amen.

Nachtrag

Ihr lieben Leserinnen und Leser, noch während das Buch in den letzten Zügen von Seiten des lichtvollen Smaragd-Verlags vorbereitet wurde, hat Gott, der Große Vater, entschieden, dass aufgrund der vielen Gebete aller Lichtarbeiter, kraft SEINER Gnade und Liebe und weil sich alles noch rasanter entwickelt hat, der Bewusstseinssprung eher eintreten soll.

Ein gewaltiger Ruck hat sich inzwischen durch das Universum vollzogen: Der Bewusstseinssprung hat bereits begonnen, und er wird erfolgreich sein!

Diese Entscheidung Gottes hat ein Aufatmen all der Lichtarbeiter, all derjenigen, die der Großen Weißen Bruderschaft angehören, bewirkt. Denn es hat bereits begonnen! Und das ist der Hoffnungsschimmer, der wie die Sonne, die den Horizont erklimmt, hinaufsteigt im gesamten Universum. Alles wird in Gottes Licht getaucht, es siegt über die Dunkelheit!

Der Startschuss ist ertönt!

Dank der Verlegerin dieses Buches, Mara Ordemann, der wir von ganzem Herzen für ihren göttlichen Einsatz im Sinne des Lichts und der Liebe dankbar sind, war es überhaupt noch möglich, diesen spektakulären, einzigartigen, Hoffnung spendenden Nachtrag in dieses Buch einzufügen.

So vernehmt nun die ersten großartigen Früchte eures steten Bemühens und Einsatzes im Sinne des Lichts und der Liebe, Gottes Botschaft, welche uns Aleph aus der Großen Weißen Bruderschaft übermittelt hat:

Der Bewusstseinssprung hat bereits begonnen, und er wird erfolgreich sein.

Der Vollzug des Bewusstseinssprungs bedeutet eine Anhebung des gesamten Kosmos. Also auch all die Sternensysteme, Planetensysteme, die womöglich in einer etwas niedrigeren Schwingung schwingen, werden angehoben auf höhere Energien. Niemand kann sich diesem Prozess verweigern!

Und das ist gut so, denn es soll eine neue Bewusstseinsebene herrschen. Das bedeutet nicht, jeder Planet, jeder Stern, jedes kosmische Leben wird der Schwingung des Planeten Erde angepasst. Nein, das ist nicht der Fall. Aber jeder wird ein Stück angehoben. Und darum geht es!

Ihr Menschenkinder werdet nun zunehmend die Früchte eures Wirkens ernten. Das heißt also, bezogen auf diesen Sprung: Ihr werdet wachsen. Ihr werdet reifen. Ihr werdet in Erkenntnisse hineingeführt –wenn auch nicht immer sehr angenehme.

Denn was bedeutet diese Anhebung?

Es heißt doch: „Ich werde mir dessen bewusst, was ich bin; dessen, was mir geschieht und dessen, was noch nicht in der Liebe schwingt."

Ihr Menschen würdet womöglich andere Begriffe dafür finden. Ihr würdet verkünden:

„Du hast einen Politskandal hervorgerufen. Du hast die Finanzwelt getäuscht. Du hast Steuern unterschlagen. Du hast deine Familie nicht gut behandelt, hast sie ausgestoßen, hast Gewalt angewendet."

Aber wir sagen, dort, wo ein erstes Begreifen stattfindet, ist Platz für die Liebe. Dort kann sich die Göttlichkeit einnisten. Und das ist der Beginn von etwas Wundervollem, voller neu entstehendem Leben, auch in euch, in euren Herzen. Und eure Seelen jubilieren.

Seid nicht der irrigen Ansicht, jene, die sich davor scheinbar verschließen, weil sie verlautbaren lassen: „Aber Donald Trump hat doch recht, die Zölle zu erheben", würden den Bewusstseinssprung nicht mit euch gehen. Denn das muss so nicht der Fall sein. Es mag sein, dass es für den Großteil zutrifft, aber begreift, auch jene Seelen wachsen. Sie reifen. Und gerade dadurch können sie doch in eine tiefe Erkenntnis geführt werden.

Macht es also Sinn, alle Amerikaner zu negativieren? Sie vielleicht zu verunglimpfen und zu beurteilen, sie wären es nicht wert, mit hineinzuschreiten in die Neue Zeit?

Wir sagen: So ist es nicht!

Denn wo findet der Bewusstseinssprung zuallererst statt? Doch dort, wo er am dringendsten notwendig ist. Und das ist dann die Frage Gottes, des Großen Vaters, die ganzen Völkerscharen gestellt wird. So wird es im amerikanischen Bereich sein, im russischen, im vietnamesischen, im thailändischen, indischen, chinesischen, japanischen und in vielen anderen Völkergruppen.

Gerade dort also, wo es extrem rüttelt und schüttelt, wo es wütet, wo ein Chaos herrscht, kann der Boden neu gepflügt und die Einsicht gesät werden.

Die Umbrüche stehen kurz davor, sich zu intensivieren, so wollen wir es einmal nennen. Einige davon habt ihr bereits miterlebt, aber noch rasanter, noch gewaltiger wird es werden. Denn der Mensch begreift oft noch nicht, dass er zu verändern hat. Er zeigt mit dem Finger auf die Umstände, auf die Begleiterscheinungen und verkündet:

„Dort müssen wir etwas umgestalten, jenes in die Wege leiten. Die Weltpolitik, die Wirtschaft und die Natur stimmen nicht."

Doch er begreift noch nicht: Er selbst ist es, der zu verändern hat!

Und bis es so weit ist, bis er in diese Erkenntnis findet, mag es noch eine gewisse Zeit lang dauern, also ist es notwendig, dass noch umfassendere, tiefgreifende Umwälzungsprozesse stattfinden, so beispielsweise Schlammlawinen, Vulkanausbrüche, Erdbeben, Flutwellen, Hitzewallungen jedweder Art. Die Erde rüttelt und schüttelt sich.

Habt keine Sorge, kein Mitleid, keine Traurigkeit in euch, wenn dies geschieht, sondern denkt an den enormen Wachstumsprozess, den dies mit sich bringt! Ihr wisst es bereits – und bitte denkt und erinnert euch daran: Jede Seele, die daraus scheinbares Leid erfährt, hat vor ihrer Inkarnation ihr Einverständnis dazu erklärt.

Sie wird wachsen. Sie wird reifen. Und auch diese Information wird in das Lichtgitternetz eingespeist. Denn jedwede Erfahrung, die ihr sammelt, wird in dieses integriert. Es wird gefüttert. Es wird dadurch getragen. Und je mehr von euch in die Erkenntnis, in ein tiefes Begreifen, geführt werden, desto mehr wird es auch damit erfüllt. Solches trägt gleichermaßen zum Bewusstseinssprung bei.

Seid nicht der Ansicht, Negatives rollt auf euch zu. Seid vorbereitet, das ist wohl wichtig für euch. Aber denkt stets daran, eure Aufgabe ist es, das Licht unter den Menschen zu verbreiten und die Liebe vorzuleben. Und dazu zählt auch, Grenzen zu setzen, sich selbst gut zu sein und sich immer wieder zu sagen:

„Jede Seele, die von diesen Umwälzungsprozessen betroffen ist, hat ihr Einverständnis dazu erklärt. Gemeinsam mit Gott, dem Großen Vater. All dies dient einem höheren Sinn und Zweck. So danke ich jenen Seelen, die das in die Verursachung geführt haben, sowie jenen, die dadurch in die Erkenntnis gefunden haben. Ich segne diesen Prozess."

Wenn ein jeder von euch Lichtarbeitern zusätzlich hierzu Friedensgebete für jene Völker entsendet, mit der Bitte um Erkenntnis oder um Reifung der Seele, bewirkt auch dies Einzigartiges. Denn es bedeutet, ihr setzt euch für die Lichtwege ein, für den kosmischen Bewusstseinsprung, und damit darf jener schneller vonstattengehen.

Gebt ab in Gottes Hände, wie schnell es geschehen möge! Denn es kann sein, dass die Seelen noch manches Jahr oder Jahrzehnt benötigen, bis sie reifen, bis sie erwachen.

Ihr wisst es nicht. Mancher mag bereits morgen mit einem neuen Impuls im Herzen erwachen, dank eurer Gebete, die ihr entsendet habt, dank eurer Lichtkristalle, die ihr gesetzt habt. Also haltet nicht inne in eurem göttlichen Bemühen und setzt um, was euer Herz euch zuspricht. Und wenn ihr sagt:

„Meine Unordnung im Leben ist so groß. Ich schaffe es nicht, mich um die Weltbevölkerung zu kümmern. Mir ist es ein Anliegen, erst einmal eine innere Rückschau abzuhalten, mein Wohlbefinden im Blick zu behalten und mein Leben wieder in geordnete Bahnen zu bringen", so schätzen und ehren wir euch dafür, denn es zeigt euch eure Eigenliebe, euren göttlichen Selbstwert auf. Ihr habt erkannt, worum es geht, möchten wir sagen. Denn erst dann, wenn es euch gut geht, seid ihr in der Kraft und in der Lage, euch darüber hinaus um andere Belange zu kümmern – seien dies nun Nachbarschaften, Kollegen, enge und entfernte Familienmitglieder, vielleicht auch Mutter Erde, Völkergruppen, politische Gruppierungen – es ist unwichtig, was es sein möge. Aber ihr habt begriffen, worum es geht. Also sorgt zuallererst für euch. Seid es euch wert, in euren Frieden zu gelangen. Und wenn ihr das bewältigt habt, wenn ihr in eurer Stabilität steht, dann dehnt euch aus.

Jeder von euch Lichtarbeitern auf diesem Planeten wird gebraucht und ist in der Lage, seinen Beitrag zum Bewusstseinswerdungsprozess zu leisten.

Wir sagen euch, ihr schafft es! Ihr seid in der Lage, durch diese Umwälzungsprozesse zu schreiten. Lenkt eure Gedanken ab, verfallt nicht in die Angst, in die Sorge, den Zweifel, denn für euch, die ihr Gottes Wegen folgt, ist gesorgt! Das ist Gesetz!

Wir, die Geistige Welt, begleiten euch dabei. Wir unterstützen euch dabei, denn ihr alle seid unendlich geliebt.

Wir schützen euch, die ihr bereit seid, im Namen Gottes, des Großen Vaters, zu wirken.

Nehmt diesen Schutz an. Lebt ihn, einen jeden Tag, indem ihr euch damit umhüllt, indem ihr daran glaubt und darauf vertraut, dass es so ist. Denn das ist der beste Schutz, den ihr euch angedeihen lassen könnt. Vertraut eurer inneren Stimme. Vertraut Gott, dem Großen Vater, und wisst, so seid ihr bereits geschützt."

Über die Autorinnen

Marliese und Vera Hanßen leben die Neue Zeit vor. Sie folgen einem höheren Ruf, der an sie herangetragen wurde, und haben ihr Sein und Wirken in Gottes Dienst gestellt.

Marliese, Heilpraktikerin, arbeitet als Geis-tige Heilerin in ihrer Praxis in Dreieich-Buchschlag und ist Kanal für göttliche Heilenergien. Über Vorträge und Seminare vermittelt sie notwendige Informationen, um den Geist zu klären und Seele und Körper in die Heilung zu führen.

Vera arbeitet als Medium, als Vermittlerin lichter, göttlicher Botschaften aus der Geistigen Welt. Dadurch unterstützt sie die Hilfesuchenden dabei, Antworten zu den unterschiedlichsten Fragen zu erhalten und ihre vor sich liegenden Wege und Entscheidungen klarer zu erkennen und leichter umzusetzen.

In Zusammenarbeit mit der Geistigen Welt, insbesondere mit dem Engel Aleph aus der Großen Weißen Bruder- und Schwesternschaft, schreiben sie Bücher, vermitteln Wissen der Neuen Zeit sowie Botschaften, und geben den Menschen Werkzeuge an die Hand, damit sie Eigenverantwortung übernehmen können, um selbst zu einem göttlichen Lichtarbeiter zu werden. Denn Heilung beginnt zuallererst über Informationen, die umgesetzt werden.

www.heiler-des-lichtes.de

Buchempfehlung

Marliese & Vera Hanßen
Aleph – Göttliche Werkzeuge
304 Seiten, A5, broschiert
ISBN 978-3-95531-157-5

Aleph, ein Engel der Großen Weißen Bruder- und Schwesternschaft, begleitet uns mit liebevollen und aufbauenden Botschaften auf unserem Weg in die Göttlichkeit, um gemeinsam mit uns die Neue Zeit des Christusbewusstseins hier auf Erden einzuläuten.

Um den Prozess der Wandlung zu begleiten und zu unterstützen, werden Themen und Problematiken erörtert, die uns in unserem Herzen beschäftigen, sodass alles Alte, verkrustete Strukturen und Muster, die uns in unserem göttlichen Wachstum behindern, nach und nach aufgelöst und verändert werden.

Mit Hilfe alltäglicher Lebenssituationen werden wesentliche Aspekte eingehend erläutert und effektive, leicht umsetzbare Übungen, Hinweise, Werkzeuge und Gebete vermittelt, die uns helfen, Eigenverantwortung zu übernehmen, Grenzen zu setzen und für unsere Wünsche und Herzensbedürfnisse einzustehen.